*Über dieses Buch*

Dieses Buch enthält die Niederschriften von sieben Gesprächen, die Wolfgang Körner mit Männern unterschiedlichen Alters aus verschiedenen gesellschaftlichen Schichten führte, die sämtlich eine Trennung hinter sich haben. Ihre Partnerin hat sie verlassen.
So unterschiedlich die vordergründigen Anlässe und tieferliegenden Ursachen für die Aufkündigung der Beziehung durch die Frau sich auch aus der Sicht betroffener Männer darstellen, ihnen allen liegt letztlich ein verändertes Bewußtsein der Frau zugrunde, das mit männlichen Erwartungshaltungen und männlichem Selbstverständnis kollidierte.
Unterschiedlich wie die Männer, die hier zu Wort kommen, ist die Intensität, mit der sie Trennungsschmerz erfuhren und jetzt zu bewältigen suchen. Von Selbstmordversuchen und der Flucht in den Alkohol ist genauso die Rede wie von der Abwendung von der Frau als möglicher Lebenspartnerin und dem Versuch, eingeschliffene männliche Verhaltensweisen in einer neuen Beziehung mit einer anderen, weniger selbständigen Partnerin unverändert durchzusetzen.
Wie auch immer Männer reagieren, weinerlich, ironisch, zynisch, hilflos, voll Selbstmitleid und Haß oder tatkräftig und einfallsreich bei der Rekonstruktion des gescheiterten Modells mit einer neuen Partnerin: erschreckend erscheint das Bild der Frau in der männlichen Phantasie, die Unfähigkeit zu einer Veränderung männlichen Selbstverständnisses; eine Unfähigkeit, hinter der sich letztlich die Furcht vor Herrschaftsverlust verbirgt.

*Der Autor*

Wolfgang Körner, Jahrgang 1937, lebt als Schriftsteller in Dortmund. Er schrieb bisher zahlreiche Erzählungen, Kinder- und Jugendbücher und mehrere Romane (zuletzt »Die Zeit mit Michael«, Fischer Taschenbuch Nr. 2437). In Fernsehspielen (zuletzt »Ich gehe nach München«, 1974, ZDF) und Hörspielen (zuletzt »Zum Beispiel diese fünf Frauen«, 1972, Südwestfunk) setzte er sich mit der Situation der Frau in der Gegenwart auseinander.
Der Autor wurde bisher mit dem Förderpreis für Literatur des Landes Nordrhein-Westfalen und dem Annette-von-Droste-Hülshoff-Preis ausgezeichnet. Bücher von ihm wurden ins Amerikanische, Dänische, Schwedische, Griechische und Serbo-Kroatische übersetzt, Erzählungen auch ins Polnische und Russische. Sein Roman »The Green Frontier« wurde für den amerikanischen Mildred L. Batchelder Award nominiert.

Wolfgang Körner

# Meine Frau ist gegangen

## Verlassene Männer erzählen

Fischer
Taschenbuch
Verlag

Lektorat: Ingeborg Mues

Originalausgabe
Fischer Taschenbuch Verlag
Dezember 1979
Umschlagentwurf: Jan Buchholz/Reni Hinsch
Fischer Taschenbuch Verlag GmbH, Frankfurt am Main

Gesamtherstellung: Hanseatische Druckanstalt GmbH, Hamburg
Printed in Germany
580-ISBN-3-596-23803-X

# Inhalt

*Für meinen Vater*

Er wurde unter Schmerzen von einer Frau geboren, heiratete, zeugte drei Kinder, brachte sie mit seiner Frau durch gute und schlechte Zeiten und starb auf der Intensivstation.
Er war ein Patriarch: Er hat sein Leben lang gearbeitet.

# Vorwort:

## *Meine Frau ist gegangen*

Vor einigen Monaten erlebte ich, was zahlreiche Männer erlebten und immer mehr Männer erleben werden. Meine langjährige Partnerin, Frau, Geliebte, Lebensgefährtin verließ mich, und dieser Abschied traf mich völlig unvorbereitet. Ich glaubte, in einer »festen Zweierbeziehung« zu leben, in der für die Frau wie für den Mann zwar kein Idealzustand verwirklicht war, wohl aber ein Netz vielfältiger seelischer, sozialer, sexueller und ökonomischer Bindungen geknüpft. Ein Miteinander, bei dem es, so glaubte ich jedenfalls, keinen Herrscher gab und keinen Beherrschten, sondern nur Neigungen und Interessen, aus denen heraus sich zwanglos von Fall zu Fall Zuständigkeiten ergaben.
Meine Gefährtin, ich nenne sie hier Carmen, weil ich sie nicht ausstellen will, verdiente Geld, wie ich Geld für den Lebensunterhalt verdiente. Weil ich Geld leichter und durch weniger entfremdete Arbeit verdienen konnte, als es Carmen möglich war, wollten wir, daß sie so schnell wie möglich nur noch halbtags arbeiten sollte oder, besser noch, überhaupt nicht mehr. Weshalb sollte sie Zeit für anstrengende, ihr sinnlos erscheinende und dazu noch schlecht bezahlte Tätigkeiten opfern, während gleichzeitig unsere Putzfrau für die sechzig Stunden, die sie in unserer Wohnung arbeitete, mit fast der Hälfte von Carmens Monatsgehalt entlohnt wurde? Aber einstweilen war das noch Zukunftsmusik, einstweilen arbeiteten Carmen und ich zwölf Stunden am Tag, wobei die Arbeit gerecht verteilt war. Acht Stunden am Tag arbeitete Carmen im Labor. Zehn Stunden arbeitete ich am Schreibtisch. Zwei Stunden verbrachte Carmen in der Küche. Sie kaufte im Supermarkt ein und ich in der Getränkegroßhandlung, sie hielt die Küche in Ordnung und ich das Arbeitszimmer. Sie wechselte von Zeit zu Zeit die Bettwäsche, und ich wusch von Zeit zu Zeit das Auto. Ein Leben, wie es so oder anders unzählige Menschen leben. Ein gemeinsames Leben. Wir verbrachten die arbeitsfreie Zeit gemeinsam und hatten gemeinsame Interessen, wir lebten in einer gemeinsamen Wohnung und besuchten gemeinsam gemeinsame Freunde. Wir lebten, so glaubte ich jedenfalls, in ständigem Dialog.

Eine Beziehung, die ich für weitgehend stabil hielt und die sich von einer Ehe, was die Lebensführung betraf, nicht unterschied.
Natürlich gab es Meinungsverschiedenheiten wie überall, natürlich gab es Tage, wo Carmen von ihrer Arbeit erschöpfter als gewöhnlich nach Hause kam. Es gab auch Momente des Konflikts. Mal klagte Carmen über ihre Doppelbelastung, die Arbeit im Haushalt und im Labor überforderten sie, mal ärgerte ich mich über ihre Gewohnheit, in Boutiquen viel Geld für modische Kleidung auszugeben, aber ich hielt solche Streitereien, wir nannten sie hochtrabend »Konflikte«, für unvermeidlich. Es würde danach schon wieder Ruhe und Frieden einkehren, wir würden uns schon wieder versöhnen. Schließlich schliefen wir ja miteinander, und ich konnte immer auf Carmens Bedürfnis nach Harmonie setzen. Welche Frau lebt schon gern im Konflikt? Wer lebt schon gern wieder allein?
Was eine Veränderung des Bewußtseins von Frauen betraf, so ging es mir auch da wie anderen Männern. Ich wußte von einer »Frauenbewegung«, die mir vielleicht sogar notwendig erschien, aber sie betraf mich nicht. Schließlich war ich gegen Unterdrükkung und Ausbeutung, also auch gegen Unterdrückung und Ausbeutung der Frau. Trotzdem, ich konnte es nicht ernst nehmen, wenn ich in gewissen Zeitschriften der Feministinnen den Mann zur Horror-Figur aufgebaut fand, wie im »Stürmer« den Juden. Ich konnte es auch nicht ernst nehmen, wenn ich selbst das unschuldige deutsche Pronomen »man« durch das zum Fürwort gequälte Substantiv »frau« ersetzt fand. Schließlich ersetzten auch die kämpferischsten Feministinnen »herrlich« nicht durch »dämlich«. Es erschreckte mich allerdings, wenn ich von Frauenmißhandlung las, die Frauenhäuser notwendig werden ließ. Aber wer schlägt schon eine Frau?
Wie gesagt, das alles betraf mich nicht. Jedenfalls nicht vor jenem Tag, an dem ich Carmens Abschiedsbrief las: »Du wirst dich wundern«, hatte sie geschrieben, »aber ich habe mich entschlossen, unsere Beziehung zu beenden. Ich habe festgestellt, daß es mir nicht möglich ist, an deiner Seite meine Persönlichkeit zu entwickeln. Die Gründe dafür liegen auf der Hand . . .« – Scheinbar lagen sie nicht auf der Hand, denn Carmen hatte säuberlich aufgeschrieben, wo und bei welchen Anlässen ich egoistisch, sexistisch oder chauvinistisch gehandelt hätte, in welchem Maße nur meine Freunde waren, was ich für unsere Freunde gehalten hatte, in welch erschreckendem Maße der Umstand, daß ich das

Vierfache ihres Einkommens verdiente, ihr Selbstbewußtsein verletzte. Auch von meiner Geringschätzung ihrer Arbeit im Haushalt war die Rede. Oft hatte ich, gedankenlos, Krümel einer Scheibe Knäckebrot auf den Teppich fallen lassen, wenn sie ihn erst vier Stunden zuvor mit dem Staubsauger gesäubert hatte. Schließlich kam die Putzfrau ja nicht jeden Tag.
»Bitte versuche nicht, mich anzurufen«, las ich noch. »Es würde alles nur noch schwerer machen. Vielleicht können wir irgendwann einmal gute Freunde werden. Bis dahin alles Gute...«
Drei Tage lang kam ich mir vor wie betäubt. Das kann doch nicht wahr sein, dachte ich, das kann sie doch nicht ernst meinen, da muß etwas Unvorstellbares passiert sein. Hatte man sie mit Gewalt entführt? Hatte man sie zu dem Abschiedsbrief gezwungen? War sie ernstlich erkrankt? Am dritten Tage abends rief ich bei ihrem Vater an, und ich atmete auf. Nein, ihr war nichts zugestoßen. Es ging ihr gut, und sie hatte keine Lust, mit mir zu reden, weil es, wie mir ihr Vater übermittelte, sinnlos wäre. Eine Woche lang ging es mir sehr schlecht, dann fing ich mich wieder. Was war denn schon passiert?
Carmen hatte mir den »kurzen Brief zum langen Abschied« geschrieben, ich mußte und würde damit fertig werden. Bei Licht betrachtet, mußte ich sogar sehr leicht damit fertig werden.
Wir waren nicht verheiratet. Wir hatten keine Kinder, denen die Mutter oder der Vater fehlen würde. Es würde keinen Scheidungsprozeß geben, keine Unterhalts- oder Sorgerechtsstreitigkeiten, keine Vermögensauseinandersetzung und keinen Versorgungsausgleich. Bei Licht betrachtet war diese unerwartete Trennung halb so schlimm. Vielleicht war sie sogar eine große Chance für eine grundsätzliche Überprüfung alter Gewohnheiten und für einen neuen Anfang.
Es ergab sich so, daß ich drei Wochen lang viel Arbeit zu erledigen hatte, und ich empfand es als angenehm, daß Carmen mich nicht ablenkte. Endlich brauchte ich mir einmal keine Gedanken darüber zu machen, wie sie die Zeit verbrachte, während ich arbeitete und mich ihr entzog. Dann aber war die Arbeit abgeschlossen und der Trennungsschmerz überfiel mich wie ein Schock.
Gewiß, die Angelegenheiten des Haushalts waren schnell geregelt. Die Putzfrau würde häufiger in die Wohnung kommen. Ich gewöhnte mich schnell wieder daran, im Restaurant zu essen. Wenn da nur ein Umstand nicht gewesen wäre, an dem weder Putzfrau, noch Restaurant etwas ändern konnten: Ich lebte zum

erstenmal seit Jahren wieder allein. Euphorische Zustände lösten sich in Depressionen auf. Mal genoß ich das Gefühl, frei zu sein und tun und lassen zu können, was ich wollte, mal saß ich stundenlang wie geistesabwesend dumpf vor mich hin grübelnd in der Küche, unfähig zu begreifen, daß keine Carmen mehr da war, die mir eine Tasse Tee gekocht hätte. Dann ließ ich gewöhnlich alles stehen und liegen und ging in die nächste Kneipe. Dort war ich, so glaubte ich jedenfalls, wenigstens nicht allein.
An einem solchen Abend hörte ich in einer Kneipe zum erstenmal den Satz, der zum Titel dieses Buches wurde, jenes »Meine Frau ist gegangen«, zu dem sich männliche Erfahrung verdichtet hatte. Kneipen sind seit jeher Orte männlicher Kommunikation. Alkohol löst Hemmungen und beseitigt Kommunikationsbarrieren. Ich habe mich in dieser Nacht lange mit diesem fremden Mann unterhalten, den seine Frau ohne ihm einsehbare, ihm alles erklärende Gründe verlassen hatte, wie mich meine Frau verlassen hatte. Ein fremder Mann, so betrunken, daß er sich kaum auf den Beinen halten konnte, erzählte mir von seinem Leid, und ich erkannte, wie sehr es meinem Leid glich. Zumindest einen Mann gab es, und das tröstete mich in dieser Nacht, dem es ergangen war wie mir. In den folgenden Tagen und Wochen traf ich verlassene Männer überall. Ich sah sie mit Einkaufskörben in Supermärkten verloren zwischen Regalen und Tiefkühltruhen herumirren, hilflos, wie Menschen von einem anderen Stern. Ich sah sie in Restaurants und Kneipen, ich sah sie in den Kantinen hastig lieblos bereitete Mahlzeiten herunterwürgen, ich sah sie in Spielwarengeschäften Geburtstagsgeschenke für Kinder kaufen, die sie ein paar Stunden im Monat sehen dürfen, und ich sah sie beim »Ball der einsamen Herzen« ihre traurigen Tangos tanzen. Plötzlich sah ich sie überall, sie schienen schon immer dagewesen zu sein, ich hatte sie nur nicht wahrgenommen. Verlassene Männer, Männer im Elend der Einsamkeit leben unter uns, und es werden ihrer täglich mehr.
Gewiß, Menschen, die eine Beziehung aufgeben, Ehen, die plötzlich zerbrechen, das hat es immer gegeben. Was mich erschreckt und betrifft, ist, daß es mehr und mehr die Frauen sind, die, vom Manne unerwartet, ein neues Selbstbewußtsein in ihren Beziehungen verwirklichen wollen und ihre Männer mit neuer Konsequenz verlassen, wenn ihnen das nicht gelingt. Die Ehe als Institution, ökonomische Sicherheit, gemeinsam verbrachte Lebenszeit, die soziale und menschliche Geborgenheit in einer Familie scheinen immer häufiger wenig zu wiegen im Bewußt-

sein einer Frau, die mehr oder etwas anderes sucht und allein oder mit anderen zu finden hofft.

Man braucht kein Feminist zu sein, um Emanzipation zur Mündigkeit für nicht mehr als die selbstverständliche Erfüllung eines menschlichen Grundbedürfnisses zu halten.

Aber ist es Emanzipation, was in zunehmendem Maße Gemeinsamkeit zerstört und Menschen in die Vereinzelung treibt?

Bedeutet es Befreiung, wenn eine Frau ihren Mann und ihre Kinder verläßt?

Was sind das für Männer, deren von ihnen für geordnet gehaltene Welt plötzlich zusammengebrochen ist? Wie leben sie und was haben sie aus ihren gescheiterten Ehen gelernt?

»Frauen sind heute nicht mehr gezwungen, trotz manchmal unerträglicher Umstände an einer Ehe festzuhalten«, las ich kürzlich in einer juristischen Fachzeitschrift. »Die Möglichkeiten der Frau, durch eigene Berufstätigkeit selbst für ihren Lebensunterhalt zu sorgen, haben hier ebenso wirksam Wandel geschaffen, wie neue Möglichkeiten der Empfängnisverhütung und des Schwangerschaftsabbruchs. Selbst wenn eine Ehefrau ihren Lebensunterhalt nicht verdienen kann, ist sie wirtschaftlich im Fall der Ehescheidung weitgehend gesichert. Unabhängig von ihrer Schuld an der Zerrüttung der Ehe hat sie Anspruch auf Zahlung von Unterhalt gegen ihren geschiedenen Ehemann.«

Wenn diese neuen Möglichkeiten der Frau dazu führen, daß Frauen in zunehmendem Maße Männer verlassen: Weshalb sind sie zuvor bei ihnen geblieben? Blieben sie, weil sie dazu gezwungen waren? Waren ihre Ehen legalisierte Prostitution?

Wenn sich das Bewußtsein von Frauen verändert, wird sich zwangsläufig auch das Bewußtsein des Mannes verändern müssen. Kann ich als Mann aus den Erfahrungen anderer Männer lernen?

Wenn ich aus den Erfahrungen anderer Männer lernen kann: Was kann ich lernen?

Dieses Buch enthält Protokolle von Gesprächen mit Männern, deren Beziehungen zu Frauen gescheitert sind. Ich habe sie nach Tonbandaufnahmen niedergeschrieben, die ich zu sammeln begann, als ich begriffen hatte, daß meine Trennung von Carmen kein Einzelfall war, daß mir die Erfahrungen und Einsichten anderer Männer bei meiner Suche nach den Ursachen des Scheiterns meiner Beziehung, bei der Veränderung meines Bewußtseins helfen konnten.

Während des wiederholten Abhörens der Tonbänder – im Laufe

einiger Monate nahm ich ca. 50 Gespräche auf – merkte ich, daß nicht jede Geschichte eines anderen Mannes Parallelen zu meinem Leben aufwies. Ich sonderte diese Tonbänder aus und begann mit der Niederschrift der verbliebenen Gesprächsaufnahmen.

Was mir bei der Aufarbeitung einer gescheiterten Beziehung half, kann möglicherweise anderen gleichfalls helfen, sich und Frauen besser zu verstehen.

Es geht mir bei der Veröffentlichung der Gesprächsniederschriften nicht darum, verletzte Männer auszustellen. Namen, Orte und andere Informationen, die Rückschlüsse auf die Identität meiner Gesprächspartner zugelassen hätten, habe ich bei der Niederschrift verändert.

Es ging mir bei der Niederschrift auch nicht primär um Authentizität der Sprache, sondern um soziale Authentizität. Wiederholungen, die oft umständliche Suche nach Worten, Abschweifungen usw. habe ich bei der Niederschrift getilgt. Mich interessierten die Abläufe von Beziehungen, die Ursachen ihres Scheiterns, ihre Schilderung aus der Sicht betroffener Männer. Daß diese Sicht nichts weniger als objektiv ist, versteht sich von selbst. Jede der Frauen, von denen hier in Männerberichten die Rede ist, würde eine andere Geschichte erzählen.

Mein Instrumentarium für dieses Buch ist nicht das der Psychologie, Soziologie oder Sexualmedizin, sondern die Betroffenheit eines in seiner Rolle unsicher gewordenen Mannes, der ein neues Selbstverständnis sucht. Ich habe mich bei der Auseinandersetzung mit dem Erleben anderer verändert. Auch was mich an den Protokollen betrifft, meine Erfahrung aus der Konfrontation mit dem Erleben anderer ist subjektiv.

Ich habe aufgegriffen und hinterfragt, was für mich wichtig war, weil es mit mir zu tun hat, und anderes vernachlässigt. Auch für den Leser wird nur interessant sein, was mit ihm zu tun hat.

Dieses Buch will dazu beitragen, daß Männer erkennen, wie wenig Grund sie zu der Annahme haben, ausgerechnet »ihre« Frau würde sich gemäß den alten Rollenvorstellungen weiblicher Lebenswirklichkeit verhalten. Die Suche nach einem neuen männlichen Rollenverständnis und einer neuen männlichen Identität erscheint mir unerläßlich.

Dortmund, Juni 1979 Wolfgang Körner

# 1. Gesprächsprotokoll Dieter A.:

*»Ich hoffe noch immer,*
*daß sie wieder zu Verstand kommt...«*
(Fotograf Dieter A., 45 Jahre alt)

Das Gespräch fand Anfang 1979 im Atelier des Fotografen Dieter A. in B. statt. Er machte von allen meinen Gesprächspartnern den ausgeglichensten Eindruck. Einige Tage nach dem Gespräch besuchte ich ihn in der Wohnung, die er nach der Trennung von seiner Frau bezogen hat. Obgleich er keine Putzhilfe beschäftigt, waren die zwei Räume nicht in jenem vernachlässigten Zustand, in dem sich Junggesellenwohnungen oft befinden. A. erklärte mir, daß sich eine Freundin um ihn und die Wohnung kümmere.

KÖRNER Wie lange leben Sie jetzt von Ihrer Frau getrennt?
DIETER Seit drei Jahren!
KÖRNER Sie leben in der typischen Situation eines Junggesellen, sind aber nicht geschieden. Läuft die Scheidung? Wie kam es eigentlich zu der Trennung von Ihrer Frau?
DIETER Ich bin vor drei Jahren zu Hause ausgezogen, aber diese Trennung war ja nicht gleich das Ende dieser Beziehung, sondern der Anfang vom Ende, wenn man so will. Das war der Beginn der Trennung. Das sollte schon etwas bewirken!
KÖRNER Was sollte es bewirken?
DIETER Es sollte zumindest Klarheit darüber schaffen, ob man es noch mal miteinander versuchen kann oder nicht. Wenn Sie mich nach den Ursachen für die Trennung fragen wollen, die habe ich bis heute noch nicht herausgefunden. Ich glaube, das weiß auch meine Frau nicht!
KÖRNER Wie lange sind Sie jetzt verheiratet?
DIETER Jetzt sechzehn Jahre! Als ich auszog, warten Sie, da waren es dreizehn Jahre. Im Grunde passierte mir die übliche Geschichte, die oft passiert, seitdem Frauen, auch wenn sie älter sind, noch etwas lernen können.
KÖRNER Im Beruf oder im Leben?
DIETER Im Leben kann man immer was lernen. Nein, im Beruf! Ich meine, daß Frauen plötzlich einen völlig neuen Beruf ergreifen können. Zum Beispiel, daß sie studieren können. Mit zwei-

unddreißig kam Renate auf einmal auf den Gedanken, sich einen richtigen Beruf zu suchen!

KÖRNER Hatte sie den Wunsch vorher nicht?

DIETER Das hat eine lange Vorgeschichte. Die Vorstellungen meiner Frau zielten immer darauf, etwas zu machen, was sie vorher noch nicht gemacht hatte. Sie wollte als Kind viel reisen, sie wollte im Ausland leben, sie wollte fremde Sprachen lernen, ja, und das hat alles irgendwie nicht geklappt. Da waren die häuslichen Verhältnisse ihrer Eltern ...

KÖRNER Was war das für ein Elternhaus?

DIETER Der Vater ist Beamter gewesen, er hat gebaut für die Kinder, irgendwie war vielleicht nicht genug Geld da, und das Mädchen mußte Geld verdienen ...

KÖRNER Was hat Ihre Frau gelernt?

DIETER Gelernt? – Gar nichts! Sie war beim Postscheckamt. Als ich sie kennenlernte, war sie achtzehn und ich war sechsundzwanzig. Ich habe sie Silvester kennengelernt. Ich war mit meinen Freunden skilaufen und sie mit Freundinnen. Ja, dann hat es geraume Zeit gedauert, bis man anfing, zusammen etwas zu unternehmen. Ja, dann ging das eben, wie es immer so geht, man kommt enger zusammen und denkt an Verlobung und Heirat, wie das eben so geht. Wir waren zwar beide skeptisch und hatten ein bißchen Angst vor der Ehe, aber das ging dann eben über die Bühne. Vielleicht auch mit ein bißchen sanftem Druck der Eltern. Hauptsächlich der Eltern meiner späteren Frau.

KÖRNER Sie lebten allein?

DIETER Ich lebte noch bei meinen Eltern. Ich war damals noch als Werksfotograf angestellt. Ja. Nun, wir haben dann geheiratet, und sie hat weiter beim Postscheckamt gearbeitet, nein, warten Sie, ich habe mich im gleichen Jahr, in dem ich geheiratet habe, auch im Beruf selbständig gemacht. Natürlich hatte ich anfangs nicht genügend Aufträge. Daß ich mich überhaupt selbständig machen konnte, das war nur möglich, weil meine Frau mitgearbeitet hat. Sonst hätte ich das nicht gekonnt. Dann hätte ich nicht das Geld gehabt, um die Wohnungseinrichtung zu bezahlen. Ich habe in den ersten zwei Jahren, also, in den ersten beiden Jahren als Freiberufler, habe ich nichts verdient.

KÖRNER Ihre Frau hat mit ihrem Einkommen beide unterhalten ...

DIETER Ja! Und so nach eineinhalb Jahren etwa, da fing ich an, Geld zu verdienen. Da kamen die ersten größeren Aufträge rein. In der Ehe lief alles prima. Es war eine sehr interessante Zeit, es war ein sehr interessanter Beruf, wenn es nötig war, hat mir meine Frau noch nach ihrer Arbeit bei meiner Arbeit geholfen. Das ging eine Zeitlang sehr gut, aber als die Arbeit dann immer mehr wurde, da war das dann ein verbissenes Arbeiten beider. Da gab es die ersten Spannungen zwischen uns...

KÖRNER Wodurch?

DIETER Sie kritisierte mich dauernd, daß ich eben zu viel von ihr verlangte. Daß sie noch nach ihrer Arbeit bei mir im Betrieb mithelfen sollte. Ich habe ihren Einsatz vielleicht nicht genug gewürdigt. Und wenn man eine selbständige Existenz aufbaut, da fällt sehr viel flach. Erstens waren wir beide ziemlich oft erschöpft, zweitens ist der Urlaub in den ersten Jahren flach gefallen, und wenn man das dann damit vergleicht, wie andere ihre Freizeit verbringen, dann sieht das ziemlich schlimm aus. Aber ich hatte immer die Vorstellung, daß sich eine aktive Frau nicht vom Manne leiten lassen sollte, sondern daß sie zusammen mit dem Manne leiten sollte. Ich habe immer gedacht, wenn das im Labor gut geht und sie eignet sich das an, das wäre doch eine interessante Sache für beide gewesen. Ich wollte die Ehe als Partnerschaft auf allen Gebieten, privat und beruflich. Das war für mich das Ziel. Ich habe immer gedacht, das könnte herrlich werden. Das wäre für beide auch die Entlastung gewesen, die ganze Existenz hätte später mal nicht nur auf einem geruht. Aber da fingen die Schwierigkeiten an. Es ist eben nicht jedem gegeben, Verantwortung zu tragen. Überall kann nur einer die Verantwortung tragen, wenn es letztlich darum geht. Aber meine Frau, ich wollte eben, daß sie die Verantwortung mitträgt. Aber meine Frau hat da schon sehr früh resigniert.

KÖRNER Wie sah das im einzelnen aus?

DIETER Sie klagte mehr und mehr darüber, daß die Tätigkeiten, die sie ausführte, nicht interessant genug wären. Daß das eben Hilfsarbeiten waren, Laborarbeiten und Retusche hauptsächlich. Aber sie hatte den Beruf nicht gelernt, und ich habe doch auch stundenlang im Labor und am Retuschiertisch gestanden. So mit der Zeit, habe ich immer gedacht, würde sie so viel fachliche Kenntnisse bekommen, daß sie auch selbständiger würde. Aber das hat nicht geklappt. Von draußen gesehen sieht das alles so interessant aus, die schönen blitzenden Kameras, mit denen man umgeht. Aber wenn man drinsteckt in dem Beruf, die Routine ist da genauso tödlich wie in jedem anderen Beruf. Da gab es eben die ersten kleinen Streitereien, wer was machte und wie es zu handhaben war. Ja, und dann kam unser Sohn...

Körner Wie lange waren Sie da verheiratet?

Dieter Acht Jahre! Da wurde unser Sohn geboren, und das war dann der Anlaß dafür, daß meine Frau die Arbeit aufgab und voll zu Hause blieb. Da begann wieder eine schöne Zeit in unserer Ehe. Trotz der vielen Arbeit, die ich hatte, im Rückblick würde ich sagen, daß es die schönste Zeit unserer Ehe war. Meine Frau sieht es genauso. Das waren schöne Jahre. Nur, als unser Sohn dann in die Schule kam, mit sechs Jahren, da war das Leben eben auch hauptsächlich Alltag geworden. Das Kind war den halben Tag in der Schule, meine Frau hatte mehr Zeit, sie war irgendwie nicht mehr ausgelastet, und das fand sie nicht gut. Da kam wieder die Überlegung, was sie machen sollte. Sie half mir wieder im Labor, aber als unser Sohn acht Jahre alt war, da wollte sie wieder arbeiten. Wieder zum Postscheckamt gehen, das war ihr nicht interessant genug, ja, da haben wir eben gemeinsam überlegt, was zu machen war. In mein Atelier wollte sie nicht, wir haben mit vielen Freunden darüber gesprochen, und die brachten sie darauf, daß sie über den zweiten Bildungsweg noch ein Studium beginnen könnte. Das haben wir dann auch in Angriff genommen. Ich hätte es bestimmt lieber gesehen, wenn sie bei mir etwas gemacht hätte, zum Beispiel eine Fotografenlehre, aber das kam für sie nicht in Frage. Darüber haben wir gar nicht geredet, das schloß sie wohl von Anfang an aus. Ja. Dann ging das los. Zuerst mußte die Begabtensonderprüfung gemacht werden. Ich habe mich da hineingekniet, als ob ich die Prüfung machen würde. Jedes Thema, das da in den Vorbereitungskursen besprochen wurde, haben wir zusammen durchgekaut, ja, ich war da voll mit einbezogen. Problematisch wurde das durch die anderen Studierenden. Nach den Kursen, da saßen die Studierenden meist noch zusammen, da ging das los. Da traf man sich in der Kneipe. Ich hatte den ganzen Tag gearbeitet und war müde. Ich hatte nicht viel Lust, in der Kneipe zu sitzen und über das Studium zu reden. Das ging eine Weile ganz gut, aber die Zeiten dehnten sich dann mehr und mehr aus. Dann wurde es spät und später, dann wurden immer mehr Biere getrunken, da kamen plötzlich Spannungen auf. Man merkte wohl irgendwie, daß man nicht mehr alles gemeinsam machte, und man hatte auch kein Gefühl dafür, wie weit man sich gewisse Freiheiten lassen könnte. Ich hatte keine Freiheit in diesem Sinne, aber ich hätte meiner Frau irgendwie mehr Freiheit lassen sollen.

Körner Hatte sie keine Freiheit?

Dieter Natürlich! Aber es gab eben Spannungen. Wenn es zu

spät wurde, Sie wissen doch, wie das ist, wenn die Frau zu spät nach Hause kommt, man stichelt und nörgelt, ein Wort gibt das andere, die Frau fühlt sich eingeengt, und so was erzeugt Trotz. Die Frau macht das trotzdem, ja, es gab immer häufiger Krach. Dann war die Begabtensonderprüfung geschafft, es gab eine Wartezeit, und dann begann sie mit dem Studium. Am Anfang ging das ganz locker...

KÖRNER Was studierte Ihre Frau?

DIETER Pädagogik! Am Anfang, also, ich habe immer gedacht, wenn das ein Studium sein soll, das mache ich auch noch spielend neben meiner Arbeit. Die ersten zwei Jahre passiert da nicht viel. Ich glaube, da laufen sie nur herum und suchen den Raum, in dem die Vorlesung läuft. Da wurden die Freizeitkontakte mit den anderen Studenten noch enger. Im Vorbereitungskurs, da waren das ja meistens nur Frauen. Aber jetzt waren auch Studenten dabei, nun ja, meine Frau ging im Studentenleben auf. Im großen und ganzen fand ich das auch gut. Dann wurde das Studium härter, und die Kontakte unter den Studenten wurden enger, ja, da kann vielleicht eine verheiratete Frau nicht so mitmachen wie ein junges Mädchen. Meine Frau hatte ja auch zu Hause ihren Pflichtenkreis, das engte sie vielleicht etwas ein. Da gab es noch mehr Spannungen. Sie war nicht mehr lange genug zu Hause. Natürlich, sie hat die Wohnung saubergehalten, und sie hat für uns gekocht, aber das war einfach, wie soll ich sagen, eben nicht mehr mit voller Bereitschaft. Das machte sie nur noch gezwungenermaßen, weil es eben zu ihren Pflichten gehörte. Da fängt eine Frau schon mal an zu überlegen, ob man sich nicht von solchen Pflichten befreien kann. Die anderen Studenten, das war natürlich interessant, was sie so nach der Vorlesung unternahmen, da geht man eben in die Wohnungen und besucht sich, und man feiert Feten, und man trifft sich abends noch mal, ja, und so ging das dann immer mehr aus unserer Wohnung heraus. Sie führte immer mehr ein Leben, an dem ich immer weniger Anteil hatte. Und dann, ja, da fuhr meine Frau in Urlaub und ich konnte nicht mit, weil ich Brötchen verdienen mußte, das war eigentlich der Beginn unseres Zerwürfnisses. Da kam sie zurück und erzählte mir, ja, sie hätte jemanden kennengelernt und fände das unheimlich positiv. Also wenn sie irgendeine Urlaubsliebschaft gehabt hätte, so was muß man einkalkulieren, wenn eine Frau alleine in Ferien fährt. Aber daß sie mir das auch noch erzählte, das fand ich weniger gut. Wenn ich meine Frau in Urlaub fahren lasse, das bedeutet doch praktisch, daß sie im Urlaub machen

kann, was sie will. Ich weiß nicht, was sie sich dabei gedacht hat. Wahrscheinlich diese prinzipielle Ehrlichkeit. Das mußte ja alles haarklein erzählt werden, als ob es dadurch besser würde. Ja, da habe ich natürlich dämlich reagiert.
KÖRNER Wie denn?
DIETER Eifersüchtig! Nun hat sie das auch auf die Spitze getrieben. Sie hat mit dem anderen stundenlange Telefongespräche geführt, ja, die führte die Beziehung weiter. Ich fand das nicht gut. Sie hätte wissen müssen, daß eine Beziehung im Urlaub etwas anderes ist als der Alltag. Da fing ich an, mir Gedanken darüber zu machen, ob in unserer Ehe alles in Ordnung ist. Vorher fand ich ja alles toll. Da war ich stolz, bei Diskussionen im Freundeskreis sagen zu können, ich hätte keine Probleme. Da haben mich alle immer blöd angeguckt. Meine Frau auch. Durch das Studium ist bei meiner Frau natürlich auch ein Bewußtseinsprozeß in Gang gekommen, der sie sensibler machte für solche Situationen, auch für die Schwierigkeiten in unserem Zusammenleben.
KÖRNER Wie meinen Sie das?
DIETER Wie soll ich sagen, da wurden dann ihre soziologischen Fachbegriffe auf unseren Alltag angewandt, unsere Beziehung wurde pausenlos analysiert und durchreflektiert. Das konnte ich mir dann anhören, wenn ich abgespannt aus dem Atelier oder von einem Kunden kam. Und dann lernte sie einen anderen Studenten kennen. Das muß ein interessanter Mensch gewesen sein. Mit dem zog sie dann durch die Kneipen und lernte ihn wohl auch näher kennen ...
KÖRNER Was meinen Sie mit näher kennenlernen?
DIETER Ich gehe davon aus, daß sie mit ihm gelegentlich, ja, daß sie mit ihm gelegentlich auch geschlechtlich verkehrte. Da wurde es erst ein Uhr nachts und dann drei Uhr nachts, und dann kam sie auch mal um fünf Uhr früh nach Hause ... So geht das dann! Und daß dann natürlich Krach ist im Haus, ist klar. Das konnte ich nicht ertragen. Ich konnte nicht schlafen. Da denkt man nur darüber nach, wo die Frau ist und was sie gerade macht und was da gerade läuft. Das war fürchterlich. Das war eine fürchterliche Zeit. Meine Frau hat das alles verharmlost. »Das ist eben so während des Studiums«, hat sie gesagt. »Laß mir Zeit, bis ich das überwunden habe, wenn das Studium zu Ende ist, ist das wieder okay.« Aber dann hat sie wohl ihr Studium auch arg mitgenommen. Sie wurde seelisch ziemlich labil. Sie bekam Depressionen. Ich weiß auch nicht. Vielleicht hat sie auch geglaubt, sie schafft

das Studium nicht. Ich weiß nicht genau, was die Ursachen waren. Auf jeden Fall wurde sie immer unausgeglichener. Früher war sie eine Frau, die ruhig war und freundlich. Eine Frau, mit der man gut leben konnte. Jetzt wurde sie leicht hysterisch. Ja, und wie es eben so ist, wenn die Frau nur noch eine Quelle ständigen Ärgers ist, ich war auch nicht mehr der freundlichste, und in dieser Phase kam auch zum erstenmal der Gedanke auf, sich zu trennen...

KÖRNER Wer brachte das zuerst zur Sprache?

DIETER Eigentlich beide gleichzeitig. Ich sagte, ich kann es nicht ertragen, den ganzen Tag zu arbeiten, um elf Uhr ins Bett zu gehen und die Frau ist nie da. Ich konnte nicht die ganze Nacht warten und warten, bis sie endlich kam. Das war eine unhaltbare Situation. Das war schrecklich. Natürlich, ich habe getobt und dann immer diese nächtlichen Diskussionen, wenn sie getrunken hatte und nach Hause kam. Da wäre eigentlich nichts zu reden gewesen, aber man redet eben, da kommt es zu schrecklichen Handlungen...

KÖRNER Haben Sie sie verprügelt?

DIETER Das ist schon passiert. Es hat mir jedesmal schrecklich leid getan! Ja. Und dann, wahrscheinlich, um dieser Situation aus dem Weg zu gehen, hatte sie plötzlich den Wunsch, allein zu sein. Sie wollte allein leben und für sich selbst sorgen und so weiter, diese ganzen emanzipatorischen Bestrebungen, alles mit diesen ganzen Begriffen wie Selbstverwirklichung, Befreiung, und was da nicht alles gesagt wird. Und da meinte ich, ich habe an die Solidarität appelliert. Ich habe immer gesagt, es kommt doch nicht darauf an, was die anderen alle machen, man muß doch nicht immer alles nachmachen. Ich fand schon, wir hätten gut miteinander leben können, wenn wir uns gegenseitig tolerierten, bis zu einem gewissen Grad...

KÖRNER Bis zu welchem Grad?

DIETER Die Toleranzschwelle liegt immer da, wo die sexuelle Treue nicht mehr gewahrt wird. Aber da hat sie mich immer im unklaren gelassen. Ob sie nun mit anderen Männern sexuell was hatte, mal habe ich es angenommen und dann wieder nicht, es war eine so unerfreuliche Situation, ich habe dann gesagt, nur um weiterleben zu können, habe ich gesagt, jetzt ziehe ich aus. Das war in vollem Einverständnis mit meiner Frau. Sie war in einem seelischen Zustand, es ging einfach nicht mehr, ich habe gesagt, es ist besser, wenn ich ausziehe. Ich dachte, dann würde sie besser zurechtkommen. Wir mußten natürlich darauf achten, daß der

Junge versorgt war, daß das wenigstens funktionierte. Ja. Da habe ich mir meine Wohnung gemietet, ich bin einfach ausgezogen. Das war natürlich auch ein Schlag für meine Frau. Ich weiß nicht, was sie sich gedacht hatte, aber als ich auszog, fiel sie aus allen Wolken. Aber ich konnte einfach nicht anders, ich mußte da raus.

KÖRNER Wann zogen sie aus?

DIETER Das war vor drei Jahren! Das war natürlich nicht nur für meine Frau ein harter Schlag, sondern auch für mich. Plötzlich nach fast dreizehn Jahren Ehe zu Hause ausziehen zu müssen, das war hart. Ich lebte wie nach einem Schock. Im Beruf ging es bergab, ich schaffte nichts mehr, ich war immer noch in der Situation verhaftet. Zu Hause, dachte ich immer, was mag da bloß passieren. Man lebte weiter mit der Frau zusammen, die ganzen Gedanken, ich konnte das einfach nicht abschütteln. Ich wollte mich unter allen Umständen neutralisieren, ich wollte nicht mehr so von den Gefühlen gebeutelt werden. Ich mußte doch weiter Unterhalt zahlen, sie bekam kein BAFÖG, ich mußte doch Geld verdienen, damit die Familie weiter existieren konnte, zumindest in der Mutter-Kind-Beziehung. Ich habe meiner Frau den größten Teil meiner Einnahmen überwiesen, und davon hat sie eben alles bezahlt.

KÖRNER Wieviel Geld war das?

DIETER Das schwankte! Zwischen 1500,– und 2000,– DM habe ich überwiesen. Das mußte gelöst werden. Ich wollte, daß sie in die Lage kam, für sich selbst zu sorgen, sie sollte ihr Studium nicht abbrechen müssen. Eine Scheidung hätte niemandem genützt. Da hätte sie ihr Studium nie geschafft. Ich habe dann angefangen, mich so zu trainieren, daß ich diesen Zustand ertragen konnte. Ich bekam Distanz zu meiner Frau und entwickelte eigene Aktivitäten, auch in bezug auf andere Frauen. Ich konnte wieder einigermaßen normal leben und arbeiten. Soweit man das normal nennen kann, wenn jemand die Pflichten eines Ehemannes hat, aber keines seiner Rechte. Das ging ganz gut. Manchmal hat das zeitweise hervorragend geklappt. Es hat zur Entspannung beigetragen.

KÖRNER Gab es nach der Trennung noch sexuelle Beziehungen mit Ihrer Frau?

DIETER Nein! Das gab es nicht! – Aber das sexuelle Problem ist wieder etwas anderes, würde ich sagen. Ich würde das von der sozialen Beziehung abtrennen. Meine Frau hat sicher darunter gelitten, daß ich unter diesen Umständen nicht mit ihr schlafen wollte, es vielleicht auch nicht konnte. Meine Frau hat sicher darunter gelitten, aber im Laufe der Zeit, nach meinem Auszug haben wir uns manchmal fast gut vertragen.

KÖRNER Du sagtest vorhin, die Sexualität sei ein Problem für sich, das würdest du von der sozialen Beziehung abtrennen. Wie soll man das verstehen?

DIETER Wir können es ruhig beim Du belassen!

KÖRNER Sagen wir also du!

DIETER Mit der Sexualität, ja, wie soll ich das sagen. Es gehört zu einer Ehe, und wir haben natürlich da eine Beziehung gehabt. Aber wenn du meinst, also, wenn ich sagen sollte, ich hätte hauptsächlich wegen der Sexualität geheiratet, nein, das war es nicht. Wir hatten beide keine großen sexuellen Erfahrungen, aber bei der Ehe, für mich hat im Vordergrund gestanden, daß wir uns sehr gut verstanden. In einem bestimmten Alter heiratet man gewöhnlich, man wird ja auch so erzogen!

KÖRNER War Renate die erste Frau für dich?

DIETER Das nicht! Aber große Erfahrungen hatte ich nicht. Das war damals noch nicht so wie heute. Heute hat man ja manchmal den Eindruck, das wäre der einzige Sinn des Lebens. Wir haben natürlich ein, wie soll ich sagen, ja, ein Geschlechtsleben gehabt, aber das gehörte dazu, das war irgendwie selbstverständlich. – Als ich ausgezogen war, ja, da hat es zwischen uns irgendwie hervorragend geklappt. Nicht sexuell, das gab es ja da nicht mehr, aber wir haben uns sonst wieder verstanden. Wir sind oft zusammen gewesen, wir konnten wieder miteinander reden. Auf freundschaftlicher, sachlicher Ebene ging das sehr gut. Wir haben uns beide geschätzt und es hat so gut geklappt, als ich ausgezogen war, da glaubten unsere Freunde, zwischen uns wäre alles wieder in Ordnung. Nur die Tatsache, daß man gelegentlich hier oder dort mit anderen Partnern gesehen wurde, ließ darauf schließen, daß eben doch nicht alles in Ordnung war.

KÖRNER Und dieser Zustand hält seit drei Jahren an?

DIETER So ist es! – Meine Frau hat ja dann das Examen gemacht, wobei ich noch mal tatkräftig geholfen habe, ja, da hat sie wieder einmal gesehen, daß sie auf die Solidarität des Ehemannes mehr geben konnte als auf die Hilfsbereitschaft der Kommilitonen. Die ganzen Freundschaften, die sie angeknüpft hatte, da half ihr keiner. Ich war jeden Tag bei ihr und hab mich um das Kind gekümmert. Ich habe ihr alles abgenommen, damit sie sich auf den Prüfungsstoff konzentrieren konnte. Ich habe ihr Mut gemacht und gesagt, daß sie es schaffen würde. Und sie hat es dann ja auch geschafft. Sie war richtig glücklich, als sie mit dem Studium fertig war. Ja, dann kam wieder eine Pause, bis zur Anstellung als Lehrerin, und jetzt ist wieder eine Phase, da ist ein Abschnitt zu Ende, und man überlegt wieder, wie es weitergehen kann. Jetzt studiert sie nicht mehr, jetzt hat wieder der Arbeitsalltag begonnen, und wir machen uns natürlich beide Gedanken über unsere Situation. Wir haben ja beide, wie soll ich sagen, eine richtige neue Beziehung haben wir uns beide bisher nicht wieder aufgebaut. Wir haben sogar schon darüber gesprochen, wieder zusammenzuziehen, aber da stellt meine Frau Forderungen, einfach unerfüllbar.

KÖRNER Was für Forderungen?

DIETER Zuerst müßten wir in einer riesigen Wohnung leben, in der jeder seinen eigenen Bereich hat. Ja, ich habe ihr gesagt, wir können doch nicht eine riesige Wohnung mieten, nur damit wir uns nie begegnen. Da lebe ich lieber wie bisher weiter. Wenn man nicht in der Lage ist, richtig und vernünftig zusammenzuleben, dann doch lieber überhaupt nicht. Das ist jetzt der Stand der Dinge...

KÖRNER Zahlst du noch Unterhalt?

DIETER Natürlich. Neunhundert Mark. Ich will nicht, daß es ihr oder dem Jungen an irgend etwas fehlt. Das reichte natürlich nicht für beide, aber sie verdient ja auch im Schuldienst, das finanzielle Problem ist gelöst. Und sonst, ich meine ja noch immer, wir könnten auf einen gemeinsamen Nenner kommen. Wenn wir es über uns bringen würden, alles, was gewesen ist, zu vergessen, könnten wir wieder zusammenleben.

KÖRNER Glaubst du, daß es möglich ist, so was zu vergessen?

DIETER Ich weiß nicht! Das wäre wie ein Friedensschluß. Wenn man im Krieg gelebt hat, muß man wirklich einen kühnen Schritt tun. Das könnte positiv sein, neu anzufangen. Ich weiß, die Erfahrungen aller anderen sprechen dagegen. Aber weshalb muß das denn immer so sein? Ist das zwangsläufig, daß man sich dann nach kurzer Zeit wieder trennt? Ich meine, wir haben doch beide festgestellt, daß Beziehungen zu anderen Menschen nicht besser sind. Die Beziehungen zu dritten, die wir gehabt haben, sind doch immer irgendwann zu dem Punkt gelangt, wo es zu Auseinandersetzungen kam. Meine Frau und ich, wir kennen uns gut, ich weiß nicht, weshalb es nicht gutgehen sollte. Wir haben doch unser Kind, es gibt doch noch ein Zusammengehörigkeitsgefühl. Andererseits, ich habe gehört, daß es immer wieder Streit und Schwierigkeiten gibt, wenn man wieder zusammen ist. Aus irgendeinem nichtigen Anlaß kommen dann die alten Vorwürfe wieder hoch, es ist schwer zu vergessen. Es ist bei uns nur so, daß wir alt genug sein müßten, um aus Fehlern zu lernen. Große Lust, neue Beziehungen aufzubauen, haben wir beide nicht. Man könnte schon wieder zusammenleben. Ich denke auch über die sexuelle Freiheit heute anders als zur Zeit der Trennung. Ich glaube nicht, daß es etwas bringen kann, wenn man bewährte Verbindungen aus solchen Gründen abbricht.

KÖRNER Wo würdest du denn heute den Sinn einer Beziehung, ihre Schwerpunkte sehen?

DIETER Im seelischen und sozialen Bereich. Daß man sich eben versteht! Ich glaube, daß der sexuelle Bereich zwar wichtig ist, aber vielleicht auch von einem einzigen Partner nie zufriedenstellend, ja, befriedigt werden kann. Ich habe das ja auch gemerkt. Das Seelische ist wichtig. Jetzt, ich bin mir darüber klar, daß ich mit meiner Frau trotz aller Schwierigkeiten ein befriedigenderes Sexualleben gehabt habe als nach der Trennung mit anderen Frauen. Ich war glücklicher, zufriedener. Vielleicht war es nicht so hektisch, auch nicht so interessant. Aber es war erfüllter, irgendwie beruhigender.

KÖRNER Warst du geborgener?

DIETER Ja, mehr als bei anderen. Aber das ist vielleicht auch wieder die Gefahr. Vielleicht ist das auch das, was die Frauen nicht haben wollen. Einerseits wollen sie Geborgenheit und Sicherheit und andererseits auch nicht. Manchmal habe ich das Gefühl, Frauen wollen immer eine Sache und zugleich auch ihr genaues Gegenteil. Und damit komme ich nicht klar. Ich weiß einfach nicht, was meine Frau richtig will. Sie selbst weiß es auch nicht. Das ist das ganze Dilemma unserer Ehe.

KÖRNER Und wie stellst du dir deine Zukunft vor?

DIETER Ich habe festgestellt, wenn ich eine Freundin habe, reagiert meine Frau ziemlich sauer. Dann fängt sie auch an, konkret die Frage der Scheidung zu stellen. Dann macht sie mir Vorwürfe, dann heißt es plötzlich, ich sei ja auch sehr aktiv und hätte mich schnell anderweitig getröstet. Dann tut sie so, als hätten wir tatsächlich noch etwas miteinander. Dabei haben wir wirklich keine sexuellen Kontakte mehr ...

KÖRNER Wie oft sprecht ihr euch?

DIETER Wir sprechen uns so zweimal in der Woche. Ganz ohne Regelung. Ich kann jederzeit zu Hause auftauchen, da fahr' ich eben manchmal bei ihr vorbei. Ich habe noch die Schlüssel zur Wohnung ...

KÖRNER Hat sie auch die Schlüssel zu deiner Wohnung?
DIETER Nein! Sie hat sich auch um die Wohnung überhaupt nicht gekümmert. In den Semesterferien hat sie bei mir im Labor gearbeitet, sozusagen als Entgelt für meine Unterhaltszahlungen, sie hat es mir angeboten, und ich habe das nicht abgelehnt. Es war mir lieber, sie arbeitet bei mir, als daß sie im Kaufhaus an der Theke stand.
KÖRNER Wie alt ist euer Kind?
DIETER Der Junge ist jetzt zwölf! – Und daß das alles trotz der Trennung so positiv laufen kann, das liegt an unserem Sohn. Der ist phantastisch mit dieser Situation fertig geworden. Er hat mit beiden Kontakt und hat beide gern, er besucht mich oft, und wenn ich mit meiner Frau zusammen bin, dann lebt er richtig auf. Das macht sehr viel aus. Wir wären sicher schon geschieden, wenn der Junge nicht da wäre. Unsere Beziehung ist eben doch nicht zu vergleichen mit einer kinderlosen Ehe. Mir ist es auch in der ganzen Zeit des Getrenntlebens nicht passiert, daß ich eine andere Frau kennengelernt habe, mit der ich zusammen wohnen möchte.
KÖRNER Und bei deiner Frau, könntest du das wieder?
DIETER Bei meiner Frau könnte ich das sofort. Manchmal glaube ich, daß ich die Fähigkeit, mich in andere Frauen verlieben zu können, restlos verloren habe. Oder aber ich bin immer noch besetzt in diesem Bereich, vielleicht liebe ich meine Frau noch. Wie es bei ihr ist, weiß ich nicht. Jetzt, wo ich seit ein paar Wochen eine andere Freundin habe, meine Frau hat das natürlich sofort erfahren, und sie reagierte richtiggehend verletzt. Die andere Frau ist jünger, und ...
KÖRNER Wie alt ist deine Frau jetzt?
DIETER Fünfunddreißig! Und die andere Frau ist fünfundzwanzig. Und trotzdem, ich habe einfach nicht die Kraft, ein neues Leben aufzubauen. Irgendwie bin ich müde. Es gelingt mir einfach nicht, eine neue feste Beziehung auf Dauer aufzubauen. Ich bin müde.
KÖRNER Was macht dich müde? Das Mißtrauen?
DIETER Ich weiß nicht! Das Leben allgemein! Ich fühle mich einfach erschöpft. Ich übe meinen Beruf jetzt über dreißig Jahre aus. Und ich mußte sehr viel tun, um als Selbständiger überleben zu können. Man kann nicht gleichzeitig einen freien Beruf aufbauen, die Ehe harmonisch halten, man kann nicht gleichzeitig Geld verdienen und voll für eine Frau da sein. Ich als Freiberufler ...

KÖRNER Meinst du, es ist bei Arbeitern oder Angestellten anders?

DIETER Das ist vielleicht eine viel glücklichere Situation! Da müssen Frau und Mann solidarisch sein, um existieren zu können. Die können sich doch zwei Wohnungen und doppelte Haushaltsführung überhaupt nicht leisten. Wir Freiberufler, wenn wir halbwegs gut im Beruf sind, haben wir doch das Privileg, uns im Ernstfall zwei Wohnungen zu leisten. Wenn ich nur Arbeiter wäre, hätte ich mich längst scheiden lassen müssen. Da muß man in einer solchen Situation sofort Klarheit schaffen. Ob ich dann noch existieren würde, ist eine andere Frage. Aber wirtschaftlich haben wir das doch beide gut verkraftet. Daß es mich im Beruf zurückgeworfen hat, ist klar. Wenn meine Frau konsequent mitgearbeitet hätte, wir könnten ganz woanders stehen. Es muß bestimmt nicht der Lebenszweck sein, einen großen Betrieb aufzuziehen, noch Leute einzustellen und auf Wachstum zu gehen, aber irgendwie wäre das doch eine schöne Sache. Wenn ich meine Frau immer höre, wenn sie von modernen offenen Beziehungen spricht. Was machen denn die anderen? Sie wollen in Wohngemeinschaften ziehen und dort gemeinsam kreativ arbeiten! – Ich habe doch mit meiner Frau nichts anderes gewollt. Wir hätten doch ideal miteinander leben und arbeiten können! Alle, die ich spreche, für die ist das der große Wunschtraum. Aber meine Frau, sie wollte das alles nicht oder nicht mit mir! Vielleicht muß es erst zur Scheidung kommen, damit wir uns wieder verstehen!

KÖRNER Wie stellst du dir das vor?

DIETER Ich weiß, es ist paradox. Ich glaube, wenn wir jemals wiederzusammenkommen wollen, müssen wir uns scheiden lassen.

KÖRNER Hast du dir da Gedanken über die wirtschaftlichen Folgen gemacht?

DIETER Natürlich! Meine Kameras und Labormaschinen, das ist alles abgeschrieben. Ich habe kein Vermögen. Zu teilen wäre da nichts. Ich würde Unterhalt für das Kind zahlen, meine Frau verdient ja genug. Nein, da sähe ich keine Schwierigkeiten. Ich warte erst mal ab. Vielleicht kommt meine Frau, ja, ich hoffe noch immer, daß sie wieder zu Verstand kommt und die Möglichkeiten sieht, die wir zusammen haben.

KÖRNER Und deine Freundin, die würdest du verlassen?

DIETER Die Freundin, meine Güte, das ist eine lockere Beziehung. Ich würde nie ... ich kann doch mit keiner Fünfundzwanzigjährigen zusammenziehen ...

Körner Weshalb denn nicht?
Dieter Dann würde ich doch den ganzen Zirkus wieder erleben! Ich würde doch wieder anfangen, eine Frau auszubilden, ihr im Beruf zu helfen, ich müßte sie unterstützen! Den ganzen Zirkus wieder von vorne anfangen ... wahrscheinlich auch wieder mit denselben Folgen ...
Körner Muß das zwangsläufig so sein?
Dieter Ich sehe doch bei meinen Bekannten und Freunden, was da läuft. Meinst du, ein einziger lebte in einer glücklichen Ehe? Meinst du, eine einzige Frau wäre zufrieden? Überall gibt es Spannungen, weil die Frauen etwas anderes wollen als das, was sie haben. Was glaubst du, weshalb so viele Männer saufen? Weil sie es mit ihrer Frau kaum noch aushalten können! Das ist der Grund! – Nein, was Neues anfangen, weißt du, dafür fehlt mir die Kraft. Da warte ich lieber, ob meine Frau wieder zur Vernunft kommt, es wird zwar mit ihr immer wieder Spannungen geben, aber meine Frau, weißt du, ich bin lange genug mit ihr verheiratet. Ich kenne sie wenigstens. Auf Dauer wird sie ja auch nicht allein mit dem Kind leben wollen. Und ein anderer Mann, bisher hat sie keinen gefunden. Vielleicht auch nicht gewollt. Sie ist ja auch nicht mehr die Jüngste.

# 2. Männersache

Ich habe die Niederschrift meines Gesprächs mit Dieter A. an den Anfang dieses Buches gestellt, weil sie Aspekte widerspiegelt, die Feministinnen mit einer geglückten Befreiung der Frau verbinden. Als Achtzehnjährige lernt Renate Dieter kennen, nimmt nach geraumer Zeit sexuelle Beziehungen zu ihm auf. Mehr oder weniger sanfter Druck der Eltern führt zur Verlobung, schließlich zur Ehe. Selbstverständlich arbeitet die Frau weiter beim Postscheckamt, selbstverständlich hilft sie ihrem Mann neben dieser Berufstätigkeit noch beim Aufbau einer freiberuflichen Existenz. Relativ spät, nach acht Jahren Ehe, stellt sich das erste Kind ein. Renate verläßt das Postscheckamt, soll nur noch »Frau und Mutter« sein. Eine Weile fügt sie sich in diese Rolle, dann, als der Sohn eingeschult ist, wird ihr der Hausfrauen-Alltag unangenehm. Sie will wieder arbeiten. Die Mithilfe im Fotoatelier ihres Mannes erscheint ihr wenig attraktiv, da wäre sie ja nicht mehr als Assistentin ihres Mannes, daran ist ihre Mitarbeit in seinem Betrieb schon einmal gescheitert. Freunde des Ehepaares bringen Renate auf den Gedanken, Lehrerin zu werden. Sie schafft mit der Hilfe ihres Mannes, der sich in ihre Prüfungsvorbereitungen hineinkniet, »als ob er die Prüfung machen würde«, die Begabtensonderprüfung und fängt ein Studium an.

Mit diesem Studium beginnt Renate zielstrebig ihren Ablösungsprozeß einzuleiten, der schließlich zur Trennung führt. Dieter arbeitet für den Lebensunterhalt der Familie, Renate studiert. »Im großen und ganzen fand ich das auch gut«, sagt Dieter, nur als sie dann immer häufiger die Nächte lieber mit anderen Studenten verbringt als mit ihrem Ehemann, als sie die Arbeiten für den Haushalt zwar noch erledigt, aber »eben nicht mehr mit voller Bereitschaft«, als sich auch noch eine außereheliche Liebesbeziehung abzuzeichnen beginnt, ist Dieters Toleranzgrenze erreicht. Einmal mehr kommt es zur Aussprache, diesmal freilich mit einem Ergebnis. Dieter zieht aus der ehelichen Wohnung aus, lebt wieder allein in Atelier und Junggesellenwohnung. Vom unverheirateten Junggesellen unterscheidet er sich nur dadurch, daß er für Frau und Kind sorgt, bis seine Frau wieder in die Arbeitswelt eingegliedert ist, danach, als sie eigenes Einkommen erzielt, reduziert er seine Zahlungen und sorgt hauptsächlich nur noch für sein Kind, obwohl er auch jetzt noch weit mehr zahlt, als er nach dem Unterhaltsrecht zahlen müßte. Weniger als dreihundert Mark müßte er nach der »Düsseldorfer Tabelle« für das Kind zahlen, Dieter zahlt freiwillig neunhundert Mark und wartet wahrhaftig noch auf diese Frau. »Wenn wir es über uns bringen würden, alles, was gewesen ist, zu vergessen«, sagt er, »könnten wir wieder zusammenleben.« Als seine Frau erfährt, daß er eine Freundin hat, »reagiert sie richtiggehend verletzt«. Dabei brauchte sie sich kaum Sorgen zu machen, daß ihr Mann eine neue Beziehung mit einer anderen Frau aufbauen könnte. Eine Ehe dürfte diesem Manne gereicht haben: »Dann würde ich doch den ganzen Zirkus wieder erleben!« sagt er. »Ich würde doch wieder anfangen, eine Frau auszubilden, ihr im Beruf zu helfen, ich müßte sie unterstützen! Den ganzen Zirkus wieder von vorne anfangen ... wahrscheinlich auch wieder mit denselben Folgen ...« Recht hat er. Die Wahrscheinlichkeit, daß sich auch eine andere Frau irgendwann gegen die traditionelle Rolle der Hausfrau und Mutter aufbäumt, ist groß. Und so wird er weiterhin sein Leben zwischen Fotoatelier und Junggesellenwohnung leben, wird gelegentlich lockere Beziehungen zu anderen Frauen aufnehmen und wieder beenden, bis auch das irgendwann aufhören wird und er nur noch sein Atelier hat und seine Arbeit. Die »Befreiung der Frau« scheint gelungen. Der Mann blieb zerstört auf der Strecke. Auf Dauer wird Renate ja auch nicht allein mit dem Kind leben wollen, hofft er. Sie ist ja auch nicht mehr die Jüngste, sagt er. Und da wartet er ohnmächtig darauf, daß sie doch noch zu ihm zurückkommt. Hilflos wie das Kaninchen angesichts der Schlange wartet Dieter darauf, was der Frau, die er noch immer für seine Frau hält, als nächstes sinnvoll und vorteilhaft erscheinen wird. Vielleicht wird sie der Schuldienst zu sehr anstrengen und sie wird nur noch Frau und Mutter sein wollen, mag er denken. Vielleicht wird sie merken, daß sie auch älter wird und einen Mann braucht, mit dem zusammen sie irgendwann einmal den Lebensabend verbringen kann. Warten, die Ohnmacht der Verlassenen.

Ich habe die in diesem Buche veröffentlichten Protokolle aus den Niederschriften von Gesprächen mit mehr als fünfzig Männern ausgewählt. So unterschiedlich die Erfahrungen sind, von denen Männer berichteten, gewartet hat jeder Mann, dessen Frau gegangen war. Männer warten kurze Zeit oder warten länger; Dieter scheint zu den Männern zu gehören, die warten, bis sie schwarz werden. Dieses Warten ist vergebliche Liebesmüh. Was geschieht denn, wenn eine Frau ihren Mann verläßt? Wie kam es denn dazu, daß Dieter von seiner Frau verlassen wurde? Was bringt denn einen Mann in die Situation, in der seine Frau von ihm nur noch Geld will und sonst nichts?

Von frühester Kindheit an wird nichts unversucht gelassen, ihn genau in diese Situation zu bringen.

Ich bin fast so alt wie Dieter. Wie kam es denn dazu, daß aus den meisten meiner Schulkameraden, mit denen ich als Dreizehnjähriger glücklich in den Wäldern meiner Heimat Räuber und Gendarm spielte, inzwischen erschöpfte, seelisch und körperlich kranke Männer geworden sind, denen immer häufiger auch noch ihre Ehefrau den Laufpaß gibt?

»Du mußt in der Schule aufpassen«, sagte mein Vater, wenn ich mal mit einer schlechten Zensur nach Hause kam. »Du mußt was lernen. Wie willst du denn sonst später mal eine Familie ernähren!«

Aus dem Schulzeugnis wurde das Berufsschulzeugnis, auf den Schulbesuch folgte die Berufsausbildung. Nach der Lehre waren wir fertig. Wir hatten gelernt, daß ein Junge zum Mann wird, stark und tapfer sein muß. Wir hatten gelernt, daß ein Mann nicht weinen darf, wenn er Kummer hat. Daß wir Geld brauchten, wenn wir mit Mädchen gehen wollten, begriffen wir spätestens bei der ersten Tanzstunde. Für uns waren die Weichen in die Zukunft früh gestellt.

Die Lust an der Masturbation hatte man uns zwar nicht auszutreiben vermocht, aber gründlich mit Schuldgefühlen befrachtet. Sexualität war mit Liebe verkoppelt, die Liebe mit dem Willen zum Kind. Da brauchten die drei Eisheiligen Elternhaus, Schule und Kirche die Mädchen nur noch auf ähnliche Weise zuzurichten, da bedurfte es nur noch der konsequenten Verhinderung »vorehelichen Geschlechtsverkehrs«, und der Weg zu Ehe und Familie war die Einbahnstraße zu Lust und Liebe.

»Es schickt sich nicht, daß ein Junge mit einem Mädchen allein ist!« sagte mir meine Mutter noch, als ich siebzehn Jahre alt war.

Was sich schickte, war die Verlobung und anschließende Ehe, für die zuvor die »wirtschaftlichen Voraussetzungen« geschaffen werden mußten. Wenige Männer meiner Generation husteten ihren Eltern eins und mieteten sich eine »sturmfreie Bude«. Die meisten verwirklichten wie dressierte Pudel, was sie schon in kindlichen Abzählversen gelernt hatten: »Verliebt, verlobt, verheiratet«, krächzten wir im Stimmbruch auf unseren Schulhöfen

in den Pausen. Von Trennung, Scheidung und Einsamkeit haben wir nichts gelernt. – Ist es so erstaunlich, wenn Männer hilflos und ohnmächtig nach dem Abschied der Frau zurückbleiben, auf die hin sie ihr ganzes Leben ausgerichtet hatten?
Nahtlos wie für Dieter vollzog sich für die meisten Männer der Übergang vom elterlichen Haushalt zum eigenen Haushalt.
Wie früher ihre Mutter für sie sorgte, sorgt nach der Heirat die Ehefrau für Männer. Wie Mutter kocht und wäscht die Frau für den Mann. Wie bei seiner Mutter sucht der Mann mit seinen Sorgen bei seiner Frau Trost und Rat.
»Ich hoffe noch immer, daß sie wieder zu Verstand kommt«, sagt Dieter und wartet trotz allem, was er mit seiner Frau erlebt hat. »Vielleicht muß es erst zur Scheidung kommen«, sagt Dieter, »damit wir wieder zusammenleben können!«
Nach Carmens Abschied saß ich oft in der Küche, unfähig, mir auch nur eine Tasse Tee zu kochen.
Warum fällt es uns meist so schwer, die Tatsache, daß eine Frau gegangen ist, als unabänderlich endgültigen Sachverhalt zu verstehen? Liegt es daran, daß uns unsere Mutter nie verließ? Liegt es daran, daß auf jede Trennung von der Mutter, die wir als Kind voll Angst vor dem Verlassenwerden durchlitten, das Happy-End ihrer Rückkehr folgte?
Soweit meine Erinnerung zurückreicht: Wer von uns auch immer Sorgen hatte, ob es mein Vater war, mein Bruder oder ich, er ging mit seinen Sorgen in die Küche, sprach mit Mutter. Mutter hörte geduldig zu, während sie kochte, sie rührte unsere Sorgen in ihren Suppentopf. Oft habe ich meinen Vater auf einem Küchenstuhl sitzen sehen, ein- oder zweimal hat er auf diesem Stuhl gesessen und geweint. – Ging ich deshalb in die Küche meiner Wohnung, als ich glaubte, mit Carmens Verlust nicht fertig zu werden?
Oder war Carmen für mich eine Art Mutter, die ich in der Küche suchte, als sie gegangen war?

Für ein neues Bewußtsein des Mannes:
*Wir müssen lernen, daß unsere Frauen nicht unsere Mütter sind.*

# 3. Gesprächsprotokoll Otto K.:

*»Bei uns war alles in Ordnung,*
*bis Gisela in so linke Kreise geriet...«*
(Steinmetz Otto K., 52 Jahre alt)

Das Gespräch fand im Herbst 1978 im Behelfsheim in U. statt, wo K. seit seiner Scheidung lebt. Der Raum machte einen heruntergekommenen Eindruck, an dem auch ungeschickte Zeichnungen und Temperabilder K.'s und unvollendete Skulpturen, die im völlig verwilderten Vorgarten herumstanden, wenig zu ändern vermochten. Während des etwa vierstündigen Gesprächs trank K. eine 0,7-Liter-Flasche eines preiswerten Weinbrands leer. Er machte jedoch auch am Ende des Gesprächs nicht den Eindruck, betrunken zu sein.

KÖRNER Haben Sie die Plastiken gemacht, die draußen im Garten stehen?
OTTO Welche Plastiken? – Wenn Sie den Schrott meinen, der draußen rumsteht, ja, die hab' ich gemacht. Ist Schrott. Wenn die nächste Sperrmüllaktion ist... Aber das Zeug nimmt ja keiner. Man müßte es zur Schuttkippe fahren. Wenn ich mal Zeit hab'...
KÖRNER Haben Sie einen Wagen?
OTTO Ach was! Im Betrieb haben wir einen Wagen. Ich muß den Chef mal fragen, ich kann das Zeug nicht mehr sehen!
KÖRNER Warum haben Sie es dann überhaupt gemacht?
OTTO Weiß ich auch nicht. Ich hab' es eben gemacht. Ist Schrott.
KÖRNER Ich weiß nicht! Manches gefällt mir!
OTTO Wollen Sie mich auf den Arm nehmen? Ich weiß schon, daß es Kitsch ist. Als ich jung war, war ich ganz gut. Aber dem einen ist es eben gegeben und anderen nicht.
KÖRNER Sie wollten mal Bildhauer werden, nicht wahr?
OTTO (lacht) Wer hat Ihnen das denn erzählt! – Stimmt schon irgendwie, ich war auf der Kunstgewerbeschule. Bringt doch nichts. Hunderte fangen an, und einer oder zwei, die können dann davon leben. Ist doch Beschiß.
KÖRNER Weshalb haben Sie damals aufgehört?
OTTO Mit der Schule? Keine Lust mehr. Ich kam nicht weiter.

Man muß sich irgendwann entscheiden. Ich war nicht gut genug, ich hab' immer, wie soll ich sagen, ich hab' immer geglaubt, ich würde es schaffen, und irgendwie ist mir immer alles in die Hose gegangen. Meine Familie, ich hab' mich immer um die Familie gekümmert, und wie alles werden soll ... Ist schon beschissen.

KÖRNER Wie lange sind Sie jetzt geschieden?

OTTO Ein Dreivierteljahr. Ein Jahr. Kann auch etwas länger sein. Wenn Sie das genau wissen wollen, ich hab' irgendwo das Scheidungsurteil.

KÖRNER Ist nicht so wichtig!

OTTO Was ich zahlen muß, kann ich so sagen. Für die Frau und die Kinder muß ich zahlen. Es ist beschissen. Wenn ich mehr Mumm in den Knochen hätte, irgendwann werd' ich mich vorn Zug schmeißen. Haben Sie meinen Grabstein gesehn? Ist fast fertig. Bloß das Datum fehlt noch.

KÖRNER Wo steht Ihr Grabstein?

OTTO Na draußen im Garten! Irgendwann setz' ich das Datum dazu, und dann geh' ich zum Bahnhof!

KÖRNER Glauben Sie, daß Selbstmord eine Lösung ist?

OTTO Selbstmord nicht. Aber ein Freitod ist eine klare Sache.

KÖRNER Haben Sie den Améry gelesen?

OTTO Was soll ich gelesen haben?

KÖRNER Den Améry! »Hand an sich legen.« Ist ein Buch.

OTTO Ich lese keine Bücher. Wir waren mal im Lesering, aber das hat meine Frau alles mitgenommen. Alle Möbel, den Fernseher und die Bücher. Den Küchenherd und die Polstermöbel und das Bett aus dem Schlafzimmer hat sie mir dagelassen. Vielleicht waren ihr die Sachen nicht mehr modern genug.

KÖRNER Wir wollten über Ihre Ehe reden. Woran ist das eigentlich, ich meine, woran ist die Ehe eigentlich kaputtgegangen?

OTTO Bin ich Jesus?

KÖRNER Das muß doch einen Grund haben. Man läßt sich doch nicht aus Spaß scheiden!

OTTO Ich sag' Ihnen doch, ich weiß heute noch nicht, warum meine Frau gegangen ist. Richtig schlecht ist sie nicht. Sie war immer eine gute Frau. Bis das eben passierte. Ich lag im Krankenhaus, am Mittwoch kam sie mich noch mit den Kindern besuchen, am Montag drauf wurde ich entlassen, und als ich die Tür aufgeschlossen habe, waren alle Möbel weg. Und auf dem Küchenherd, auf dem Küchenherd lag ein Zettel. Ich halte es ... sie würde es nicht mehr aushalten mit mir. Sie würde die Scheidung einreichen. Das ist ein Gefühl, da stehst du in der Küche mit so einem Wisch ... Einen Zettel hat sie aus einem Schulheft gerissen und mit dem Bleistift ... Als wenn man einen mit 'm Hammer vor den Kopf kriegt. Meine Frau, die Kinder ...

KÖRNER Wie alt sind die Kinder?

OTTO Der Ulrich ist sechzehn und die Katharina vierzehn! Jetzt, wo wir geschieden sind, ich hab' gar keinen Einfluß mehr auf das Mädchen. Der Junge, der kommt mich schon mal besuchen. Aber von der Kathrin, warten Sie, ich hab' sie mal in der Stadt gesehen. Vor einem Kino. Da stand sie mit Jungens rum in einer Hose, ich sag' Ihnen, mit so einer Hose wär' sie bei mir nicht aus dem Haus gegangen ...

KÖRNER Wie war die Hose?

OTTO Was? – Ja, eng eben, und am Hintern ... man konnte ... ja, man konnte praktisch ... wie soll ich sagen ... eben ordinär. So zum Männer aufgeilen ...

KÖRNER Tragen nicht viele Mädchen im Alter Ihrer Tochter solche Sachen?

OTTO Ist egal. Ein anständiges Mädchen in ihrem Alter trägt so was nicht. Ich war auch beim Anwalt, wegen dem Sorgerecht, aber das hat kein' Sinn, da kann man nichts machen. Vielleicht hat das mit dem Armenrecht zu tun, aber er hat gesagt, es hat keinen Zweck.

KÖRNER Was wollten Sie mit dem Sorgerecht?

OTTO Daß ich es kriege eben. Die Katharina verlottert doch bei meiner Frau, meine Frau kann sich doch nicht durchsetzen. Die läßt die Kinder doch machen, was sie wollen.

KÖRNER Ist Ihre Tochter schon in der Lehre?

OTTO Die Kathrin ist in der Hauptschule und der Ulrich auf dem Gymnasium. Der Junge ist Klasse. Der wird mal was Großes. Der wird's mal besser haben als ich.

KÖRNER Im Beruf besser haben als Sie?

OTTO Überhaupt, im Leben. Was hab' ich denn von meinem Leben gehabt? Schule und HJ, von der Schule ohne Abitur freiwillig zur Front ...

KÖRNER Das kann doch nicht Ihr Ernst sein!

OTTO War aber so. Wenn alle sagen, sie würden gegen das Dritte Reich gewesen sein ... Ich war dafür. Ich habe mich freiwillig gemeldet, weil ich Deutschland verteidigen wollte. Nach dem Endsieg wollte ich das Abitur nachmachen. Ja. Und da bin ich noch kurz vor Kriegsende, sie haben mich noch kurz vor Kriegsende an der Ostfront eingesetzt, und da geriet ich dann in russische Gefangenschaft. Neunzehnhundertneunundvierzig bin ich zurückgekommen. Meine Mutter hat mich schon für tot gehalten.

KÖRNER Was war Ihr Vater von Beruf?

OTTO Wir hatten einen Lebensmittelladen. Den hat Mutter 1952 verkauft. Ja, da staunen Sie, was? Uns ist es nicht so gut gegangen wie der Jugend heute. Die Jugend heute hat doch überhaupt keine Ahnung, wie das Leben ist. Das ist nicht nur Tanzlokal und mit dreizehn rumknutschen. Was aus der Jugend heute mal werden soll...

KÖRNER Vielleicht besser, als mit achtzehn Jahren an der Ostfront!

OTTO Was? Ja. Vielleicht. Manchmal denk' ich, die haben uns um die schönsten Jahre betrogen.

KÖRNER Und als Sie aus der Gefangenschaft zurück waren...

OTTO Erstmal war ich krank. Und dann hab' ich im Geschäft mitgeholfen. Großmarkt und Großhändler. Ich hab' mit dem Dreirad immer die Ware geholt, und im Verkauf natürlich. Im Verkauf hab' ich auch geholfen. Als meine Mutter den Laden dann aufgegeben hat, da dachte ich...

KÖRNER Wieso Ihre Mutter? Lebte Ihr Vater nicht mehr?

OTTO Der ist im Krieg geblieben. Ja. Als es mit dem Laden nichts mehr war, da stand ich da ohne Beruf. Das Abitur hatte ich nicht, wieder auf die Schulbank wollte ich nicht, da bin ich, da hab' ich mir eine Lehrstelle bei einem Steinmetz gesucht.

KÖRNER Weshalb denn gerade ein so ausgefallener Beruf?

OTTO War doch egal, was man machte, wo Deutschland vernichtet war! Und mein Vater hatte einen Bruder, der hatte damals eine Werkstatt am Katholischen Friedhof, da bin ich als Lehrling hingegangen. Aber das war schon am Anfang nichts, wenn mir einer vorausgesagt hätte, daß ich mein Leben lang Grabsteine, ich weiß nicht, was ich mit dem gemacht hätte. Das hat mir alles gestunken. Mit fünfundzwanzig Stift sein und der Mutter auf der Tasche liegen.

KÖRNER Was haben Sie gemacht, um das zu ändern?

OTTO Was ich immer mache, wenn mir was stinkt. Weggelaufen bin ich. Nach eineinhalb Jahren den Kram hingeschmissen. Ich bin einfach nicht mehr hingegangen.

KÖRNER Und was haben Sie gemacht, gearbeitet?

OTTO Auf Baustellen mitgeholfen. Da gab es wenigstens richtigen Schotter!

KÖRNER Was für Arbeiten haben Sie gemacht?

OTTO Hilfsarbeiten hauptsächlich. Und dann Baukosmetik.

KÖRNER Was ist das? Ich habe das Wort noch nie gehört.
OTTO Wenn sie Scheiße gebaut hatten, was falsch gemacht, beim Verputzen nicht aufgepaßt oder bei den Fenstern, ich meine, das muß dann irgendwie vertuscht werden. Steine losbrockeln mit dem Eisen und zuschmieren. Das hab' ich da immer gemacht. Ich hab' da ein Händchen für. Aber meine Mutter hat immer, wie soll ich sagen, der war das irgendwie nicht gut genug. Wenn Vater das wissen würde, der würde sich im Grabe umdrehen. Sein Junge und Hilfsarbeiter. Da bin ich dann zur Kunstgewerbeschule in D. gegangen, und da hab' ich Bildhauer werden wollen.
KÖRNER Wie alt waren Sie da?
OTTO Ich glaub' siebenundzwanzig. Das war ganz gut. Da blieb ich zwei Jahre, dann hab' ich, ja, ich hab' das hingeschmissen. Es war mir nicht gegeben.
KÖRNER Wovon haben Sie während der Schulzeit gelebt?
OTTO Ich hab' nebenher gearbeitet. Schwarzarbeit sozusagen. Da wurde ja überall gebaut, da konnte man leicht was verdienen.
KÖRNER Wieder auf dem Bau?
OTTO Auf dem Bau oder Springbrunnen für den Garten. Mit den Swimming-pools das war ja erst später.
KÖRNER Weshalb haben Sie die Kunstgewerbeschule wieder verlassen?
OTTO Ich sag' doch, es war mir nicht gegeben. Wenn es einem gegeben ist, dann hört man nicht auf, da lebt man für die Kunst. Ich hab', wie soll ich sagen, die Kunst war für mich eben nicht mein ein und alles. Anderes war wichtiger.
KÖRNER Was war wichtiger?
OTTO Alles andere. Mein Leben, wie ich mein Leben führen und einrichten würde. Der Mensch hat doch Pläne, die braucht er doch, man muß doch wissen, wofür man lebt. Man will doch irgendwie sein Eigenes ...
KÖRNER Sie meinen Besitz, Vermögen, Eigentum?
OTTO Vermögen nicht. Was kann ein Mann wie ich an Vermögen zusammenbringen. Hier, gucken Sie sich um, das ist mein Vermögen. Wenn die Generalität Hitler nicht in die Pfanne gehauen hätte, dann wäre aus mir was geworden. Da hätt' ich nach dem Krieg mein Abitur gemacht und wäre in den deutschen Osten gegangen.
KÖRNER Glauben Sie wirklich, Hitler hätte die ganze Welt erobern können?
OTTO Wenn keine Fehler gemacht worden wären, ja! Das ging

alles nur zu schnell! Wir hätten uns mehr Zeit lassen müssen. Große Pausen zwischen den Feldzügen. Nach Polen und der Tschechei und Frankreich erst mal ein Jahrzehnt Ruhe.

KÖRNER Ich weiß zu wenig von Geschichte, um etwas dazu sagen zu können. – Wie ging es eigentlich in Ihrem Leben weiter? Sie haben die Kunstgewerbeschule wieder verlassen und sich mit Gelegenheitsarbeiten durchgeschlagen ...

OTTO Ja. So kann man das sagen. Dann habe ich doch noch die Gesellenprüfung gemacht.

KÖRNER Als Steinmetz?

OTTO Ja. Mein Vater hat immer gesagt, ein Mann braucht einen vernünftigen Beruf. Damit fängt doch alles an. Und da bin ich wieder in die Werkstatt zurückgegangen.

KÖRNER Sie waren mit dreißig noch Lehrling?

OTTO Nicht direkt Lehrling. Ich hab' ja richtig gearbeitet, ich hatte ein Händchen für Stein. Ich hab' auch rangehauen und richtiges Geld gekriegt. Mit einunddreißig Jahren hatte ich die Gesellenprüfung. Ein Jahr später starb meine Mutter, und da hab' ich mir dann eine Frau gesucht. Ich wollte nicht verlottern. Alt genug war ich ja wirklich, um eine Familie zu gründen!

KÖRNER Kann man das so machen? Wie haben Sie das gemacht, eine Frau gesucht?

OTTO Mein Gott, wie sucht man sich eine Frau? Eben die Augen aufgemacht und mich umgesehen!

KÖRNER In Tanzlokalen?

OTTO Das weniger! Tanzen kann ich heute noch nicht! Ich kannte aber eine Menge Leute. Von der Arbeit und von der Kunstgewerbeschule, so einsam war ich nicht richtig. Nur waren die Frauen auf der Kunstgewerbeschule, das war nichts für mich. Die ließen sich zu einfach umlegen. Wenn denen einer gefiel, die fackelten nicht lange. Mit denen hatten wir, wie soll ich sagen, ja, mit denen hatten wir viel Spaß. Ich hab' da auch nichts ausgelassen. Ich hatte auch Nachholbedarf. Nein, ich war schon ein ziemlich doller Hecht. Aber das war natürlich nichts zum Heiraten.

KÖRNER Weshalb nicht?

OTTO Weshalb nicht? – Na, das ist vielleicht eine Frage! Bei denen war der Lack doch längst runter. Die Kunstgewerbeschule, na, ich will nicht direkt sagen, daß es wie im Puff war, aber die meisten machten mit jedem lang ...

KÖRNER Komisch! Ich habe gerade immer einen Horror vor unerfahrenen Frauen gehabt. Wenn eine Frau ohne Erfahrungen in eine Ehe geht, der muß doch irgendwann etwas fehlen, und das holt sie dann nach!

OTTO Das ist Blödsinn! Wenn man bei einer Frau der Erste ist, die bleibt einem dann treu! Man braucht ja nicht gerade so ein Dreckstück zu erwischen wie ich! Im allgemeinen, wenn einer bei einer Frau der Erste ist, das bleibt für sie immer etwas Besonderes.

KÖRNER Waren Sie für Ihre Frau der erste Mann?

OTTO Und ob! Die Gisela hab' ich erst gekrallt, als für mich feststand, daß ich sie heiraten wollte. Bei der bin ich ja dann auch geblieben!

KÖRNER Nur sie nicht bei Ihnen! – Wie haben Sie Ihre Frau eigentlich kennengelernt?

OTTO Ich hab' ja noch Baukosmetik gemacht, für Bauunternehmer gearbeitet...

KÖRNER Sie haben beim Steinmetz wieder aufgehört?

OTTO Nein! Wie kommen Sie denn darauf! Ich hab' nach Feierabend noch den einen oder anderen Bau gemacht. Das war doch wieder richtig losgegangen, Wirtschaftswunder und so, da haben wir doch alle rangehauen. Ja, ich hab' für den G. noch Bau gemacht, und da hab' ich die Gisela bei ihm im Büro gesehen. Die arbeitete da...

KÖRNER Als was?

OTTO Weiß ich nicht! Die arbeitete im Büro, und wenn ich für den G. gearbeitet hatte, dann zahlte sie mir immer das Geld aus. Da hat sich das so ergeben.

KÖRNER Wie hat sich das ergeben?

OTTO Meine Mutter war doch gestorben! Da dachte ich, ja ich hab' sie eben ins Auge gefaßt. So wie sie stellte ich mir meine Frau eben vor.

KÖRNER Wie denn?

OTTO Eben so wie die Gisela war. Sauber und gepflegt und immer zurückhaltend, die ließ eben nicht jeden an sich ran. Wie die dich behandelte, so von oben herunter, die wußte eben, was sie wollte! Die holst du dir, hab' ich gedacht, mit der bist du nicht schlecht bedient!

KÖRNER Man kann sich doch eine Frau nicht holen wie eine Flasche Bier von der Trinkhalle...

OTTO Da war natürlich irgendwas zwischen uns, es hat eben, wie soll ich sagen, es hat von Anfang an bei beiden geschnackelt. Sie war immer motzig, wenn sie mir das Geld auszahlte, und ich hab' ihr mal gesagt, ja, worauf sie sich denn was einbilden würde, hab' ich gefragt, ich arbeite zwar nach Feierabend noch für ihren Chef, aber ich wäre kein Baubudenprolet, mit mir könnt' sie reden wie mit einem vernünftigen Menschen. Ich könnt' nichts dafür, daß Deutschland den Krieg verloren hätte und ich das Abitur nicht machen konnte. Von da ab, wie soll ich sagen, von da ab war sie anders zu mir. Irgendwie unsicher. Und da hab' ich sie einen Abend gefragt, ob sie mit mir zusammen mit dem Auto ins Sauerland fahren würde ...

KÖRNER Hatten Sie einen Wagen?

OTTO Ich hatte den Führerschein gemacht. Die Autos hab' ich mir manchmal geliehen. Ein Auto war was ganz Besonderes. Damals hatte nicht jeder ein Auto wie heute.

KÖRNER Und sie hat sich einladen lassen?

OTTO Nein! So eine ist sie nicht, hat sie gesagt. Da wurde ich erst richtig scharf.

KÖRNER Wie alt war Ihre zukünftige Frau eigentlich?

OTTO Die Gisela? – So etwa zweiundzwanzig, ich glaube, zweiundzwanzig Jahre! Ich hab' mich dann, wie soll ich sagen, ich hab' mich unauffällig über sie erkundigt, bei den anderen auf dem Bau und beim Unternehmer, die haben mich ausgelacht. Da kam keiner ran.

KÖRNER Und wie sind Sie rangekommen?

OTTO Über die Mutter! Ich hatte rausgekriegt, daß ihr Vater auch im Krieg geblieben war, da hab' ich ein paar Wochen gewartet und noch mal mit einer Fahrt ins Sauerland angefangen, und da hab' ich gesagt, ich hätte dort zu tun, wenn sie nicht allein mitfahren wollte, könnte sie meinetwegen ihre Mutter mitbringen. Da hat sie gesagt, sie würde es sich überlegen.

KÖRNER Und die beiden sind mitgefahren?

OTTO Na klar doch! Ich hab' mir 'n VW geliehen und die beiden abgeholt und sie nach einem Spaziergang zum Kaffee eingeladen, ich hab' mich mit den Damen unterhalten, und am Abend sagte Giselas Mutter, es wäre der erste schöne Sonntag seit Jahren für sie gewesen. Ja. Als ich die beiden am Abend nach Hause brachte, hat mich die Mutter noch zu einer Tasse Kaffee eingeladen, da sah ich, wie die lebten. In einer Zweizimmerwohnung. Uralte Möbel. Die Tapete hing in Fetzen von der Wand. Ja. Da hab' ich gesagt, ich bring' das in Ordnung. So könnte man nicht mehr wohnen. Ich hab' ihnen jedenfalls die Wohnung tapeziert. Und so lernte man sich eben nach und nach kennen ...

KÖRNER Das interessiert mich aber doch genauer. Wie war denn das im einzelnen ...

OTTO Weiß ich auch nicht mehr so genau. Ich schleppte alles mögliche ran. Die Schwiegermutter hatte nur eine kleine Rente, die konnten sich nicht viel leisten. Da brachte ich schon mal 'ne Dose Kaffee mit oder Blumen für den Balkon, ich kümmerte mich eben um die beiden, ich gehörte irgendwie, ja, ich gehörte irgendwie fast zur Familie.
KÖRNER Sie lebten aber allein?
OTTO Natürlich! Ich wohnte noch in der Wohnung meiner Mutter. Nur daß sie eben nicht mehr da war. Und da hat mir die Schwiegermutter, die wusch die Sachen für mich und machte einmal in der Woche meine Wohnung sauber. Das hat sich eben alles so nach und nach ergeben. Und dann war die Mutter mal krank, da kam die Gisela saubermachen, und da hab' ich sie mir einfach gekrallt. Sie wollte nicht recht, ich hab' Ihnen ja gesagt, sie war eine anständige Frau, aber ich hab' sie mir eben gekrallt, und als sie nachher heulte, da hab' ich gesagt, du brauchst nicht zu heulen, Gisela, ich will dich heiraten, vom ersten Augenblick an hab' ich gewußt, daß ich dich heirate ...
KÖRNER Sie haben Ihre zukünftige Frau vergewaltigt?
OTTO Quatsch, so kann man das nicht sagen. Sie hat sich ein bißchen gewehrt wie jede anständige Frau. Aber das war nur beim ersten Mal. Danach nicht mehr. Die Frauen brauchen es doch so wie wir, wenn sie es erst einmal gehabt haben.
KÖRNER Und dann haben Sie geheiratet?
OTTO Dann haben wir geheiratet. Die Schwiegermutter war nicht mal überrascht. Ich würde immer für meine Familie sorgen, hab' ich gesagt, und für sie wäre auch später mal ein Platz in unserer Wohnung. Darum sollte sie sich mal keine Sorgen machen.
KÖRNER Ihre Frau ist nach der Heirat zu Ihnen gezogen?
OTTO Natürlich! Wir waren uns einig. Zuerst wollten wir in der Wohnung bleiben, bis wir genug Geld für was anderes hatten. Damals gab es noch nicht so viele Wohnungen wie heute, das war alles viel schwerer. Ja. Und ich hab' noch mehr rangehauen. Jetzt hatte ich Verantwortung.
KÖRNER Ihre Frau arbeitete weiter?
OTTO Natürlich! Wir mußten doch den Haushalt aufbauen! Und neunzehnhundertzweiundsechzig kam mein Sohn auf die Welt. Neun Pfund wog der Ulrich bei der Geburt! Ich hab's gar nicht geglaubt, ich dachte, mit der Waage stimmt was nicht. Ich war wie besoffen. Jetzt hatte ich's doch noch zu 'ner richtigen Familie gebracht! Eine gute Frau und einen Jungen, das hatte ich

mir immer gewünscht. Ich sag' Ihnen, ich hab' geschuftet bis zum Umfallen. Wenn ich nach Hause kam, ich hab' meiner Frau 'nen Kuß gegeben und hab' nach dem Jungen geguckt, dann hab' ich noch was gegessen und bin ab ins Bett. Ich wollte, daß es meiner Familie gut geht. Meine Familie war für mich immer mein ein und alles. Ich hab' nur für die Familie gelebt. Aus mir konnte nicht mehr viel werden. Aber der Junge, der sollte es mal besser haben als ich. Ja. Und als die Kathrin dann unterwegs war, da brauchten wir eine größere Wohnung. Ich hab' ja noch immer Baukosmetik gemacht, da hab' ich viele Bauunternehmen gekannt, da kriegten wir eine Dreizimmerwohnung am Nordring. Einen Monat bevor Kathrin auf die Welt kam, sind wir da eingezogen. Eine erstklassige Wohnung mit Balkon und Südlage, meine Frau konnte es nicht besser haben ...

KÖRNER Da hat Ihre Frau im achten Monat einen Umzug gemacht?

OTTO War ja nicht viel, und ich hab' natürlich beim Packen geholfen. Ja. Ich erinnere mich noch daran, als wäre es gestern gewesen. Wir waren vierzehn Tage in der neuen Wohnung, da setzten bei Gisela die Wehen ein. Ich mußte noch in der Nacht einen Krankenwagen rufen, der hat sie mit Blaulicht ins Krankenhaus gefahren. Es war, wie soll ich sagen, es war eine sehr schwierige Geburt. Steißlage, sagte meine Frau, sie mußten einen Kaiserschnitt machen. Ja. Meine Frau hat sechs Wochen mit der Kleinen im Krankenhaus gelegen, und ich hatte den Ulrich, der war gerade zwei Jahre alt geworden; wenn eine Nachbarin nicht so hilfsbereit gewesen wäre ...

KÖRNER Hat sich Ihre Schwiegermutter nicht um das Kind kümmern können?

OTTO Die war zwei Monate nach Ulrichs Geburt gestorben! – Nein! – Also, wenn unsere Nachbarin nicht so hilfsbereit gewesen wäre, ich weiß doch gar nicht ... ein Mann weiß doch gar nicht, wie man mit so einem kleinen Kind umgeht, ich hätte ihn ins Kinderheim bringen müssen, aber die Nachbarin, damals waren die Menschen noch anders, damals war man nicht so egoistisch wie heute, damals gab es noch Nachbarschaftshilfe und Zusammenhalt, ja, also, meine Frau war lange krank und auch noch, als sie mit der Kleinen nach Hause kam. Die konnte lange Zeit im Haushalt nur das Wichtigste machen. Das war eine sehr schwere Zeit für uns alle. Meine Frau konnte doch kaum was im Haushalt machen. Das sah bei uns aus wie in einer Rumpelkammer. Und dann dauernd die Vorwürfe. Ich hab' ihr Leben zerstört, das sagte sie schon damals manchmal. Gar nichts hab' ich zerstört. Das liegt in der Wiege. Sie ist einfach zu schwächlich. Als die Kathrin da war, da fing es eigentlich schon an, in unserer Ehe nicht mehr zu stimmen.

KÖRNER Weil Ihre Frau krank war?

OTTO Nein. Da kann ein Mensch nichts für. Aber es hing schon damit zusammen. Unser Geschlechtsleben, wie soll ich sagen, ich war doch ein Mann in den besten Jahren. Da will man doch was von seiner Frau, und da hat man doch ein Recht darauf. Da gab es oft Krach deswegen.

KÖRNER Wie meinen Sie das, es gab Krach ...

OTTO Ja, es hing mit ihrer schwierigen Geburt zusammen. Sie weigerte sich, ja sie wollte nicht mehr mit mir, sie wollte ihre ehelichen Pflichten nicht mehr erfüllen!

KÖRNER Wahrscheinlich wollte sie keine Kinder mehr ...

OTTO Die konnte sie sowieso nicht mehr kriegen. Da haben die Ärzte was verpfuscht. Ja. Und da gab es dauernd Krach. Ich hab' sie auch geschont, weil, ja, wenn ein Mensch krank ist, der kann doch nichts dafür. Aber dann war sie wieder ganz gut dabei, und im Haushalt lief es wieder, nur mit der eigentlichen Ehe, da gab es immer Streit.

KÖRNER Haben Sie Ihre Frau geschlagen?

OTTO Anfangs nie! Aber als die Kathrin da war, wenn sie mich manchmal zur Weißglut brachte, da ist mir schon mal die Hand ausgerutscht. Das hat mir nachher leid getan. Ich kam mir wie der letzte Prolet vor. Aber man will doch nicht nur malochen, der Körper, ich meine, der Mensch hat doch einen Körper, der will doch auch sein Recht.

KÖRNER Und Sie haben sich Ihr Recht mit Gewalt geholt?

OTTO Manchmal, wenn ich getrunken hatte. Wenn ich am Tresen stand, dann sah ich manchmal rot. Da hat man geheiratet und hat eine Frau und zwei Kinder, und alles könnte so schön sein, und dann legt sich die Frau quer. Dann hätte sie eben nicht heiraten dürfen, wenn sie was dagegen hat. Ja. Da hatte ich eine Familie und saß in der Scheiße. Wenn die Kinder nicht gewesen wären, ich glaub', ich wäre einfach abgehaun. Aber wenn man Verantwortung hat, da bleibt man eben. Ja. Und dann hab' ich den Lohn mal im Puff durchgebracht, und dann lief es wieder. Das war ihr gar nicht recht, daß ich in den Puff ging. Das ist keiner Frau recht. Wahrscheinlich geht den Frauen das gegen die Ehre.

KÖRNER Sie haben ihr erzählt, daß Sie ins Bordell gehen?

OTTO Sie hat's am Geld gemerkt. Da hat sie gemotzt, und ich hab' rot gesehen. »Was soll der Mensch eigentlich noch?« hab' ich gesagt. »Den ganzen Monat malochen, bis ihm schwarz vor Augen wird, und dann auch noch im Scheißhaus wichsen? Was willst du denn noch von mir!« Das hat sie wahrscheinlich zu Verstand gebracht. Am nächsten Tag war sie wieder beim Friseur gewesen und auch sonst wieder, ja, sie war wieder, wie soll ich sagen, sie war wieder eine normale Frau. Wir hatten endlich wieder ein normales Eheleben.

KÖRNER Ohne Streit!

OTTO Naja, Krach gibt's überall mal. Aber bei uns, ich will mal so sagen, es hielt sich in Grenzen. Eine Weile, ja, eine Weile sah es so aus, als hätte ich doch noch das große Los gezogen. Die Familie, ich meine, man will doch auch sehen, daß aus der Familie was wird. Man will doch sehen, für was man arbeitet. Ja. Ist doch wahr. Wenn man verheiratet ist und Kinder hat, das ist doch Verantwortung. Ich meine, da kann sich eine Frau nicht querlegen. Da sitzt man doch in einem Boot. Wenn da nicht jeder an seinem Platz seine Pflicht tut, wo kommen wir denn da hin. Wenn ich das heute sehe, die wollen doch nur alle ihr Vergnügen! Was aus Deutschland mal werden soll. Keiner will mehr richtig arbeiten. Itacker und Türken müssen wir reinholen, damit sie uns die Scheiße wegräumen. Die Deutschen sind sich zu schade dafür. Bei uns arbeiten auch schon Itacker in der Werkstatt. Zum Teufel jagen würd' ich die, wenn ich was zu sagen hätte! Da haben wir Millionen Arbeitslose und holen Itacker und Türken ins Land!

KÖRNER Wie ging es denn in Ihrer Ehe weiter?

OTTO Was? Wie es überall läuft. Die Gisela hatte begriffen, wo die Glocken hingen. Das lief wieder ganz gut. Als der Ulrich in die Schule kam, da haben wir uns wieder eine andere Wohnung gesucht. Neunzig Quadratmeter. Draußen am Stadtrand. Wenn man Kinder hat, ich wollte nicht, daß sie nur hinten im Hof spielen konnten. Der Ulrich hatte ein Fahrrad, ein Junge braucht doch Auslauf. Vier Zimmer hatten wir. Sie hätten damals unseren Haushalt sehen sollen. Fernseher, Waschmaschine, alles hatten wir. Von meiner Hände Arbeit!

KÖRNER Verdient ein Steinmetz so gut?

OTTO Überstunden, Schwarzarbeit. Wenn ein Bauunternehmer in Verlegenheit ist, ich meine, ja, da kann man schon was rausholen.

KÖRNER Wie kam es denn dann zur Scheidung?

OTTO Da kam alles mögliche zusammen. Es gab wieder Krach. Und ich fing wieder zu saufen an.
KÖRNER Haben Sie vorher schon mal regelmäßig getrunken?
OTTO Regelmäßig nicht! Natürlich trinkt man schon mal was. Wenn man den ganzen Tag am Stein arbeitet, ich weiß nicht. Alle in unserem Beruf trinken bei der Arbeit ihr Bier. Aber richtig gesoffen hab' ich nicht. Damals, als es dauernd Zoff bei uns gab, ja, da hab' ich schon ganz schön was zur Brust genommen. Aber ich konnte jederzeit aufhören. Ja. Wo waren wir stehengeblieben?
KÖRNER Es gab wieder Krach, und es kam vieles zusammen!
OTTO Ja. Mit dem Jungen. Das lief nicht richtig.
KÖRNER Was lief nicht richtig? War er schlecht in der Schule?
OTTO Das weniger! Aber, wie soll ich sagen, ja. Also von mir hatte er das bestimmt nicht! Ich hab' doch dauernd gearbeitet. Die Erziehung, das lag doch praktisch alles in den Händen meiner Frau. Die hat den Jungen völlig versaut. Gott sei Dank hab' ich's noch rechtzeitig gemerkt und konnte eingreifen. Wenn ich nicht manchmal meinen Riecher hätte ...
KÖRNER Was lief denn da nicht richtig?
OTTO Wenn das an die große Glocke kommt, bring' ich Sie um!
KÖRNER Ich hab' Ihnen doch erklärt, daß nichts an die große Glocke kommt! Was war mit dem Jungen?
OTTO Mit zwölf, zwölfeinhalb, da merkte ich, daß irgendwas nicht mit ihm stimmte. Wie meine Frau das angestellt hat, keine Ahnung. Der Junge war ihr ein und alles. Andere Jungen haben doch Freunde, die spielen Fußball, und die prügeln sich auch schon mal. Ulrich ist weggerannt, wenn ihn andere angriffen. Bei Gisela hat er sich ausgeheult. Erst hab' ich mir gar nichts dabei gedacht. Wie der Junge rumlief ...
KÖRNER Wie lief er denn rum?
OTTO Na, die Haare und alles! Sein ganzes Gehabe! Und dann kam ich mal abends nach Hause. Da stand er im Kinderzimmer vor dem Spiegel und hatte einen Angorapulli von meiner Frau an! Wie der vor dem Spiegel stand, so die Art, wie er sich bewegte ... Mir wurde schlagartig klar, was da los war. Der bewegte sich ... ja, wie eine schwule Tunte ...
KÖRNER Das nehme ich Ihnen nicht ab! Doch nicht mit zwölf Jahren!
OTTO Es war aber so!
KÖRNER Und was haben Sie gemacht?
OTTO Na was macht ein Vater dann? Ich hab' den Gürtel aus

meiner Hose gezogen und den Bengel windelweich geschlagen! Wenn mich Gisela nicht weggerissen hätte, ich hätte den Jungen totgeschlagen! Von da an hab' ich mich um ihn gekümmert, das kann ich Ihnen sagen! Von wegen in Samthosen rumlaufen und mit dem Hintern wackeln wie ein Stricher, also mein Junge jedenfalls nicht!

KÖRNER Kann man an so einer Veranlagung was ändern?

OTTO Ich hab's jedenfalls gekonnt! Ich hab' ihn im Sportverein angemeldet und bin mit ihm zweimal in der Woche zum Schwimmen gegangen! Von wegen nicht rauf zum Dreimeterbrett wollen! Zum Fünfmeterbrett hab' ich ihn geschleppt und ins Wasser gestoßen, als er nicht springen wollte!

KÖRNER Und dieser Junge kommt sie besuchen!

OTTO Klar. Zweimal war er schon bei mir, seit die Scheidung ... ja, seit meine Frau weg ist! Richtig ordentlich sah er beim letzten Mal aus. Jeans und vernünftig geschnittene Haare. Aus dem wird mal was. Der wird seinen Weg machen, da hab' ich keine Sorge. Nur das Mädchen, meine Frau, das läuft schief. Ich hab' ja versucht, das Sorgerecht für die Kinder zu kriegen, mehr kann man doch nicht tun. Das ist ungerecht, daß die das Sorgerecht immer der Frau geben. Der Mann, ich meine, der Vater, die Kinder brauchen doch einen Vater ...

KÖRNER Wie kam es denn dann zur Scheidung?

OTTO Es gab dauernd Krach! Meine Frau nahm den Ulrich in Schutz, ich würde sein Leben zerstören. Von wegen! Wenn er schwul geworden wäre, das hätte sein Leben zerstört! Da hätte ich mich aufgehängt, oder ich wär' zum Bahnhof gegangen.

KÖRNER Und da gab es Streit!

OTTO Es gab dauernd Streit! Immer was anderes. Ich hab mich für meine Familie flach gelegt, da beißt die Maus keinen Faden ab. Ja. Eigentlich richtig ging es erst los, als ich ins Krankenhaus mußte. Also, als ich zum ersten Mal ins Krankenhaus mußte ...

KÖRNER Weshalb mußten Sie ins Krankenhaus?

OTTO Wegen der Leber! Meine Frau hat beim Scheidungsprozeß angegeben, es wäre wegen dem Saufen gewesen. Stimmt nicht. Es war wegen der Nitroverdünnung. Bei der Baukosmetik, da hab' ich viel mit Nitroverdünnung gearbeitet und die Dämpfe eingeatmet. Daran hat es gelegen. Ja. Ich mußte also ins Krankenhaus, und als ich zurückkam, wie soll ich sagen, meine Frau hatte mit den Kindern die ganze Wohnung umgeräumt ...

KÖRNER Wie umgeräumt?

OTTO Ja, die Möbel! Die hatten sich alles ganz raffiniert ausgedacht, während ich im Krankenhaus lag. Meine Frau wollte mit der Kathrin zusammen in einem Zimmer schlafen, der Ulrich sollte ein eigenes Zimmer haben und ich freundlicherweise auch ein eigenes Zimmer. Das Wohnzimmer sollte Wohnzimmer bleiben, und mein Werkzeug haben sie aus dem Hobbyraum in den Keller gebracht! Eine Unverschämtheit! Klammheimlich, während meiner Abwesenheit haben sie das gemacht, ohne mir ein Wort davon zu sagen!

KÖRNER Schliefen die Kinder vorher in einem Zimmer?

OTTO Natürlich! Also, ich komme nach Hause und seh' die Bescherung. Ja. Die Kathrin hat sich gleich auf dem Balkon verkrochen. »Was ist denn hier los!« sag' ich. »Euch haben sie wohl ins Gehirn geschissen!« Meine Frau redete blödes Zeug. Ich soll doch den Tatsachen ins Auge sehen, sie wäre nur noch wegen der Kinder bei mir. Es wäre besser, wenn der Junge ein eigenes Zimmer hätte und sie mit der Kathrin zusammen ... Ich sag' Ihnen, ich kam zwar gerade aus dem Krankenhaus und war noch schwach auf den Beinen, aber denen hab' ich gezeigt, was eine Harke ist! Verrückt geworden, ganz einfach verrückt.

KÖRNER Sie haben den alten Zustand wieder hergestellt?

OTTO Ist doch wohl mal klar, oder? Ich laß mir doch nicht von meiner Frau und den Kindern auf dem Kopf 'rumtanzen.

KÖRNER Und dann ist ihre Frau ausgezogen.

OTTO Nein. Wer sagt das denn? Das kam wieder in Ordnung. Ich hab' die Möbel noch am gleichen Abend wieder an den alten Platz gebracht und damit basta. Alles war wieder in Ordnung. Den Jungen hab' ich auch wieder auf den richtigen Weg gebracht. Wissen Sie, alles hätte so weiterlaufen können. Naja, meine Frau wollte von mir im Bett nichts mehr, aber so nach und nach ... man wird ja auch älter und die Arbeit, das bleibt doch nicht in den Klamotten hängen. Ja. Wenn die Heizkosten-Nachforderung nicht gekommen wäre ... im Grunde ist daran unsere Ehe zerbrochen! Wenn das nicht gewesen wäre, ich glaub', ich wäre heute noch verheiratet ...

KÖRNER Wie war das mit dieser Nachforderung?

OTTO Ich hab' Ihnen doch von der neuen Wohnung erzählt! Ja. Da war Zentralheizung, und der Hauswirt hat plötzlich eine Kostenrechnung über dreieinhalbtausend Mark geschickt! Ich war beim Mieterschutz, aber das war in Ordnung.

KÖRNER Was hat das mit der Scheidung zu tun?

OTTO Ich hab' einen Fehler gemacht! Ich hatte das Geld nicht und konnte auch wegen der Krankheit nicht so arbeiten wie früher, also Überstunden, das lief erstmal nicht, ja, und da sagte die Gisela, die Kinder wären doch alt genug, und sie könnte doch mal eine Weile halbtags arbeiten. Nur damit wir die Heizkosten bezahlen könnten.

KÖRNER Da haben Sie zugestimmt?

OTTO Erst überhaupt nicht! »Laß mal, ich hab' meine Familie immer ernährt, und das mach' ich auch weiter!« hab' ich gesagt. Aber meine Frau fing immer wieder damit an, und schließlich hab' ich nachgegeben. Andere Frauen arbeiten auch, wenn die Kinder größer sind. Das ist heute keine Schande mehr für einen Mann. Ja. Ich hab' ihr das erlaubt, und sie hat sich eine Halbtagsstelle gesucht!

KÖRNER Als was denn?

OTTO Wieder auf 'nem Büro! Als Angestellte. Ich Idiot! Laß meine Frau arbeiten, und dann auch noch bei der Fachhochschule in D.! Ich muß ein Brett vor dem Kopf gehabt haben! Wie vernagelt ...

KÖRNER Ihre Frau war doch völlig aus dem Beruf ...

OTTO Weiß ich auch nicht, wieso man sie überhaupt genommen hat. Ja. Und als sie drei Monate arbeitete, ja, da lief zu Hause überhaupt nichts mehr. Der Haushalt, ja, es war nichts mehr so, wie ich es haben wollte. Natürlich gab's Krach. Sie ließ sich einfach von mir nichts mehr sagen. Die Kinder hielten auch zu ihr. Ich hab' immer für meine Familie gesorgt. Aber in den letzten Jahren, ich habe immer alle gegen mich gehabt. Dann mußte sie plötzlich einmal in der Woche auch abends noch drei Stunden arbeiten, ja, ich hab' ihr das abgenommen. Bis ich mal bei uns in der Werkstatt davon erzählt hab'. Da haben mich die Kumpels ausgelacht. »Natürlich arbeitet deine Alte!« haben sie gesagt. »Die arbeitet irgendwo im Bett!« Da sah ich rot, aber ich dachte, ruhig, Otto, erst Beweise haben, dann siehst du weiter. Ja. Als sie das nächste Mal abends noch ins Büro mußte, ja, da ist einer von uns aus der Werkstatt, ja, der ist hinter ihr her. War nichts mit arbeiten. Die ging in so einen Verein. Frauenzentrum, sagte der Kumpel, der ihr nachgegangen war. Da war natürlich der Teufel los. Von wegen im Frauenzentrum rumsitzen und mit anderen Weibern quatschen, und im Haushalt sieht es aus wie im Saustall. »Schluß«, hab' ich gesagt. »Arbeiten gibt's nicht mehr. Von jetzt ab verdient Vater wieder allein das Geld!« Aber ich, wie soll ich sagen, die lachte mich aus. Das Schlimmste war der

Ulrich. Ja. Es gab jedenfalls wieder jede Menge Terror. Am nächsten Tag, ich mußte ja früh in die Werkstatt, ja, sie hat gearbeitet, obwohl ich es verboten hatte. Was sollte ich machen. Ich konnte sie ja schlecht in der Wohnung einschließen, die Kinder mußten doch in die Schule, sie mußte doch einkaufen. Ja. Das war alles ziemlich beschissen ...

KÖRNER Sie sagten was von Ihrem Sohn. Was war da schlimm?

OTTO Ja. Daß er eben ganz auf der Seite meiner Frau gestanden hat. Daß sich der Junge gegen den eigenen Vater wendet. So was hätte ich nie gewagt. Ich bin ja auch ein ganz schöner Brocken, aber sich gegen den eigenen Vater wenden ...

KÖRNER Wie hat er sich denn gegen Sie gewendet?

OTTO Als ich mit meiner Frau zugange war, naja, ich hab' sie festgehalten und angeschrien, da ging der Junge von hinten auf mich los. Ich soll sofort die Mutter loslassen, sonst schlägt er mir den Schädel ein! So was sagt einem der eigene Junge!

KÖRNER Wie denn den Schädel einschlagen?

OTTO Mit dem Hammer! Der Ulrich hat den Hammer aus dem Hobbyraum geholt und hatte ihn in der Hand. Mit dem Bürschchen wäre ich spielend fertig geworden, zuerst dacht ich ja auch, den bringst du um. Mit dem Hammer auf den eigenen Vater losgehen. Aber irgendwie, ja, irgendwas ist in mir zerbrochen. Ich hab' mich umgedreht und bin in die Kneipe. Da muß ich wohl was Falsches getrunken haben, ja, ich kam eben wieder ins Krankenhaus, und die haben mich an den Tropf gehängt. Ja. Und als ich dann wieder raus kam, ja, da war die Gisela mit den Kindern weg. Ich hab' einen Zettel von ihr gefunden. Die Möbel, der Fernseher, alles, für das ich gearbeitet hab', alles hat sie mitgenommen. Ja. Drei Tage lang war ich rund um die Uhr voll wie eine Haubitze, dann hab' ich meine Familie gesucht. Die konnten ja nicht vom Erdboden verschwunden sein. Ich wußte ja, meine Frau arbeitete in der Fachhochschule, und da bin ich hin. Da saß sie im Büro mit anderen Weibern, und als ich da reinkam, ist sie sofort aufgestanden. »Wenn du mir hier Theater machst und ich verlier' die Arbeit«, sagte sie, »dann kannst du für mich auch noch Unterhalt zahlen und nicht nur für die Kinder!« Da wußte ich, meine Ehe war, wie soll ich sagen, es war aus. Ich hab' mich auf dem Absatz umgedreht und bin gegangen. Ich hab' dann natürlich noch bei Leuten rumgehört, wie sie lebt und was sie macht, ja, die hatte eine Wohnung gemietet, und ein Kerl lebte bei ihr, wie Weiber eben so sind. Ein Dreckspack ...

KÖRNER Was wissen Sie von dem anderen Mann?

OTTO Ein Hilfslehrer oder so was von der Fachhochschule. Auch ein ganz schöner Brecher. Die Gisela weiß schon, was sie will. Naja. Ich hoffe, er besorgt es ihr tüchtig. Der sieht nicht so aus, als ob er eine Frau schlafen lassen würde. Meinetwegen, sollen sie sich totficken.

KÖRNER Sie zahlen Unterhalt?

OTTO Ja. Für die beiden Kinder. Und von der Rente, da hat ein Mann sein Leben lang gearbeitet, und jetzt gehen sie ihm an die eigene Rente. Dieses Scheidungsrecht, haben uns auch die Sozis eingebrockt. Ich sag' Ihnen, bei der nächsten Wahl rasseln sie dafür durch. Das läßt sich das Volk nicht gefallen. Die haben doch alle Männer, die Männer haben sie doch praktisch gegen sich.

KÖRNER Ich hätte noch eine Menge Fragen gehabt, aber ich möchte das Gespräch abbrechen.

OTTO Warum denn? Weil ich was getrunken habe? Ich bin völlig nüchtern!

KÖRNER Nein, damit hat das nichts zu tun. Es kotzt mich nur ziemlich an, was Sie mir erzählen!

OTTO Das kann ich verstehen! Ich hab' immer für Frau und Kinder gesorgt. Bis zum Umfallen habe ich gearbeitet. Und was ist jetzt der Dank? Ich sitz' im Alter allein da und kann bloß noch blechen. Das ist das einzige, wozu du noch gut bist. Blechen. Na, Sie haben es richtig gemacht. Bloß nicht heiraten. Die sollten einem zum Familienbuch gleich einen Strick legen, damit man sich rechtzeitig aufhängen kann. Frau und Kinder, nichts hat man davon. Sogar die Wohnung haben sie mir gekündigt. Meine Frau wäre ja weg, da würde die Treppe nicht ordentlich gemacht.

# 4. Männersache

»Krach gibt's überall mal«, sagt Otto. »Aber bei uns, ich will mal so sagen, es hielt sich in Grenzen.«
Diese nahezu unendliche Leidensfähigkeit der Frau. Was muß da erst alles passieren, bis Gisela ihre Sachen packt und geht? In die Ehe gerät sie durch stille Übereinkunft zwischen ihrer Mutter und dem späteren Ehemann. Otto hat sie ausgewählt. Er schleicht sich über die Mutter an sie heran, sorgt dafür, daß sie sich an ihn gewöhnt. Daß sie sich ihm hinzugeben hat, macht er ihr schon klar. Eine Vergewaltigung steht am Anfang der Ehe, der Widerstand der Frau wird mit Gewalt gebrochen. Aber ja doch, wir Männer sind doch alle mit dem »Wissen« aufgewachsen, daß sich eine anständige Frau ziert und wehrt, daß es sich dabei um mädchenhafte Scheu handelt, die wir als Männer überwinden müßten. Ein richtiger Mann erobert seine Frau wie eine Festung, die sich erst beim dritten Ansturm ergibt. Nur ein Schwächling nimmt den Widerstand einer Frau ernst. Frauen wollen genommen werden. Otto nimmt sich eine Frau, als seine Mutter verstorben ist, er arbeitet nicht nur, er schuftet für seine Familie. Gewalt gegen Frauen, das liest sich so einfach. Statistisches Material über Gewalt und Vergewaltigung in der Ehe, ich habe Zahlen gelesen, wie man Zahlen liest. Zahlen bleiben leblos, sie stellen fest, man nimmt sie zur Kenntnis. Sie betreffen einen nicht.
Immer wieder versucht etwas in mir, das Handeln dieses Mannes zu entschuldigen. Er hat es nicht anders gelernt. Man hat ihn genau für diese Rolle sozialisiert. Das ist ein extremer Einzelfall. Die Geschichte eines Alkoholikers. Für das Elend der Frau nicht repräsentativ.
Aber was stört mich an diesem Protokoll?
Otto handelt brutal. Er nimmt sich eine Frau, zeugt Kinder, hält seine Familie mit brutaler Gewalt zusammen. Als sich seine Frau sexuell verweigert, bringt er seine Lohntüte einfach ins Bordell. Und die Frau begreift und geht zum Friseur. Sie ist in der Ehe gefangen. Sie hat kleine Kinder. Sie kränkelt an den Folgen einer Geburt. Gnädig die Ärzte, die nach einer zweiten Geburt den zerstörten Körper dieser Frau vor weiteren Schwangerschaften bewahren. Ist das wirklich ein Kunstfehler, wie Otto vermutet?

Oder hat da eine Frau vor Ärzten auf den Knien gelegen und gewimmert wie ein Tier?
Dieses Elend, dieses stille, unauffällige Leiden, das sich überall in Ehen vollzieht. Was sagt denn Otto am Anfang des Gesprächs, bevor Alkohol seine Zunge gelöst hat?
»Bei uns war alles in Ordnung, bis Gisela in so linke Kreise geriet!« In Ordnung war das schon für ihn. Nur nicht für seine Frau.
Es gibt doch einen Fortschritt: Diese Frau geht. Wenn sie der Generation meiner Eltern angehört hätte, ich glaube, sie wäre geblieben. Welche Möglichkeiten hatten diese Frauen denn schon? Da konnten sie nach der Eheschließung nur noch beten und hoffen, daß sie einen »guten Mann« bekommen hatten, wie meine Mutter einen guten Mann bekommen hatte. Niemals hätte mein Vater meine Mutter geschlagen. So was kam bei Arbeitern vor. Niemals hätte sich mein Vater betrunken. Er mochte Alkohol nicht, genauso wenig, wie ich Alkohol mag. Ist die Liebe zum Alkohol erblich? Ist es erblich, daß Männer ihre Frauen prügeln? Wenn dieses Verhalten das Ergebnis von Sozialisationsprozessen ist, sollte man diese Prozesse ehrlicherweise Asozialisationsprozesse nennen!
Bei Durchsicht dieses Protokolls empfinde ich Erleichterung.
Niemals habe ich eine Frau geschlagen, und vergewaltigt habe ich auch nie.
Bin ich wirklich so sehr anders als Otto, vor dem mir graut?
Ja, ich habe etwas gegen Gewalt! Aber bin ich wirklich anders?
Oder verfüge ich nur über subtilere Methoden, meinen Willen durchzusetzen?
Wie habe ich denn reagiert, wenn Carmen manchmal nicht so wollte, wie ich wollte?
Ich wurde traurig und ließ sie es merken. Ich zog mich zurück und konzentrierte mich auf die Arbeit. Ich verhielt mich ihr gegenüber nicht mehr so wie sonst, sondern betont höflich. Und wenn das noch nichts half, entwickelte ich auffallendes Interesse für andere Frauen. Spätestens dann lenkte sie gewöhnlich ein. Sie hielt es nicht durch, im Konflikt zu leben. Sie wollte Frieden und Harmonie.
Diese Erleichterung, die sie dann empfand, wenn wieder alles in Ordnung war. – War es ihre Ordnung oder meine Ordnung?
Ich bin ein Mann und zweiundvierzig Jahre alt.
Ich habe von Kindheit an gelernt, daß ich es bin, der sich durchsetzen muß. Im Beruf muß ich mit anderen Männern konkur-

rieren, das habe ich schon in der Schule gelernt und in den jugendlichen Banden, die durch unsere Wälder zogen und in denen es Hierarchien gab, die wir ausgekämpft hatten.
Ich habe gelernt, daß es kein Herrschaftsvakuum gibt. In einem Konflikt nachzugeben, das war für mich schon als Kind immer Schwäche. Ein Kompromiß galt immer als fauler Kompromiß. Ich nahm ihn hin, weil ich ihn nicht vermeiden konnte, Kompromisse gab es immer da, wo ich mich nicht voll durchsetzen konnte, andere aber auch nicht stark genug waren, sich voll durchzusetzen.
Jeder warf einen Kompromiß über den Haufen, wenn er den Status quo zu seinem Vorteil verändern konnte.
Wir waren Freunde, und wir redeten von Freundschaft. Dabei ging es ständig um Macht. Einig waren wir Jungen nur dann, wenn es Schlägereien mit anderen Banden gab. Da saßen wir in einem Boot. Da mußten alle inneren Konflikte ausgeklammert werden. Der äußere Feind erforderte Zusammenhalt.
Unterliegen unsere Ehen und Beziehungen denselben Gesetzen?
Wenn Carmen überarbeitet war und Ärger mit ihrem Chef hatte, wenn wir Krach mit dem Hauswirt hatten (Flurwoche, Stereoanlage, Fensterputzen!), waren wir uns einig, und wie durch ein Wunder verschwanden Spannungen, wenn es sie vorher zwischen uns gegeben hatte.
Ich habe noch nie eine Frau geschlagen, ich erschrecke, wenn ich das Protokoll lese, in dem Otto von seiner Herrschaft berichtet, die eine Schreckensherrschaft über Frau und Kinder war. Ihm ist nicht einmal bewußt, daß er Frau und Kinder tyrannisierte. Weinerlich sitzt er mit der Schnapsflasche in seinem Behelfsheim und versteht die Welt nicht mehr. Habe ich meine Welt verstanden?
Ist es möglicherweise gerade kennzeichnend für Herrschaft, daß sie der Herrschende als selbstverständlich empfindet und Auflehnung für unvernünftig hält?
Ich bin der Ansicht, daß es in meiner Beziehung zu Carmen keine Herrschaft gab, weil wir uns meistens einig waren.
Wie sah diese Einigkeit denn aus?
Wir waren uns einig, daß das größte Zimmer unserer Wohnung mein Arbeitszimmer sein mußte, weil ich am meisten arbeitete. Wir waren uns darüber einig, daß Carmen im Supermarkt einkaufte und ich im Getränkegroßhandel. Wir waren uns einig, daß wir im Urlaub in die Alpen fuhren oder ans Meer

oder auf die Kanarischen Inseln: Waren wir uns wirklich einig, oder fügte sich Carmen meinen Wünschen und Vorstellungen, weil sie keinen Streit wollte? Welche Frau hat schon gerne Streit?
»Ich mag keine schwachen Männer!« sagte Carmen einmal zu mir am Anfang unserer Beziehung. War das ihre eigene Meinung, oder hatte sie diese Vorstellung aus Kinofilmen, Illustrierten, von ihrer Mutter übernommen? Ich war immer ein starker Mann.
Wenn ich mich krank fühlte, ging ich oft nicht zum Arzt. Wenn ich im Bett liegen sollte, saß ich an der Schreibmaschine. Wenn Schwierigkeiten auftraten oder Probleme zu beseitigen waren, krempelte ich die Ärmel hoch und zog die verfahrene Karre aus dem Dreck.
Hat mir das eigentlich immer Spaß gemacht?
Ich weiß, daß ich zu diesem Mann zugerichtet worden bin. Aber hilft mir das weiter? Ich kann eine Rolle, die von frühester Kindheit an in mir angelegt worden ist, nicht einfach ablegen wie ein schmutzig gewordenes Hemd!
Und selbst wenn ich mich von dieser Rolle lösen könnte: Zu groß ist die Angst des Mannes vor Verlust dessen, was man uns von Kindheit an gelehrt hat, für Männlichkeit zu halten. Nicht nur uns Männer. Auch unsere Frauen!
Meine Freundinnen, die Feministinnen: Allen ihren Einsichten zum Trotz, mehr als einmal habe ich erlebt, wie sie nach den Sitzungen in Frauengruppen in unserer Kneipe von einem sich »männlich« gebenden »Chauvi« fasziniert waren, wie sie auf sein männliches Imponiergehabe hereinfielen und irgendwann mit ihm ins Bett gingen und eben nicht mit dem freundlich »schwachen« Softy, der für die Frauengruppe Plakate klebte und Handzettel verteilte.
Wo Herrschaft die Beziehungen zwischen Mann und Frau strukturiert, werden sich Männer nicht vom bewährten Modell lösen, solange sie es aufrechterhalten können.
Selbst die unverstellt brutale Herrschaft, die Otto über seine Familie ausübt, bringt sie ihm nur Vorteile?
Bis zur körperlichen Erschöpfung arbeitet er in der Werkstatt und auf Baustellen, leistet er Überstunden und Schwarzarbeit für eine Frau und Kinder, die von diesem brutalen Geldbeschaffungsungeheuer längst nichts mehr wissen wollen.
Erst als der Leidensdruck auf die Familie unerträglich wird und sich ein Fluchtweg öffnet, zieht Gisela die längst fälligen Konse-

quenzen. Einsam sitzt der endlich entthronte Patriarch auf den Trümmern einer Familie, die nichts als Leiden produzierte. Kann ich, können wir, die wir Frau und Kinder nicht zusammenschlagen, aus seinen Erfahrungen lernen?

Für ein neues Bewußtsein des Mannes:
*Wir müssen lernen, daß unsere Frauen und Kinder nicht unsere Leibeigenen sind.*

# 5. Gesprächsprotokoll Rolf G.:

*»Das hat sie nun von ihrem Schwachsinn . . .«*
(Architekt Rolf G., 51 Jahre alt)

Das Gespräch fand Ende 1978 im Büro, später in der Wohnung des Architekten Rolf G. in K. statt. Ich kenne G. seit etwa acht Jahren. Wie stets war G. der neuesten Mode entsprechend elegant gekleidet. Trotz dieser Eleganz wirkte er ausgesprochen sportlich, ein Eindruck, der durch Urkunden und Pokale an einer Wand des Architekturbüros, die Ralley-Erfolge G. s dokumentierten, unterstrichen wurde.

KÖRNER Ich finde es ausgesprochen anständig von dir, daß du bei diesem Buchprojekt mitarbeiten willst. Es ist schwieriger, als ich anfangs dachte, man findet kaum Menschen, die bereit sind, über ihre Erlebnisse zu reden . . .
ROLF Weil sie verdrängen! Was nicht sein darf, kann nicht sein, und wenn eine Ehe in die Brüche geht, versuchen sie das alte Leben mit einer anderen Frau fortzusetzen. Kein Wunder, daß sie wieder auf die Fresse fallen. Ich habe gelernt. Wirklich, es war schmerzlich, aber ich habe gelernt. Es ist ja nicht so, daß nur eine Beziehung nicht mehr funktioniert, wenn eine Ehe zerbricht. Das liegt im System. Man hat etwas falsch gemacht und muß daraus lernen. Wenn man nicht herausfindet, woran eine Ehe gescheitert ist, wenn man das nicht herausfindet, fällt man immer wieder auf die Fresse.
KÖRNER Findest du, daß du auf die Fresse gefallen bist?
ROLF (lacht bitter) Na hör' mal, und ob! Vor einem Jahr, als ich plötzlich vor den Trümmern meiner Ehe stand, weißt du, erst denkt man ja, das kann nicht wahr sein. Als ob man träumt. Aber dann, als ich begriffen hatte, daß es ernst war und daß es tatsächlich passierte . . . Ich war hilflos und drauf und dran, Fehler über Fehler zu machen. Ein Witz . . . als es um meine Scheidung ging, ich mußte zu einem Bekannten laufen, und der hat mich beraten!
KÖRNER Ein Rechtsanwalt?
ROLF Quatsch! Ein Schauspieler! Von Rechtssachen hatte der keine Ahnung. Aber von Frauen! Der hat mit mir alles durchgesprochen. Und mein Anwalt hat das in Schriftsätze umgesetzt.

Aber mein Bekannter hat sich um mich gekümmert. Als die Scheidung über die Bühne war, hat er mir die Pistole weggenommen und mich in die Klinik gebracht! Dieses Weihnachtsfest und Silvester, ich bin kurz vor Weihnachten geschieden worden, und das Fest danach, mein Hausarzt hat mich mit Tranquilizern vollgepumpt, aber wenn der Schauspieler nicht gewesen wäre, ich glaub', ich hätte mich erschossen. Heute begreif' ich das nicht. Aber damals, es ist, als ob man in ein Loch fällt. Ich habe mich durchgebissen, und jetzt geht es mir wieder sehr gut.

KÖRNER Woran ist deine Ehe eigentlich gescheitert?

ROLF Mein Gott! – Woran ist meine Ehe gescheitert? – Wir haben uns auseinandergelebt! Zum Schluß, die letzten Jahre, wir lebten doch nur noch nebeneinander her. Ich hab' mich in meine Arbeit gestürzt und Geld verdient, und mein Sport ... ich hab' das Geld verdient, und meine Frau hat es ausgegeben! Das war's im Grunde! Als Gabriele auszog, du, zweiundvierzig Paar Schuhe hat sie mitgenommen und drei Pelzmäntel! Zwei Stoffmäntel hat sie hängen lassen, und ich dachte, die hätt' sie vergessen! War aber nicht so! Die hat sie bewußt hängen lassen! Jeden Wunsch hab' ich ihr von den Augen abgelesen und dann, naja, jetzt hat sie den größten Teil der Sachen verkauft, und die Dame arbeitet sogar wieder. Stell' dir vor, Gabriele arbeitet. Hat ihre Freundinnen und ihre Eltern eine Menge Mühe gekostet, aber jetzt steht sie brav hinter dem Ladentisch und verkauft Kleider! Meine Gabriele, der nichts gut genug war!

KÖRNER Du warst zehn Jahre verheiratet?

ROLF Dreizehn Jahre! Ich hab' Gaby kennengelernt, als sie knapp zwanzig war. Eineinhalb Jahre später haben wir geheiratet, und jetzt ist sie knapp fünfunddreißig. Aber sie sieht wie sechsundzwanzig aus. Sie hat ja nie richtig gearbeitet und nie Kinder gehabt, da bleibt eine Frau jung!

KÖRNER Du siehst auch nicht schlecht aus!

ROLF Sport und regelmäßig Sauna! Ich sag' dir, wenn du dich hängen läßt, wenn du dich aufgibst und nicht auf dich achtest, dann kannst du alles vergessen! Wir werden völlig falsch erzogen! Kleidung und solche Sachen sind nur für Frauen wichtig? – Von wegen! Du mußt als Mann attraktiv sein, in jedem Augenblick! Diese Idioten, die sich krummlegen und ihre Frauen mit Pelzen behängen, so ein Quatsch! Ich hab' der Gabriele das Sprechen beigebracht und ihr jeden Wunsch erfüllt und so, wie sie angezogen war, ist ja kein Wunder, daß sie größenwahnsinnig geworden ist!

Körner Du sagtest was von Erziehung ...
Rolf Klar, es ist alles eine Frage der Erziehung! Die Mütter trimmen die Männer so hin, daß sie ordentlich funktionieren! Das fängt doch mit dem Eis an, zu dem du deine Freundin in der Schulpause einlädst. Der Mann bezahlt! Und dann schickt er Blumen und führt die Dame aus und bezahlt, und er darf um sie werben und sie mit dem Auto spazierenfahren und ihr Kleider und Schmuck kaufen, und sie sitzt da und verzieht das Gesicht, wenn ihr was nicht paßt.
Körner Das kann doch nicht dein Ernst sein! Die Arbeiterfrauen haben weder Schmuck, noch schickt ihnen jemand Blumen. Die müssen rechnen, weil sie sonst mit dem Wirtschaftsgeld nicht auskommen!
Rolf Was? – Naja, mag sein! Da läuft die Karre anders. Da sucht sich eine Verkäuferin irgendwann einen Jungen, und wenn sie keine Lust mehr hat, im Kaufhaus zu stehen, dann kriegt sie ein Kind, damit sie nicht mehr zu arbeiten braucht. Und mit fünfundzwanzig, dreißig, wenn der Verstand da ist, dann will sie aus der Ehe raus. Aber das klappt dann meistens nicht mehr, weil die Frau verbraucht ist. Die meisten Frauen bleiben doch aus rein materiellen Gründen bei ihren Männern. Und wenn der Mann nicht spurt, wenn er nicht Überstunden klopft bis zum geht nicht mehr, dann lassen ihn diese Dreckstücke nicht mal mehr ran!
Körner Sag' mal, haßt du Frauen?
Rolf Hassen? – Nein! Wieso denn? Ich bin nur gegen diese Idealisierung der Frauen! Ich sehe nicht ein, daß der eine nur immer zahlen soll und der andere immer nur nimmt. Diese Ehe, weißt du, früher, als die meisten Menschen noch in der Landwirtschaft arbeiteten, als die Familie noch Produktions- und Notgemeinschaft war, da war das mit der Ehe ja richtig. Der Mann kümmerte sich um den Hof und die Frau um das Haus und die Kinder, da hatten beide zu tun. Aber heute, wenn die Frau Haushaltsmaschinen hat und ein oder zwei Kinder, du willst mir doch nicht erzählen, daß die Frauen so viel arbeiten wie die Männer. Die Frauen sind doch ...
Körner Du erzählst mir jetzt das erste Buch der Esther Vilar!
Rolf Wirklich? – Ja, kann sein! Die Vilar hat in vielen Punkten recht. Nicht unbedingt für die kinderreiche Arbeiterfamilie, aber für die Mittelstandsfamilie, da sind doch die Frauen, ich weiß nicht, ich hab' das Gefühl, daß die Männer immer für ihre Beziehungen bezahlen. Ist doch wahr, schau dich doch um, überall seh' ich Männer, die für das Ficken bezahlen! Wenn ich

meine Ehe betrachte, du, wenn ich in den Puff gegangen wäre, ich hätte es billiger gehabt!

Körner Du, ich stelle dir jetzt eine ganz blöde Frage. Hast du Gabriele eigentlich jemals geliebt?

Rolf Da mußt du mir erst sagen, was du unter Liebe verstehst! Für mich ist Liebe, wenn man einem Menschen mehr gibt, als man von ihm bekommt. Da hab' ich sie wohl geliebt! Ich kannte es ja gar nicht anders! Bevor ich verheiratet gewesen bin, ich hab' meinen Freundinnen Kleider geschenkt oder Schmuck, und ich hab' sie auf Reisen mitgenommen, zum Nürburgring oder so, natürlich, ich hab' das gern gemacht! Ich verdiente ja gut, und ich wollte ihnen eine Freude machen, ich fand das ganz in Ordnung damals. Und bei Gabriele lief es ja anfangs auch so. Und als wir dann verheiratet waren, hat sie das einfach gefordert. Jetzt war sie ja meine Frau, und wenn sie was brauchte, hat sie mir das schon klargemacht. Ihre Freundinnen hätten es besser, und deren Männer liebten ihre Frauen mehr. Da bin ich dann eben auch gegangen und hab' ihr gekauft, was sie wollte.

Körner Jetzt sage mir nur, weshalb du Gabriele geheiratet hast!

Rolf Das hab' ich mich in den letzten Jahren auch oft gefragt. Es hat sich halt so ergeben. Ich hatte immer Frauen, schon vor dem Studium und in meiner Angestelltenzeit. Da hat man eben ein Mädchen mit auf die Bude genommen und mit ihm gevögelt, und wenn mit einer Schluß war, kam die nächste. Und dann, als ich mich selbständig gemacht hatte, ich hatte laufend Frauen. Eine Nacht lang oder ein paar Wochen oder Monate, und als ich Gabriele traf, da war dann eben alles anders. Die hat eben nicht gleich in der ersten Nacht mit mir geschlafen und hat sich zurückhaltend gegeben, ja, ich weiß nicht, wie ich das sagen soll. Ich hing eben plötzlich an der Angel. Die hat das ganz geschickt gemacht. Die hat mir sogar gesagt, ich sollte die Putzfrau entlassen, die mein Junggesellen-Appartement sauber machte. Das wäre doch nicht nötig, hat sie gesagt, das Geld könnten wir sparen. Die war eben anders als die anderen, und ihre Zurückhaltung, ich hielt das für mädchenhafte Scheu ...

Körner Was meinst du mit Zurückhaltung?

Rolf Nun ja, im Bett! Ich bin immer gut mit Frauen klargekommen, und was bei ihnen lief, du, das hat mich eigentlich nie so interessiert. Mit der Sexualität bei Frauen, du, nach der Scheidung hab' ich viel darüber nachgedacht. Ich glaub' wirklich, die brauchen das Bett nicht so wie wir. Ich glaub', es gibt ganz wenig

Frauen, die das Bett so brauchen wie ein Mann. Das ist ihnen vielleicht nicht unangenehm, aber so, daß sie regelrecht verrückt werden, wenn sie keinen Mann haben, der sie fickt, ich glaube, solche Frauen sind selten!

KÖRNER Du willst doch nicht sagen, daß Frauen keine sexuellen Bedürfnisse hätten!

ROLF So kategorisch habe ich das nicht gemeint! Natürlich haben sie Bedürfnisse, aber das hat eben einen anderen Stellenwert. Das Seelische und Materielle ist für sie viel wichtiger. Guck dich doch um, wie viele attraktive Frauen bei langweiligen Männern bleiben. Wenn die Kohlen stimmen und der Mann pariert, dann ist doch alles in Ordnung. Daß da eine kommt und sagt, ihr Mann wäre impotent oder er machte es ihr nicht oft genug, davon hört man selten. Entweder, sie lassen sich scheiden, weil ihr Mann eine andere hat oder aber . . .

KÖRNER Da ist doch ein Widerspruch. Wenn ihnen die andere ihres Mannes nicht egal ist, dann sind sie doch eifersüchtig und wollen nicht teilen und . . .

ROLF Das ist gar kein Widerspruch! Die andere kostet Geld und will den Mann vielleicht ganz. Das gefährdet die Ehe. Da würde eine Ehefrau natürlich etwas verlieren. Da kämpft sie und wehrt sich, und weil es nun einmal so üblich ist, läuft sie zum Scheidungsanwalt. Eine Frau, die sich scheiden lassen will, hat doch längst ihren Plan fertig. Entweder will sie durch die Scheidungsklage ihren Unterhaltsanspruch sichern, oder sie will einfach einen Warnschuß abgeben. Was meinst du, wie viele ihre Scheidungsklage wieder zurücknehmen. »Wir haben uns wieder ausgesöhnt«, heißt es dann großartig. Und was ist passiert? – Der Mann kommt nach der Arbeit wieder brav nach Hause und legt wieder brav sein Gehalt auf den Tisch. Die Gefahr ist beseitigt. Wenn die Geliebte die Ehemänner kein Geld kostete, wenn nicht jede Geliebte die Ehefrau aus ihrer angestammten Rolle verdrängen wollte, du, manchmal glaub' ich, dann wäre manchen Ehefrauen die Geliebte nicht einmal unangenehm!

KÖRNER Und du hältst es für ausgeschlossen, daß eine Frau die Scheidung begehrt, weil sie sich selbst verwirklichen will, weil ein Mann sie in ihrer Entwicklung behindert?

ROLF Was? (er lacht kurz) Natürlich werden sich Frauen scheiden lassen, weil sie in der Entwicklung behindert sind . . . in der Entwicklung mit einem anderen Mann! Ich habe noch nie erlebt, daß sich eine Frau unter vierzig scheiden lassen wollte, ohne daß da irgendwo im Hintergrund ein neuer Partner auf der Warteliste stand. Die älteren Frauen, da sollen sich ja jetzt manchmal welche scheiden lassen, weil sie den Kerl leid sind. Die wollen ihm den Haushalt nicht mehr machen und leben wieder lieber allein. Wenn so was einem Arbeiter passiert, du, für den muß die Welt zusammenbrechen!

KÖRNER Wir wollen wieder von deiner Ehe sprechen!

ROLF Das hängt alles mit meiner Ehe zusammen. Ich sehe jetzt viel deutlicher, was um mich herum so passiert. Ich höre, was man mir erzählt, und ich sehe dahinter seine ganze Wirklichkeit. Ich weiß jetzt, wie das läuft! Alle Menschen sind Egoisten und wollen was. Das ist überall im Leben so, weshalb sollte es zwischen Mann und Frau anders sein? Eine Ehe, irgendwie ist jede Ehe so was wie ein Geschäft! Beide nehmen und geben, eine Art Tauschgeschäft!

KÖRNER Sex gegen Geld?

ROLF Das ist Prostitution! Aber sonst, du, ich hab' viel darüber nachgedacht, woran meine Ehe gescheitert ist. Ich sehe eine Beziehung heute ganz klar. Du kannst die Bedürfnisse der Menschen in drei Bereiche aufteilen. Sexuelle, seelische und sozial-materielle Bedürfnisse. In jeder Beziehung werden Bedürfnisse beider Partner befriedigt, und wenn eine Frau deine Bedürfnisse befriedigt und du ihre, dann ist das eine Beziehung, die funktioniert.

KÖRNER Und du hältst das nicht für vereinfacht?

ROLF Überhaupt nicht! Es ist ja nicht so, daß alle Bedürfnisse im gleichen Maße befriedigt werden und bei allen Menschen im gleichen Maße bestehen! Wenn eine Frau zum Beispiel die sexuellen Bedürfnisse eines Mannes optimal befriedigt, wird er sich damit abfinden, wenn sie zum Beispiel eine schlechte Köchin ist, wichtige materielle Bedürfnisse also schlecht befriedigt. Wenn in einem Bereich Bedürfnisse überhaupt nicht befriedigt werden, das kann nicht gut gehen und muß scheitern. Aber wenn in allen drei Bereichen die Bedürfnisse mehr oder weniger befriedigt werden, damit als Summe Zufriedenheit beider Partner dabei herauskommt, dann ist eine Beziehung von Bestand!

KÖRNER Bis daß der Tod euch scheidet?

ROLF Du weißt genau, was ich meine! Bis sich die Bedürfnisse ändern oder ein dritter im Umfeld der Beziehung auftaucht, der eines der Bedürfnisse besser zu befriedigen verspricht. Hör mir doch auf mit dem Wort Liebe! Es geht um Egoismen! Wenn mir jemand sagt, er liebt nicht mehr oder meine Frau liebt mich nicht mehr, früher hab' ich so was einfach hingenommen, aber heut' denk' ich weiter. Ich liebe nicht mehr, das heißt im Klartext allemal, daß ich meine Bedürfnisse nicht mehr befriedigt bekomme. Im Grunde ist das ein Hilferuf, eine Aufforderung an den anderen, sich mehr anzustrengen. Menschen ändern sich natürlich, und ihre Bedürfnisse ändern sich auch. Die meisten können nie genug bekommen. Das ist der Grund der meisten Scheidungen!

KÖRNER Auch deiner Scheidung?

ROLF Auch meiner Scheidung! Gabriele hat bei mir wichtige Bedürfnisse befriedigt bekommen und ich bei ihr. Sie war trotzdem unzufrieden, und ich hab' mich nicht darum gekümmert. Für mich lief ja alles. Und dann, als plötzlich der andere Mann aufgetaucht war, da brach für mich die Welt zusammen. Da merkte ich auf einmal, daß wir uns auseinandergelebt hatten. Das war auf einmal eine ganz andere Frau. Das war nicht mehr die Frau, die ich geheiratet hatte.

KÖRNER Wir müssen noch mal über den Anfang deiner Ehe reden. Du vertrittst diese These von den Bedürfnissen. Wie war das bei euch?

ROLF Du, ich war es leid. Immer abends irgendwo eine Frau aufreißen und dann nach ein paar Tagen oder Wochen die nächste und immer so weiter, ich hab' das lang genug gemacht, auf die Dauer geht man dabei vor die Hunde. Ich hab' gesoffen und die Arbeit vernachlässigt, dann kam die Gabriele, und alles wurde anders. Die war häuslich und zurückhaltend, die kam mir einfach vernünftig vor. Die hat mich, wie soll ich sagen, die hat mich zur Ruhe gebracht. Und als sie mir sagte, daß sie schwanger sei, da hab' ich fast aufgeatmet. Gut, dachte ich, da wird eben geheiratet. Und als sich die Schwangerschaft dann als Irrtum herausstellte, mein Gott, es blieb dabei. Ich hatte mich damit abgefunden, und ihr einfach sagen, gut, du bist nicht schwanger, und also wird auch nicht geheiratet, das brachte ich nicht fertig. Natürlich hab' ich sie geheiratet, und ich bin aus meinem Appartement ausgezogen und hab' ein Haus gemietet.

KÖRNER Was hat sie eigentlich beruflich gemacht?

ROLF Stenotypistin bei einem Steuerberater. Als wir ein halbes Jahr verheiratet waren, hörte sie auf zu arbeiten. Sie wollte nur noch für mich da sein. Niemals wieder mach' ich diesen Fehler. Wenn keine Kinder da sind, hat eine Frau zu arbeiten. Und wenn es nur ein paar Stunden sind. Sonst kommt sie auf dumme Gedanken.

Körner Was hat deine Frau denn den ganzen Tag gemacht? Du hast dich um deine Arbeit gekümmert, aber sie, das Haus kann sie doch nicht ausgelastet haben ...

Rolf Sie war faul. Stinkend faul! Nach einem Jahr, Gabriele, du mußt irgendwas arbeiten, hab' ich gesagt, wenigstens halbtags, aber da hättest du sie hören müssen. »Was?? Arbeiten?? Hab' ich dafür einen Architekten geheiratet, daß ich arbeiten gehen muß? Nicht mal ein Arbeiter schickt seine Frau arbeiten!« Da hatte ich wieder den Schwarzen Peter! Das Thema Beruf meiner Frau war vom Tisch. Hätt' ja auch blöd ausgesehen bei den Kollegen ... die anderen Architekten hätten doch geredet. Man weiß doch, wie das ist. »Dem G., dem soll es ja gar nicht so gut gehen. Der schickt sogar seine Frau wieder arbeiten!« Kennt man doch. Das kann ich mir gar nicht leisten. Da kriegst du keine Aufträge mehr, wenn sich so was rumspricht.

Körner Und da hat sie den ganzen Tag im Haus gesessen? Die muß sich doch zu Tode gelangweilt haben!

Rolf Hat sie nicht! Der Friseur und ihre Freundinnen, die Tennisstunden und der Reitplatz. Und wenn sie gar nichts mit sich anfangen konnte, ist sie im Büro aufgetaucht und hat mich von der Arbeit abgehalten. Sie sei eine Grüne Witwe, hat sie gesagt. Du, ich war so weit, ich hatte regelrecht ein schlechtes Gewissen. Ich hab' ihr gekauft, was sie wollte, bloß, damit sie mir nicht dauernd auf die Nerven ging.

Körner Du sagtest vorhin etwas von Bedürfnissen! Welche deiner Bedürfnisse hat sie eigentlich befriedigt?

Rolf Das hab' ich mich auch oft gefragt! Wahrscheinlich mein Bedürfnis, verheiratet zu sein. In geordnete Verhältnisse zu kommen. Weißt du, man wird ja so erzogen, daß man in einem bestimmten Alter einfach verheiratet sein möchte, weil sonst irgendwas nicht stimmt. Gabriele sah sehr gut aus, die Art, wie sie mit mir geredet hat, ich glaubte einfach, ja, das ist die Frau, die heiratest du!

Körner Also keines der Bedürfnisse deines Schemas?

Rolf Irgendwie doch. Soziale Bedürfnisse. Ich wollte dieses Mädchen zu meiner Frau machen. Ihr ein guter Ehemann sein, weißt du! Sie sah gut aus, und ich war dieses Herumficken einfach leid. Ich wollte Ordnung!

Körner Du sprachst von einer Schwangerschaft! War das Ganze vielleicht nicht doch überwiegend eine besonders intensive sexuelle Beziehung?

Rolf Überhaupt nicht! – Natürlich, wir haben miteinander geschlafen, aber besonders intensiv ... weißt du, nach zwei Jahren, als ich wieder anfing, auch mit anderen Frauen zu schlafen, und Gaby das tolerierte ... anfangs hielt ich das für besonders großzügig. Inzwischen glaube ich, der war das völlig egal. Solange sie materiell bekam, was sie sich wünschte, konnte ich tun und lassen, was ich wollte. Ich hab' 'ne Weile geglaubt, sie geht auch fremd, und ich habe sie überwachen lassen, aber da war nichts. Sie ging in der Stadt spazieren, und sie hat sich mit ihren Freundinnen getroffen und stundenlang eingekauft, aber mit anderen Männern lief nichts. Oder sie hat es so geschickt angestellt, daß man nichts davon merken konnte!

KÖRNER Würdest du sagen, daß ihr nebeneinander her gelebt habt?

ROLF Ich weiß nicht! Was soll es da schon groß Gemeinsames geben? – Wir haben natürlich über alles geredet, was wir so für das Haus brauchten und in der Freizeit unternahmen, wohin es im Urlaub gehen sollte und so, aber über was willst du als Architekt mit deiner Frau groß reden? Die beruflichen Dinge, das ist so speziell, dafür hat sich Gabriele kaum interessiert. Kann ich mir auch nicht vorstellen ... Ein Architekt, der seine Bauvorhaben mit seiner Frau bespricht ... unvorstellbar ... das kann ich mir nicht vorstellen ...

KÖRNER Ich schon! Wenn die Frau am Beruf des Mannes interessiert ist!

ROLF Ich kenne keinen Kollegen ... also, ich kenne keinen, der da seine Projekte mit der Frau durchspricht!

KÖRNER Aber es muß doch Gemeinsamkeiten gegeben haben!

ROLF Hat es doch genügend! Wir haben zusammen gelebt und sind zusammen in Urlaub gefahren ... Wir hatten gemeinsame Freunde ... wir haben doch alles praktisch ... ja, wir haben praktisch alles zusammen gemacht!

KÖRNER Du hattest Freundinnen?

ROLF Natürlich! Du, mit der Sexualität, ich glaub', das schleift sich in jeder Ehe ab! Wenn eine Beziehung neu ist, dann macht dich das an. Aber so nach spätestens zwei Jahren, das wiederholt sich doch alles. Ich wundere mich, daß es Männer gibt, die ein Leben lang mit derselben Frau schlafen und dabei auch noch zufrieden sein sollen. Das wird doch langweilig, da ist doch nach einiger Zeit nur noch die Wiederholung, immer dieselben Erlebnisse mit derselben Partnerin. Der Mensch sucht doch Abwechslung!

KÖRNER Und wie erklärst du dir, daß Ehen halten, manchmal ein Leben lang?
ROLF Mit dem Verzicht auf sexuelle Bedürfnisse! Der Mann wird älter und findet sich mit dem ab, was er hat. Für Frauen scheint die Sexualität sowieso unwichtiger zu sein als beim Mann. Ich glaube, wir haben darüber gesprochen. Ich habe ein Buch gelesen, Weiniger oder so ähnlich hieß der Verfasser. Eine ziemlich alte Schwarte, aber was er sagt, du, das leuchtet mir ein. Er sagt, daß es zwei Sorten Frauen gibt. Die einen wollen den Mann für ihre sexuelle Lust und neigen folgerichtig zum Partnerwechsel. Die anderen wollen den Mann als Produzenten und Ernährer ihrer Kinder. Die sind treu, weil sie auf nichts verzichten, wenn die Sexualität abflacht. Die schlafen dann weiter mit ihrem Mann, damit er brav das Geld abliefert, und wenn er sie fickt, denken sie an das Mittagessen, das sie am nächsten Tag kochen wollen.
KÖRNER Würdest du zustimmen, wenn ich sagte, du wärest verbittert, weil deine Ehe gescheitert ist? Das hat dich doch sehr getroffen, daß Gabriele gegangen ist!
ROLF Das hat mich fast umgebracht. Ich sagte es ja, ich hatte mir die Pistole schon besorgt. Aber jetzt, wo ich über die Dinge nachgedacht habe, du, der Fehler liegt schon in der Ehe an sich begründet. Die Menschen wollen mehr und immer mehr. Lebensqualität und so. Alles verändert sich, dauernd gibt es neue Güter und Bedürfnisse, der Mensch wird dazu erzogen, immer mehr zu wollen und neue Bedürfnisse zu befriedigen, und nur in der Ehe soll immer alles gleich bleiben. Da soll dir das Mädchen, das dir als Zwanzigjährige gefiel, auch noch gefallen, wenn es eine fünfzigjährige Frau geworden ist ...
KÖRNER Und der Sechsundzwanzigjährige soll ihr noch gefallen, wenn er fünfzig ist, einen Bauch bekommen hat und im Beruf nicht weiterkommt!
ROLF Natürlich gibt es das gemeinsame Älterwerden! Dann behindern sich die Partner in der Entwicklung. Dann gibt sich einer von beiden selbst auf und paßt sich an. Dann leidet er doch still vor sich hin und lebt nur noch äußerlich weiter.
KÖRNER Wir kommen wieder ins Grundsätzliche. Ich meine, in der Beziehung zwischen Menschen gibt es nur Einzelfälle ...
ROLF Meine ich überhaupt nicht! Alle Freunde, die geschieden sind, überall, wo sich Menschen plötzlich trennen, ich finde überall Parallelen. Einige Grundmodelle, die sich immer wieder ereignen, das ist für mich der ganze Schmerz! Aber wir können

auch wieder über meine Ehe sprechen. Obwohl, weißt du, manchmal kommt mir das alles vor wie ein schlechter Film. Was meine Frau gedacht hat, was in ihr vorgegangen ist, keine Ahnung. Du, manchmal erschreckt mich das. Man hat mit einem Menschen länger als ein Jahrzehnt zusammengelebt und weiß fast nichts von ihm. Wenn ich ehrlich sein soll, ich weiß nicht einmal, ob sie bei mir jemals einen Orgasmus gehabt hat. Sie hat zwar manchmal im Bett gestöhnt, aber das kann genausogut Mache gewesen sein. Die Frauen täuschen einem ja manchmal wer weiß was vor.

KÖRNER Die Xaviera Hollander sagt, man solle auf die Brustspitzen einer Frau achten. Wenn die Brustspitzen aufgerichtet wären, sei eine Frau nicht frigide!

ROLF Wirklich? – Darauf wäre ich nie gekommen! – Ja, ich weiß nicht. Vielleicht war Gaby frigide. Ich denke oft darüber nach. Es würde auf alle Fälle vieles erklären. Dann hätte sie es deshalb toleriert, wenn ich mit anderen Frauen schlief, und sie hätte es nur auf das Leben abgesehen gehabt, das ich ihr bieten konnte. Dann ist es ihr wirklich nur um die Kleider und den Schmuck und ein Leben ohne Arbeit gegangen.

KÖRNER Habt ihr nie Kinder gewollt?

ROLF Was? – Gabriele und ein Kind? – Sie war ja selbst noch ein Kind! Weiß du, manchmal habe ich das Gefühl, sie wäre für mich so eine Art Kind gewesen. Immer nur haben wollen, den Hals nicht voll kriegen, immer nur fordern. Die hat mich ganz schön ... wie soll ich sagen ... du, wenn ich daran denke, was ich ihr alles gekauft habe, die hat mich ausgenommen wie eine Weihnachtsgans!

KÖRNER Und trotzdem wolltest du dich erschießen, als sie ging?

ROLF Du, ehrlich! Die Gewohnheit! Man ist wie süchtig. Ich glaube, daß man sich an einen Menschen gewöhnen kann wie an eine Droge. Sie war wirklich dämlich, und ich konnte mit ihr über nichts reden. Aber sie war einfach da, wenn ich um acht Uhr abends aus dem Büro kam, sie hat zwar mittags nie gekocht, aber am Abend hat sie Butterbrote gemacht und Tee gekocht, und wir haben im Wohnzimmer gesessen und nach dem Essen meist noch eine Flasche Wein vor dem Fernseher getrunken, sie war einfach da, verstehst du, und ich wußte den ganzen Tag über, daß sie am Abend da sein würde. Wir saßen vor dem Fernseher, sie kuschelte sich in einem Sessel zusammen und streichelte den Hund, ich weiß nicht, wie ich es sagen soll, einfach gemütlich. Der ganze

Streß bei der Arbeit, der Ärger mit den Bauherren und der Bauplanung, alles war vergessen ...

KÖRNER Ich wußte gar nicht, daß ihr einen Hund hattet!

ROLF Natürlich, die Anette! Ein schwarzer Pudel! Du, das Tier war hochintelligent! Wenn wir uns mal stritten, natürlich, wir stritten uns schon mal, wenn sie zu viel Geld verbrauchte, wenn wir uns stritten, ist der Hund unter einen Schrank gekrochen, und meine Frau hat gesagt, das Tier merke genau, wie brutal ich sei! – Weißt du, wenn ich ihr einen Wunsch nicht erfüllte, dann hieß es immer, ich sei brutal.

KÖRNER Wie kam es dann auf einmal zur Scheidung?

ROLF Du, ich fiel wie aus allen Wolken! Sie wollte im Oktober in Urlaub fahren, und ich buchte ihr ein Zimmer in einem Hotel, wo sie gern im Herbst ein paar Tage Urlaub machte. Warum auch nicht. Sie wollte um diese Zeit meistens ein paar Tage ausspannen. Du, eigentlich hätte ich mir was denken müssen, als ich sie im Hotel zweimal nachts anrief und sie mir an der Rezeption sagten, Gabriele sei nicht in ihrem Zimmer. Am nächsten Morgen rief sie mich zwar im Büro an und sagte, sie sei mit einer Freundin essen gewesen, aber ich hätte mir was denken müssen. Natürlich habe ich mir gar nichts dabei gedacht und ihr geglaubt. Man hat ja richtige Scheuklappen vor den Augen. Das war mir einfach unvorstellbar. Meine Frau und Ehebruch, wir galten allgemein als glückliches Paar, weil wir nach so vielen Jahren noch verheiratet waren, und daß meine Frau was mit einem anderen Mann hätte, nicht im Traum habe ich an diese Möglichkeit gedacht. Sie hatte doch alles, was sie brauchte. Ja. Und dann kam sie aus dem Urlaub zurück und warf mir als erstes vor, daß ich sie nicht mehr liebte. Ich verstand erst gar nichts, dann begriff ich. Du, ich hatte ihr keine Rosen auf den Nachttisch gestellt wie sonst, wenn sie von einer ihrer Reisen zurückkam. Und sie brauchte Geld. An sich ein lächerlicher Betrag, fünfhundert Mark, aber ich sah plötzlich rot. »Was machst du eigentlich mit dem Geld?« fragte ich. »Ich habe doch keine Druckerei, wo ich nachts die Scheine drucken kann!« – Weißt du, ein Wort ergab das andere, und als ich dann im Bett was von ihr wollte, hat sie sich umgedreht. Nun ja, das kam ja immer mal vor, und ich habe mich nicht weiter darum gekümmert, aber diesmal, ja, nach dem Frühstück, am nächsten Morgen, da fragte sie, was ich davon hielte, mich scheiden zu lassen. Ich war wie vor den Kopf geschlagen. »Gut«, sagte ich. »Wenn du meinst, wenn du das für richtig hältst, dann lassen wir uns scheiden! Mir hängt das auch

alles zum Hals heraus!« Ich bin aufgestanden und ins Büro gefahren und dann zu zwei Baustellen, dann, als ich wieder im Büro war, wollte ich sie anrufen, aber sie war nicht zu Hause. Gut, hab' ich gedacht, die ist in der Stadt beim Friseur oder einkaufen, oder sie sitzt im Café und quatscht mit einer Freundin über den Urlaub. Am Abend, als ich nach Hause kam, fand ich einen Zettel auf dem Eßtisch: »Mach's gut, du hörst von meinem Anwalt!« – Ich hab' das noch immer nicht ernst genommen und habe vor dem Fernseher zwei Stunden auf sie gewartet, dann bin ich ins Bett gegangen. Am nächsten Morgen war sie noch immer nicht zurück, und ich hab' ihre beste Freundin angerufen.
»Was, das weißt du noch nicht?« sagte die am Telefon. »Die Gabriele hat uns gestern abend im Exelsior ihren neuen Verlobten vorgestellt! Ein reizender Mensch. Er ist Architekt in München, charmant und aufgeschlossen, du kannst dir gar nicht vorstellen, wie glücklich deine Frau ist! Der andere hat Geld, nicht nur so ein paar Eigenheime im Jahr wie du!« –
Weißt du, ich dachte, mich trifft der Schlag. Ich habe nie geglaubt, daß ich besonders an der Gaby hing, aber jetzt, dieses Gefühl, verlassen zu sein, du, mir kamen die Tränen. Du, in diesem Augenblick merkte ich, wie sehr ich sie liebte. Es ist zum Lachen. Ihre langen, schwarzen Haare, ihre weiche, glatte Haut, du, die Gaby kam mir niemals verführerischer vor als in diesem Augenblick. Ich saß neben dem Telefon und heulte. Das kann doch nicht wahr sein, dachte ich, das ist alles nur ein böser Traum.
Man weigert sich ja zu glauben, daß einem plötzlich auch passiert sein soll, was man sonst immer nur bei anderen gesehen hat. Du, genauso stelle ich mir den Tod vor. Man glaubt es einfach nicht, nicht mal, wenn man schon halb hinüber ist ...
KÖRNER Du hast am Telefon gesessen und geheult ...
ROLF Irgendwann bin ich aufgestanden und ins Büro gefahren. Ich weiß nicht mehr, wie ich da überhaupt hingekommen bin, ich muß heulend im Daimler gesessen haben, wundert mich heute noch, daß ich keinen Unfall gebaut habe, naja. Auf einmal saß ich im Büro hinter meinem Schreibtisch, ich sah die Angestellten nebenan hinter der Glaswand, und auf einmal erwachte in mir Haß. Gut, dachte ich, die Gaby will mich zerstören. Meine Ehe, alles, was wir uns aufgebaut haben, die will mich zerstören, aber da wollen wir doch mal sehen, wer besser kämpfen kann. Du, das brachte mich wieder hoch. Kämpfen, das war ich gewöhnt. Zuerst mußte ich Klarheit haben. Zuerst bin ich zu meinem Rechts-

anwalt. Der hat mich alles erzählen lassen, dann hat er einen Detektiv angerufen. Der sollte erst mal herausfinden, mit wem meine Frau fremdgeht. »Wir brauchen natürlich ein Foto deiner Frau, aber das wirst du ja haben!« sagte der Anwalt. Du, in diesem Augenblick begriff ich endlich. Jetzt würden die Telefone in der Stadt heißlaufen. Hast du schon gehört, dem G. ist die Frau abgehauen! Wie ein Lauffeuer würde es durch die Stadt gehen. Du, diese Ohnmacht, man ist völlig hilflos. Ich bin zurück in mein Büro gefahren und habe an meinem Schreibtisch gesessen ... Die Bauprojekte ... meine Angestellten ... du, mir war alles völlig egal. Inzwischen, du, im Februar, da habe ich alle Angestellten rausgeschmissen und neue eingestellt. Wenn die den Chef heulend gesehen haben, das wird nichts mehr, mit denen kannst du nichts mehr anfangen, die Autorität ist hinüber. Jetzt, mit den neuen Leuten läuft alles wieder bestens ...

KÖRNER Du hast im Büro gesessen und geheult ...

ROLF Am Nachmittag rief der Anwalt an. »Rolf«, sagte er, »du hast recht. Deine Frau hat in der letzten Nacht im Dom-Hotel geschlafen, und sie war nicht allein dort! Nur die Adresse hatten sie noch nicht, die Personalien im Hotelregister ... ja ... der Mann hatte sich mit einem falschen Namen eingetragen. Aber das würde der Detektiv schon herausbekommen, sagte mein Anwalt ...

KÖRNER Und dann?

ROLF Du, in mir wurde alles eiskalt. Ich habe vom Büro aus einen Schlosser bestellt, und dann bin ich nach Hause gefahren. Der Schlosser hat neue Schlösser in alle Türen eingebaut ... ich habe alle Fotos meiner Frau von den Wänden genommen und mit einem Hammer zerschlagen ... dann bin ich ins Schlafzimmer gegangen und habe alle Sachen von ihr aus den Schränken gerissen ... Pelze, Kleider, Schuhe ... den ganzen Plunder, mit dem sie mir jahrelang das Geld aus der Tasche gezogen hat ... ich hab' alles rausgerissen, und als ich dann den Haufen auf dem Fußboden sah, als ich das Zeug sah und daran dachte, daß mir diese Frau abgehauen ist, ich hab' wie ein Irrer gelacht und dann wieder geheult. Weißt du, noch einen Tag vorher hat man nichts geahnt, und auf einmal sitzt man auf den Trümmern seiner Ehe ...

KÖRNER Was hast du dann gemacht?

ROLF Mein Gott, was hab' ich gemacht? – Ich bin in die Stadt und in die Arosa ... Verdammt, du ziehst mir hier vor dem Tonband die Würmer aus der Nase und geilst dich dran auf, ich weiß nicht, wem das nützen soll ... Ist doch Quatsch! Such' dir einen anderen für dein Buch und laß mich da raus. Das bringt doch nichts. Ich bin mit der Sache fertig. Ich lebe mit einer anderen Frau zusammen und zahle für die Gaby keinen Pfennig Unterhalt... Die Gaby ist für den Rest ihres Lebens fertig. Dieses Aas! – Du, ehrlich, ich bin froh, daß es so gekommen ist. Letzten Endes war es das Beste, was mir passieren konnte. Bei der Gaby war der Lack doch runter. Ist schon ganz gut so.

KÖRNER Du fuhrst in die Arosa...

ROLF Ja, in die Bar, wo ich abends oft mit der Gaby war und wer war... Mensch, mach' das Ding doch aus. Das bringt doch nichts. Diese ganze Scheiße wieder aufwühlen...

KÖRNER In Ordnung, laß uns aufhören! Niemand zwingt dich, deine Geschichte zu erzählen. Ich muß dieses Buch auch nicht unbedingt machen. Obwohl, weißt du, die anderen haben keinen, der ihnen die Pistole wegnimmt, wenn sie...

ROLF Die anderen! – Was habe ich mit den anderen zu tun!

KÖRNER In Ordnung, wir hören auf! Soll ich das Band löschen, oder willst du es behalten, damit du sicher bist, daß es nicht in falsche Hände kommt?

ROLF Quatsch! Ich hab' dir gesagt, daß ich dir helfe, und wenn ich das sage, dann mache ich es auch! Nur wenn du Blödsinn mit dem Tonband machst, wenn das irgendwo gesendet wird und jemand erkennt meine Stimme...

KÖRNER Ich habe dir schriftlich gegeben, daß nichts aus dem Haus geht, bevor du es gelesen hast und einverstanden bist...

ROLF Und du meinst, das kann man so ändern, daß mich niemand erkennt?

KÖRNER Ich ändere alle Daten, die auf dich deuten!

ROLF Na, und wenn mich jemand erkennt, was soll's. Ich hab' mir nichts vorzuwerfen. Ich habe Fehler gemacht, und ich habe daraus gelernt! Du, eine Frau, die nicht arbeitet und mir das Geld aus der Tasche zieht, niemals wieder passiert mir das! Und wenn ich ins Bordell gehen müßte, weißt du, da ist das wenigstens ein faires Geschäft!

KÖRNER Du bist in die Arosa gefahren...

ROLF Du, ich komme in die Arosa und denke, mich trifft der Schlag! Da sitzt meine Gabriele, hat den Arm um die Schulter eines anderen Mannes gelegt und guckt ihn an... du, so hat mich meine Frau noch nie angesehen! Auf einmal dreht sie sich um, sieht mich, du, die guckte regelrecht durch mich hindurch, dann sieht sie gelangweilt in eine andere Richtung, du, als ob sie mich nie gekannt hätte! Man schläft fast fünfzehn Jahre mit einer Frau und dann ... du ... wenn ich daran denke ... ich könnte jetzt noch ...

Körner Rolf, es ist doch vorbei!

Rolf Zuerst wollt' ich hin und dem Kerl eins in die Fresse schlagen! Du, wie die Gabriele mit dem redete und wie er sich dann zu mir drehte und mich taxierte ... dieses spielerische Lächeln um seine Mundwinkel ... du, als Student hab' ich mal geboxt, und ich wollte hin und ihn einfach niederschlagen. Ganz ruhig war es auf einmal in der Arosa. Die wußten doch alle, daß Gaby meine Frau war, die kannten uns doch alle ...

Körner Und was hast du gemacht?

Rolf Zusammengerissen habe ich mich. Die wollte mich doch nur provozieren. Ich habe mich an die Bar gesetzt, einen Whisky bestellt und meiner Frau zugeprostet. »Prost, Liebling«, habe ich gesagt, »und viel Glück!« – Dann habe ich mich zur Barfrau gedreht: »Selbstverständlich geht der Verzehr meiner Frau auf mein Konto«, habe ich gesagt. »Und für den Herrn Begleiter zahle ich auch. Spaß muß sein!«

Körner Das ist doch nicht dein Ernst!

Rolf Es kommt noch größer! »Das ist nicht nötig, Rolf«, sagte meine Frau. »Du brauchst für meinen Verlobten nicht zu bezahlen, er besitzt zwanzig Mehrfamilienhäuser und einen Landsitz, und sobald ich von dir geschieden bin, machen wir erst mal Urlaub!« – Du, stell' dir das vor! Das sagt sie mir vor allen Leuten ins Gesicht! Seelenruhig vor allen Leuten! Was in der Stadt erzählt würde, welche Folgen das für mein Büro haben mußte, du, das war ihr völlig egal!

Körner Und was hast du gemacht?

Rolf Am liebsten hätte ich den Laden kurz und klein geschlagen. Aber so, ich habe meinen Whisky ausgetrunken und bin aus der Bar gegangen, ja, wie ein begossener Pudel. Die ganze Nacht bin ich in der Stadt durch die Bars gezogen, hab' mich besoffen, du, wie ich nach Hause gekommen bin, weiß der Teufel. Am nächsten Morgen, du, mir war, als hätte man mir jeden Knochen einzeln mit einem Hammer zerschlagen. Ich hab' in meinem Büro angerufen, Bescheid gesagt, ich sei krank, dann hab' ich mich ins Bett gelegt und den ganzen Tag geheult. Am Abend bin ich wieder saufen gegangen!

Körner Hast du keine Freunde?

Rolf Natürlich! Aber bei solchen Sachen, du, dann merkt man, daß es doch nur Bekannte sind! – Zum Arzt bin ich gegangen, und der hat mir Tabletten gegeben! Ein Sauzeug! Was einem auch passierte, du, man hatte das Gefühl, als passierte es hinter Watte, verstehst du, das interessierte einen gar nicht mehr. Als ob man nichts damit zu tun hätte. Ich wollte auch nicht mehr saufen, bloß schlafen, immer schlafen. Dann, ich weiß nicht, wie viele Tage ich das Zeug genommen hatte, du, auf einmal sah ich alles ganz klar. Ich hatte Gabriele die ganze Zeit gehabt, weil ich ihr Geld gegeben hatte, und jetzt war einer gekommen, der ihr mehr Geld versprach, und da ging sie natürlich zu dem anderen. Ist doch klar. Angebot und Nachfrage. Zwanzig Mehrfamilienhäuser und ein Landsitz, du, der andere Mann besaß Millionen. Mir geht's bestimmt nicht schlecht, aber dagegen kam ich nicht an. Der konnte ihr ganz andere Sachen kaufen als ich!

KÖRNER Und du meinst, es war wirklich nur sein Geld?

ROLF Natürlich! Bilde dir doch nichts ein, es ist immer das Geld. Oder irgendein anderer Vorteil. Der andere Mann versprach ihr einfach eine bessere Befriedigung ihrer Bedürfnisse. Da hatte ich keine Chance. Da hätte ich machen können, was ich wollte. Ich hätte mich vor ihr in den Dreck schmeißen können, die wäre mit einem Lächeln über mich hinweggestiegen! Du, ich hab' in der Zeit einen Mist im Beruf gemacht, ganz einfache Sachen, so was war sonst ein Kinderspiel. Das ist schrecklich. Das Gehirn, du, die Gedanken kreisen immer pausenlos um dasselbe Thema ... wie ein Mühlrad ... Gabriele, Gabriele, Gabriele ... Und der Kerl, wie der mich in der Arosa angeguckt hat ... Weißt du, das Schlimmste ist die Ohnmacht. Man sitzt hilflos da und kann nichts machen ... die brauchte mich ja nicht mehr ... die hatte ja alles! Sie hatte gewonnen, und ich stand da wie ein dummer Junge!

KÖRNER Na hör' mal!

ROLF Natürlich. Ein Mann, dem die Frau abgehauen ist! Etwas Lächerlicheres gibt es doch gar nicht! Ein Hahnrei ... ein toter Vogel ... wie soll ich sagen, ein Verlierer eben!

KÖRNER Und eine Frau, der der Mann abgehauen ist?

ROLF Kannst du gar nicht vergleichen! Früher, da sind den Frauen oft die Männer abgehauen, wenn sie eine Jüngere kriegen konnten. Naja, dann gibt's eine Scheidung, und die Frauen haben um den Unterhalt gekämpft wie Löwen, aber daß der Mann weg war, daß er nicht mehr mit ihnen schlief, das machte den Frauen doch weniger aus! Naja. Dann kriegte ich die Scheidungsklage mit der Post. Das war noch zur Zeit des alten Scheidungsrechts, da brauchte man noch Gründe. Gaby warf mir vor, ich hätte sie vernachlässigt und mein Beruf und der Ralley-Sport hätten mir mehr bedeutet als sie. Ich hätte mit mehreren Frauen die Ehe gebrochen ... was man einem eben alles so vorwerfen kann ... alles kalter Kaffee!

KÖRNER Du bekamst also die Scheidungsklage ...

ROLF Ja. Ich bin damit zu meinem Rechtsanwalt, aber um ein Haar, du, um ein Haar wäre alles schiefgegangen ... Mein Anwalt, der hatte schon die Antwort diktiert. Er warf Gabriele auch Ehebruch vor, du, der ließ kein gutes Haar an ihr. Vernachlässigung des Haushalts, Verschwendung, eben alles, was so passiert ist. Du, mir läuft es heute noch eiskalt den Rücken herunter, um ein Haar hätten wir alles verpatzt. Wenn mein Bekannter nicht gewesen wäre ...

KÖRNER Du meinst diesen Schauspieler, von dem du erzähltest ...

ROLF Ja. Ich hatte ihn vor Jahren mal bei einem Bauvorhaben beraten, ja, das hatte sich zerschlagen, er hat das Geld nicht aufbringen können, du, ein reiner Zufall. Ich traf ihn zufällig in der Stadt, und er war erschrocken. »Mein Gott, was ist dir denn zugestoßen, wie siehst du denn aus«, sagte er, und da habe ich ihm alles erzählt. Du, der war praktisch wildfremd, aber ich konnte endlich mal mit jemandem darüber reden. Als wenn jemand plötzlich eine Schleuse aufgemacht hätte, ich erzählte und erzählte, und er hat zugehört und dann leise gelacht. »So läuft das also!« sagte er, und dann: »Ich verstehe deine Aufregung nicht!« – Du, ich habe gemerkt, bei dem Gespräch habe ich gemerkt, daß ich von Frauen keine Ahnung hatte. Ich habe Geld verdient, aber wie das Leben läuft, nichts wußte ich vom Leben! Der Brinkmann, der hat mir die Augen geöffnet. Von wegen schwaches Geschlecht! Eiskalte Luder sind das! Die sind hart und berechnend, da sind wir Männer hilflos!

KÖRNER Der Brinkmann hat dir deine Situation erklären müssen?

ROLF Und ob! Ich habe ihn die Scheidungsklage meiner Frau lesen lassen und dann den Entwurf der Antwort, den mein Anwalt gemacht hat, und der Brinkmann hat den Kopf geschüttelt. »Juristisch mag das ja alles völlig in Ordnung sein«, sagte er. »Aber trotzdem halte ich das für falsch. Du verhältst dich genauso, wie deine Frau das erwartet!« Und dann hat er mir die Schleier von den Augen gerissen. »Hör mal, Rolf«, sagte er. »Ich will dir ja nicht zu nahe treten, aber deine Frau ist doch nicht mehr die Jüngste. Du hast gesagt, sie sei nicht besonders leidenschaftlich, und wenn der andere Mann so reich ist, wie du sagst, glaubst du wirklich, er weiß nichts Besseres mit seinem Leben anzufangen, als die fünfunddreißigjährige Frau eines Architekten aus ihrer Ehe herauszubrechen, um sie zu heiraten? – Gut, er wird vielleicht ein paar Nächte mit ihr schlafen, wenn er gerade keine andere hat, aber deine Gabriele heiraten? – Überleg' doch mal: würdest du deine Frau heiraten, wenn du sie heute kennenlernen würdest?« Du, ehrlich, mir war, als ob man mir die Scheuklappen von den Augen genommen hätte. Mir war, wie soll ich sagen, ich sah plötzlich alles ganz klar. Die Gabriele wollte sich scheiden lassen, weil der andere Mann mehr Geld hatte, als ich besaß. Aber ob der andere Mann sie auch heiraten wollte, das war noch lange nicht ausgemacht. Du, wirklich, je länger ich darüber nachdachte, die ganze Chose stimmte nicht. Entweder der andere hatte wirklich Geld, dann würde er sich wie jeder vernünftige Mann mit einer attraktiven Zwanzigjährigen in Acapulco oder so was vergnügen und mit so was wie meiner Gaby höchstens ein paar Nächte schlafen. Oder aber er besaß kein Geld, und dann würde ihn Gaby auf keinen Fall heiraten! – Du, ehrlich, als ich das begriffen hatte, sah ich zum ersten Mal Land in Sicht! Wie auch immer die Kiste lief, sie würde verlieren. Ich durfte nur keinen Fehler machen. Aber da half mir Brinkmann!

KÖRNER Auf welche Weise?

ROLF Zuerst fragte er mich, ob ich Gaby wiederhaben wollte. Das müsse ich mir zuerst überlegen! – Du, ich habe drei Tage darüber nachgedacht, und jetzt, du, ein paar Nächte vorher habe ich noch nach ihr geschrien und wegen ihr geheult, aber jetzt wollte ich sie nicht mehr. Wenn eine Frau unter solchen Umständen gegangen ist, du, ich versteh' nicht, daß es Menschen geben soll, die so was verzeihen können!

KÖRNER Du wolltest sie also nicht zurück?

ROLF Auf gar keinen Fall. Der Brinkmann hat mir das dann erklärt. Wenn ich sie wirklich loswerden wollte, ohne dabei arm zu werden, mußte ich so tun, als ob ich eine schnelle Scheidung auf jeden Fall verhindern wollte. Mensch, das war eine komplizierte Situation ...

KÖRNER Ich versteh' das nicht! Kannst du das genauer erklären?

ROLF Es hing mit dem Scheidungsrecht zusammen. Ich mußte mich gegen die Scheidung stemmen, damit Gaby den Braten nicht roch und so schnell wie möglich aus der Ehe raus wollte. Ich mußte unter allen Umständen ihren Unterhaltsverzicht durchsetzen und den Verzicht auf Zugewinn. Wenn ich das nicht durchgesetzt hätte, mir wäre doch Hören und Sehen vergangen. Ich mußte also so tun, als ob ich unter allen Umständen an der Ehe festhalten wollte, nur damit sie auf alles verzichtete. Mein Anwalt hat zwar den Kopf geschüttelt, aber der Brinkmann hat recht behalten. Sie hat auf alles verzichtet...

KÖRNER Du, diese Art zu denken, diese Berechnung in einer Ehe und noch bei der Scheidung...

ROLF Aber sie war doch genauso berechnend! Ich mußte berechnend handeln, die Frauen machen es doch nicht anders! – Also, mein Anwalt schrieb, daß ich um meine Ehe kämpfen würde, daß ich meine Frau immer lieben und ihr den Fehltritt selbstverständlich verzeihen würde... Du, später habe ich es von einer ihrer Freundinnen gehört, die Gaby ist völlig durchgedreht, als sie das gelesen hatte. Die brauchte doch die schnelle Scheidung, die wollte ihren Goldfisch doch zum Standesamt schleppen, solange ihre Reize noch auf ihn wirkten!

KÖRNER Und dieser andere Mann, dieser Millionär, der hat sie dann nicht geheiratet?

ROLF Was? – Ach so, das hab' ich noch nicht erzählt. Wir hatten inzwischen über den Detektiv seine genauen Personalien. Wir hatten auch längst eine Kreditauskunft. Der andere war kein Millionär, sondern ein ziemlich verschuldeter Bauunternehmer, der bei ihr Geld gewittert hatte und sie ausnehmen wollte! Die haben sich beide gegenseitig ausnehmen wollen! (Rolf lacht, bis ihm die Tränen kommen.)

KÖRNER Du, das Ganze kommt mir irgendwie vor, wie soll ich sagen, irgendwo ist deine Geschichte ganz schön trivial!

ROLF Du meinst, wie ein Groschenroman? – Du, manchmal denk' ich, das Leben besteht nur aus Groschenromanen! Diese ganze Kompliziertheit, die man in allem sucht, diese Probleme... manchmal glaube ich, alles ist ganz einfach...

KÖRNER Du zögertest also die Scheidung erst einmal hinaus?

ROLF Vierzehn Tage, drei Wochen! Dann schwenkte ich plötzlich um, und mein Anwalt schrieb, daß ich unter Umständen zur Scheidung nach der Unzumutbarkeits-Regelung bereit wäre, weil ich dem Glück meiner Frau nicht im Wege stehen wolle... Das Ganze war ein Wettlauf...

Wenn Gabriele erst herausbekommen hätte, daß der andere kein Geld besaß, nicht auszudenken. Ich mußte das Eisen schmieden, solange es noch heiß war, und als sie dann mit Zugewinnausgleich und solchen Sachen anfingen, du, ich brauchte nur zu schreiben, ich sei durch den Verlust der Ehefrau schon genug betroffen, mit Unterhaltsansprüchen würde ich mich nie abfinden, du, sie war so scharf auf die schnelle Scheidung, sie hat auf alles verzichtet! Stell' dir das vor, ich bin nach mehr als dreizehn Jahren Ehe geschieden, und das Ganze hat mich praktisch keinen Pfennig gekostet! Nur die Kosten für meinen Anwalt, und ihre persönlichen Sachen, die hab' ich ihr natürlich geschickt!

KÖRNER Du sagtest, du wolltest dich erschießen...

ROLF Du, ehrlich, es ist ein Witz! Als alles über die Bühne war, als ich diese Traumscheidung durchhatte, als ich nicht mehr gegen sie zu kämpfen brauchte, da kam erst der richtige Zusammenbruch! Ich kam nach der Scheidung vom Gericht nach Hause... die Sachen überall... es waren ja noch Kleidungsstücke von ihr im Hause... und der Sessel, in den sie sich immer gekuschelt hatte...

KÖRNER Da fällt mir der Hund ein...

ROLF Den hab' ich ins Tierheim gebracht, und sie hat ihn abgeholt! – Weißt du, überall lagen ihre Sachen herum, und ich wußte, daß alles zu Ende war. Die ganzen Jahre... irgendwo waren es ja doch schöne Stunden... und die Erinnerungen... irgendwie kam mir Gaby plötzlich wie ein feiner Kerl vor, der einen Fehler gemacht hatte... Der andere Mann, mein Gott, mal fremdgehen, so, daß es der andere nicht unbedingt merkt, dagegen hätte ich ja gar nichts gehabt... Aber hier, die Gaby wollte doch aus der Ehe raus, bloß weil der andere mehr Geld zu haben schien... die wäre doch wieder gegangen, wenn einer gekommen wäre und mehr Geld gehabt hätte, als ich besitze... das war doch... das war doch in allem das Verhalten einer Hure! Ich sehe das wirklich ohne Illusion, irgendwo schielen alle Frauen nach Geld, aber wenn es so hart kommt...

KÖRNER Du sagtest, du hast einen Zusammenbruch erlebt...

ROLF Kurz vor Weihnachten! Das ganze Leben... Wenn ich abends in die leere Wohnung kam, ich meine, kein Mensch war da, der auf einen wartete, und das dauernde Essen in den Lokalen... du, ich wußte gar nicht mehr, wofür ich lebte und arbeitete. Als ob ich in ein Loch gefallen wäre! Ich habe fast jeden Tag zweimal mit Brinkmann telefoniert, der hat mir, du, wenn der nicht gewesen wäre, der hat mir Bücher gebracht, Strindberg, Miller, Schopenhauer... ich hatte ja seit Jahren nicht mehr gelesen, weiß du, ich hatte ja nur Geld verdient... Geld verdient, damit ich der Gaby ihre Spielsachen kaufen konnte... Jetzt, wo sie nicht mehr da war, du, jeden Augenblick meiner Ehe hab' ich mir in Erinnerung gerufen. Was man hätte anders machen können und was ich falsch gemacht habe ... und immer wieder die Vorstellung, daß ein paar Millionen ausgereicht hatten, mir meine Frau zu nehmen. Mein ganzes Leben war doch zerstört. Und Weihnachten, du, alle anderen saßen glücklich unter dem Weihnachtsbaum und feierten mit ihren Lieben das Fest, und bloß ich war allein, du, ich geriet wieder in eine Krise, ich wollte einfach nicht mehr leben. Ich habe mir eine Pistole besorgt und in die Schublade gelegt, es war bloß noch eine Frage, wann ich mich erschießen würde. Der Brinkmann, also, der muß so was geahnt haben. Ich wäre reif fürs Krankenhaus, sagte er plötzlich einmal am Telefon, dann kam er in mein Büro und brachte mich mit seinem Wagen in eine Privatklinik. Die Ärzte, ja, sie haben mich untersucht und ins Bett gesteckt, und in der Klinik, du, ich habe Weihnachten in der Klinik verbracht und Silvester, und in dieser Zeit, ich hab' mir immer wieder alles durch den Kopf gehen lassen, immer wieder, meine verpfuschte Ehe und das ganze Leben ... du, ich wollte mich auf einmal nicht mehr unterkriegen lassen, und als ich Anfang Januar aus der Klinik kam, da fing ich an, gründlich aufzuräumen!

KÖRNER Wie meinst du das, aufräumen?

ROLF Ich habe viel gelernt! In einer solchen Situation muß man sich ablenken. Als erstes habe ich alle Sachen von ihr eingepackt und durch eine Spedition zu ihren Eltern geschickt. Fotos, die Urlaubsdias, du, ich besitze keinen einzigen Gegenstand mehr, der mich an sie erinnern könnte. Dann hab' ich gekündigt, das Haus, du, ich konnte das Haus nicht mehr sehen und habe mir wieder eine Stadtwohnung gesucht. Kein Appartement, sondern eine riesige Wohnung. Ich habe das Alte alles hinter mir gelassen. Schwer war es trotzdem. Man pendelt zwischen Erleichterung und Depression hin und her, aber dann schrieb mir Gabriele den ersten Brief und mir ging es wieder besser!

KÖRNER Sie schrieb dir?

ROLF Ja! Sie hat mich angerufen, geschrieben, telegrafiert, sie ist ins Büro gekommen und hat mir auf Baustellen aufgelauert. Ein Witz. Sie liebe mich wie nie zuvor, sie würde sich umbringen, wenn ich nicht wieder mit ihr zusammenleben würde ... ein Witz! Was war passiert? – Gabys sogenannter Verlobter hatte sich bei Gabys Eltern das Geld für den Weihnachtsurlaub leihen müssen, und die haben natürlich eine Schufa-Auskunft besorgt. Da flog der ganze Schwindel mit dem Landsitz und den Mietshäusern auf. Da liebte mich Gaby wieder heiß und innig!

KÖRNER Und was hast du geantwortet?

ROLF Überhaupt nicht! Sie hat angerufen, du, die ist mir regelrecht nachgelaufen. Sie hätte eine Riesendummheit gemacht, sie liebe nur mich, sie würde alles für mich tun, wirklich alles. Nun ja, wenn sie anrief, habe ich den Hörer auf die Gabel gelegt, dann kam sie ins Büro, und ich mußte sie wegjagen wie einen Hund. Dann hat sie Schlaftabletten genommen und sich im letzten Augenblick von einer Freundin retten lassen! Ich sag' dir, wenn das nicht so ernst gewesen wäre ... ich mußte höllisch aufpassen, um nicht noch nachträglich einen Fehler zu machen. Wenn das nicht so ernst gewesen wäre, du, ich hätte mich kaputtgelacht! Da saß sie wieder bei ihren Eltern zu Hause, ihre Mutter hatte ihr wieder das Mädchenzimmer eingeräumt, und da lebte sie jetzt ohne einen Pfennig. Geschieht ihr ganz recht. Die wird noch einmal putzen gehen, die feine Dame!

KÖRNER Und wie ist es dir weiter ergangen?

ROLF Ich hab' mich wieder voll konsolidiert. Die ersten drei Monate nach der Scheidung wollte ich keine Frau mehr sehen. Ich hab' mich um die Arbeit gekümmert und mein Büro wieder in Ordnung gebracht, dann fing ich wieder an auszugehen. Du, das war die gefährlichste Zeit. Was man da so in den Tanzlokalen kennenlernt, der reinste Schrott. Frauen, die wissen, daß sie gut aussehen, und so viel wie möglich herausschinden wollen. Manchmal hab' ich solche Mädchen mit in die Wohnung genommen und wieder rausgeschmissen, bevor ich sie durchgevögelt hatte, weil ich das blöde Gequatsche nicht ertragen konnte. Du, wenn sich die Gaby an einem solchen Abend gemeldet hätte, ich glaube, ich hätte sie zurückkommen lassen. Aber ich habe Glück gehabt. Vor einem Vierteljahr habe ich eine junge Griechin kennengelernt, die lebt jetzt bei mir. Du, du wirst die noch kennenlernen, ich habe jetzt alles, was ich mir immer gewünscht habe. Sie sieht gut aus, sie kümmert sich um die Wohnung, du, ich habe noch einmal das große Los gezogen!

KÖRNER Du wirst heiraten?

ROLF Was? – Ich bin doch nicht verrückt! Vielleicht später mal, wenn das wirklich was werden sollte. Aber an sich, ich glaube nicht mehr an Beziehungen auf Ewigkeit. Solange es gut geht, geht es gut, und wenn es Schwierigkeiten gibt, dann muß man sich eben was Neues suchen.

KÖRNER Wie alt ist das Mädchen?

ROLF Die Olga? – Du wirst lachen, die ist vierundzwanzig. Sie wollte als Fremdsprachenkorrespondentin arbeiten, aber bei der

Arbeitslosigkeit ... du, ich habe sie in einem griechischen Restaurant gesehen, und als ich hörte, daß sie Griechin ist, hab' ich gesagt, ich wollte Griechisch für den Urlaub bei ihr lernen. Als sie meine Wohnung sah, weißt du, die teuren Möbel und die riesige Dachterrasse, du, nach der dritten Unterrichtsstunde hatte ich sie im Bett, und jetzt wohnt sie bei mir. Sie macht den Haushalt, ich habe natürlich noch die Putzfrau, aber die Olga kauft ein und macht das Abendessen. Ich muß nur sehen, daß ich irgendeine Arbeitsstelle für das Mädchen finde. Nicht wegen des Geldes, das habe ich nicht nötig. Aber wenn sie dauernd in der Wohnung sitzt und nichts zu tun hat, weißt du, ich möchte nicht, daß sie auf dumme Gedanken kommt, wie meine Verflossene. Aber da mach' ich mir keine großen Sorgen. Die Griechinnen, weißt du, die sind anders als die deutschen Frauen. Die sind häuslich. Was meinst du, was ich für einen Ärger mit ihren Eltern hatte. Dann kam ich drauf, daß ihr Vater immer ein eigenes Lokal wollte und nicht genug Geld dafür besaß. Du, ich wurde Teilhaber seines Ladens, und jetzt bin ich sein guter Freund.
KÖRNER Hast du von deiner Frau noch was gehört?
ROLF Natürlich! Sie schreibt mir Briefe, die ich zurückgehen lasse. Eine Freundin von ihr erzählte mir, Gaby steht jetzt in einer Boutique und verkauft Kleider. Na und? Ich muß ja auch arbeiten. Von mir kriegt sie jedenfalls keinen Pfennig. Ich war ihr ja auch egal. Wenn ich mich damals erschossen hätte, meinst du, die wäre auch nur eine Sekunde lang traurig gewesen? – Triumphiert hätte sie. Siehst du, hätte sie gedacht, der Rolf kann ohne mich nicht leben. Von wegen. Wir werden mal sehen, wer ohne den anderen vor die Hunde geht. Und noch mal passiert mir sowas nicht. Man darf sich an einen Menschen gar nicht erst so gewöhnen. Wenn die Olga mal abhauen sollte, du, noch mal gehe ich nicht durch die Hölle. Solange du einigermaßen aussiehst und Geld hast, du, man findet immer eine neue Frau!

# 6. Männersache

»Diese Idioten, die sich krummlegen und ihre Frauen mit Pelzen behängen...« schimpft Rolf vor sich hin. »Ich hab' das Geld verdient und meine Frau hat es ausgegeben! Das war's im Grunde!«

»Wenn ich meine Ehe betrachte, du, wenn ich in den Puff gegangen wäre, ich hätte es billiger gehabt«, stellt er fest. – Und vielleicht hätte eine Prostituierte Rolfs sexuelle Bedürfnisse professionell gekonnter zu befriedigen verstanden als diese teure und, wie es sich für diese Sparte gehört, frigide Hure, die er geheiratet hat, die ihn wegen seines Luxus und Bequemlichkeit versprechenden Einkommens geheiratet hat und die konsequent aus der Ehe will, als ein anderer Freier einen höheren Preis zu zahlen verspricht.

Wie die meisten Männer nach dem Abschied der Frau gerät auch Rolf in depressive Phasen, richtet sich sein Haß abwechselnd gegen seine Frau und gegen sich selbst, steigert sich seine Verzweiflung bis zum Selbstmordvorhaben, das ihm ein Freund ausredet.

Bei keinem der anderen Gespräche habe ich während der Niederschrift ähnlichen Widerwillen empfunden wie bei Rolfs Geschichte.

Ein gut verdienender Mann »genießt« seine »Jugend«. Eine Frau veranlaßt ihn mit Hilfe einer vorgetäuschten Schwangerschaft zur Eheschließung, nimmt ihn aus, wie man eine Weihnachtsgans ausnimmt. Und als diese Frau dann endlich geht, weil sie ein lohnenderes Ausbeutungsobjekt gefunden zu haben scheint, da feiert dieser Mann nicht etwa rauschende Feste, da lobt und preist er nicht etwa die Gunst des Schicksals, das ihn von dieser Frau befreite, da ist er nicht vor Glück wie besoffen, sondern er besorgt sich eine Pistole und will sich erschießen. »Für mich ist Liebe, wenn man einem Menschen mehr gibt, als man von ihm bekommt!« stellt Rolf fest, und konsequent folgert er daraus, daß er seine Frau sehr geliebt haben muß. Schließlich hat er ihr alles gekauft, was sie wollte, und von ihr wenig oder überhaupt nichts dafür bekommen. Nach der Trennung merkt Rolf, daß da einiges in seiner Ehe nicht gestimmt haben muß, und er fängt an, diese Ehe aufzuarbeiten. Irgendwann kommt er dazu, die Beziehungen zwischen Männern und Frauen nicht mehr als Kauf einer

Vagina durch den Mann zu betrachten. Seelische, sexuelle und sozial-materielle Bedürfnisse beider Partner müßten befriedigt werden. Das wäre dann eine Beziehung, die »funktioniert«. Gegen die Ehe als egoistisch motivierte Tauschbeziehung beider Partner hat Rolf überhaupt nichts. Das Geld sollte seine Rolle nur nicht so offen spielen, das ist die Erfahrung aus seiner gescheiterten Ehe, und während er umständlich davon erzählt, hat er längst sein altes Ehemodell mit einer neuen, jüngeren Frau rekonstruiert. Diesmal ist es eine junge, arbeitslose Griechin, die er mit seiner wirtschaftlichen Situation beeindruckt, die er in seine Wohnung einziehen läßt und die er aushält. Freilich, etwas hat er aus seiner Ehe doch gelernt. »Man darf sich an einen Menschen gar nicht erst gewöhnen. Wenn die Olga mal abhauen sollte... solange du einigermaßen aussiehst und Geld hast... man findet immer eine neue Frau!« Eine Ehe ist gescheitert. Ein Mann hat versucht, aus seinen Fehlern zu lernen. Am Ende schafft er wie am Anfang seiner Ehe das Geld heran, und eine Frau ist so liebenswürdig, die Früchte seiner Arbeit mit ihm gemeinsam zu verzehren. Solange kein anderer Mann mehr bietet, kann sich Rolf der Treue und Zuwendung der Frau, die er gekauft hat, sicher sein. Der Mann, der immer bezahlt, und die Frau, die immer nimmt: liegt hier die Ursache für den Widerwillen, den ich während der Niederschrift dieser Geschichte dieses Mannes empfand?

Wie war das denn in meinem Männerleben bisher? Während der Schulzeit, als wir begriffen hatten, daß es zweierlei Sorten Menschen gab, begriffen wir sehr schnell, daß wir zu bezahlen hatten. Wir luden Mädchen zum Tanzen ein und bezahlten, wir luden sie ins Kino ein und bezahlten, wir machten den Mädchen Geschenke von unserem knappen Taschengeld. Hatten die Mädchen kein Taschengeld? Die Mädchen putzten sich heraus und kauften sich Kleidungsstücke und Kosmetika, gewiß. Aber liefen wir nackend herum und brauchten wir nicht auch Geld für den Friseur?

Während der Schulzeit, als wir alle noch gleich wenig Geld hatten und von unseren Eltern ernährt wurden, spielte das noch keine große Rolle. Aber später, als wir eigenes Geld verdienten? Zur Zeit unserer Tanzstundenliebe war es so, daß Mädchen und Jungen noch »zusammenpaßten«. Da lief der beste Sportler unserer Schule mit der besten Sportlerin abends Hand in Hand durch den Stadtpark, da tanzten wie selbstverständlich der bestaussehende Junge vorwiegend mit dem bestaussehenden

Mädchen auf dem spiegelglatten Parkett unserer Tanzschule. Wir wußten, wer zu uns paßte und zu wem wir paßten, da fanden sich junge Menschen mit gleichen Interessen, und als wir merkten, daß zumindest in einem Punkte unsere Interessen diametral entgegengesetzt waren, erlitten wir sämtlich einen Schock.
Irgendwann war für uns alle die harmlos-unverbindliche Tanzstundenzeit zu Ende. Es genügte uns nicht mehr, mit dem Mädchen Hand in Hand durch den Stadtpark zu spazieren. Wir wollten den Mädchen unter die Röcke. Die Mädchen ließen uns nicht unter die Röcke. Wir waren ins Elend des Mannes geraten, wir waren fassungslos.
Wir lasen weder Freud noch Karen Horney, es gab weder den Kinsey- noch den Hite-Report. Wir ahnten nichts von der Trias Geburt – Schwangerschaft – Tod, wir wußten nichts von den Mysterien der Klitoris, dachten nicht darüber nach, weshalb sich uns unsere Mädchen entzogen. Jeder von uns erfuhr es früher oder später: Wir wurden Männer. Wir hatten tiefe Stimmen, wir hatten angefangen, uns regelmäßig zu rasieren. Wir waren jung, wußten, daß wir stark waren. Unsere Männlichkeit produzierte Tag und Nacht Erektionen, die immer neues Elend bedeuteten: Unsere Mädchen wollten von uns nichts wissen.
Wenn wir genug Geld verdienen würden, um eine Frau zu ernähren, wenn wir fähig sein würden, eine Familie zu gründen, versprach man uns, würde sich alles ändern.
Wir wollten vögeln, die Mädchen wollten es nicht: Zu diesem simplen Satz gerinnt die Summe der ersten Begegnungen zwischen Mann und Frau für mich. Wir wollten Lust und Liebe, wir wollten das Mädchen, das uns gefiel, und wir wollten es um seiner selbst willen. Dieses Mädchen wollte uns zwar auch, aber es wollte uns nicht jetzt. Es wollte uns nicht so, wie wir waren, und es wollte uns schon gar nicht um unserer selbst willen. Es wollte uns, möglicherweise, wenn wir fähig sein würden, eine Familie zu ernähren. Es würde uns, möglicherweise, wollen, wenn wir Geld verdienen und Frau und Kind ernähren konnten.
Da standen wir nun mit unseren prächtigen Erektionen. Die Frau wandte sich ab.
Nirgends in der weit gefächerten psychologischen und soziologischen Literatur habe ich auch nur einen einzigen Satz über das Trauma gefunden, das diese männliche Erfahrung für den Mann bedeutet. Unser Selbstwertgefühl wurde zertrümmert, bevor es sich hatte auch nur halbwegs stabilisieren können. Die Frau

liebte uns nicht um unserer selbst willen. Wenn wir überhaupt auf die Liebe einer Frau hoffen konnten, dann mußten wir sie uns verdienen. Wenn wir überhaupt mit einer Frau schlafen wollten, dann mußten wir Vorleistungen erbringen. Wir waren ins Elend des Mannes geraten, wir waren im Chaos.
Hubert, der Junge, der neben mir auf der Schulbank saß, war hochintelligent. Er muß weiter gesehen haben als wir: Hätte man ihn sonst mit Blaulicht und Sirene ins Krankenhaus bringen müssen, nachdem er vergeblich versucht hatte, sich den Penis mit dem Küchenmesser abzuschneiden? Wir anderen griffen nicht zum Küchenmesser. Wir gerieten auf den schuldbefrachteten Weg der Masturbation. Und wir hatten Hoffnung. Die Mädchen wandten sich ja nicht total von uns ab. Längst hatten sie das weibliche Spiel der Koketterie gründlich erlernt. Sie entzogen sich und kamen uns scheinbar entgegen. Sie gaben sich ja etwas, ließen sich manchmal küssen und manchmal sogar an die Brust fassen. Irgendwann, wenn wir ihnen genug bieten konnten, sollten wir sie ja auch ganz haben. Wir durften auf keinen Fall jetzt schon die Lust an ihnen verlieren. Wir durften nicht auf den Gedanken kommen, daß sie überhaupt nichts mit uns zu tun haben wollten. Die Frau mußte der Preis bleiben, um den wir Männer mit allem unserem Fleiß zu ringen hatten. Und wir strengten uns an. Wir arbeiteten und produzierten. Der frustrierte Geschlechtstrieb stampfte ganze Industrien aus dem Boden, wir ließen uns für den Produktionsprozeß zurichten, und wenn wir endlich genug Geld für das ganze erforderliche Paket von Gütern zusammen hatten, bekamen wir auch den Preis, jetzt öffnete sich uns endlich die Vagina, wir bekamen sie sogar in weißer Geschenkpackung beim Läuten der Kirchenglocken. Wenn wir genügend Geld nach Hause bringen, dann wendet sich die Frau nicht mehr ab. Geld macht Frauen sinnlich, das wird zur Erfahrung jeden Mannes, das hat er spätestens mit achtzehn Jahren begriffen.
Um seiner selbst willen wird er nicht geliebt. Das erfährt der Mann als Heranwachsender.
Um seiner Leistung willen wird er auch nicht geliebt, sondern bestenfalls ertragen. Geld macht eben nicht sinnlich, das begreift er, wenn sich die zum Leistungsstimulanz deformierte Frau als genau jenes frigide Objekt erweist, zu dem man sie gemacht hat. Er begreift es, wenn sich die konsequent zur Prostitution erzogene Frau konsequent wie eine Prostituierte verhält und zum Mann mit der größten Kaufkraft strebt. Dieser Widerwillen, den

ich bei der Niederschrift von Rolfs Geschichte empfand: ist er der Ekel vor Verhältnissen, die eine Frau dazu bringen, sich wie eine Prostituierte zu verhalten, und den Mann wie ihren Freier handeln lassen?
»Frauen lieben keine anonymen Männer«, lese ich regelmäßig als Schlagzeile einer Anzeige des Herstellers eines Rasierwassers.
»Mit diesem Wagen kriegen Sie jede Frau!« argumentierte ein Autohändler, der mir vor einigen Jahren die Anschaffung eines Maserati empfahl.
Ich benutze kein Rasierwasser, und ich habe mir auch den Maserati nicht gekauft.
Hat mich Carmen trotz ihrer feministischen Erklärungen im Abschiedsbrief deshalb verlassen?
Lebte Carmen mit mir jahrelang zusammen, weil sie mit mir zusammenleben wollte, oder blieb sie bis zu ihrem Abschied bei mir, weil mein Einkommen etwa fünfmal größer war als ihr Einkommen und sich unser Lebensstandard nach unserem Gesamteinkommen richtete? Wollte sie mit mir leben, oder fand sie es reizvoll, ihre Garderobe in erstklassigen Boutiquen zu kaufen? Wollte sie mich oder meinen Lebensstandard?

Für ein neues Bewußtsein des Mannes:
*Wir müssen lernen, unser Selbstwertgefühl von sozialer Stellung, Einkommen und Besitz unabhängig neu zu definieren.*

# 7. Gesprächsprotokoll Helmut B.:

*»Am liebsten würde ich mir den Gashahn aufdrehen ...«*
(Fleischermeister Helmut B., 34 Jahre alt)

Das Gespräch fand im Mai 1979 in der Eigentumswohnung des Fleischermeisters Helmut B. in D. statt. Die Wohnung machte einen vernachlässigten Eindruck. Die Fenster waren seit Wochen nicht mehr geputzt worden, in einem Waschbecken in der Küche befand sich schmutziges Geschirr. Auf einigen Tellern waren Speisereste inzwischen verschimmelt. Das Wohnzimmer, in dem ich mit Helmut sprach, hatte er aufzuräumen versucht. Der Teppichboden zeigte noch die frischen Spuren des Staubsaugers, der in einer Ecke neben dem Fernsehgerät stand.

KÖRNER Ich hatte gar nicht damit gerechnet, Sie heute zu treffen, obwohl das Pokalspiel im Stadion läuft ...
HELMUT Ich hör' ja nachher im Fernsehen, wie sie gespielt haben! Wenn wir nicht verabredet gewesen wären, wäre ich vielleicht hingegangen. Man hat ja sonst nichts vom Leben. Seit meine Frau weg ist, ach, ist doch sowieso alles für die Katz'!
KÖRNER Fehlt Ihnen Ihre Frau so sehr?
HELMUT Was? Die soll mir fehlen? Ich bin doch nicht vor den Schrank gelaufen! Zugrunde richten will mich meine Alte! Ich sag' Ihnen, wenn Sie intelligent sind, heiraten Sie nie! Die Weiber sind das letzte! Ich könnt' Ihnen Sachen erzählen, aber ich sage ja, das bringt nichts! Hat alles keinen Zweck. Ich hab' den Fehler nun mal gemacht, und jetzt muß ich die Suppe auslöffeln ...
KÖRNER Was für einen Fehler?
HELMUT Die Heirat damals! Ich wollt' ja auch nicht richtig. Aber da saß die Heidi da und hat geheult, und zu meiner Mutter ist sie gelaufen und hat ihr was vorgejammert ... Da hab' ich mich eben breitschlagen lassen. Ich hab's immer gesagt: Gutheit ist Dummheit! Ich hätte mehr auf meine innere Stimme hören sollen ...
KÖRNER Was hat diese innere Stimme denn geraten?
HELMUT Ich wollt' Alimente zahlen! Gut, hab' ich gedacht, jetzt ist es nun mal passiert, und da stehst du zu. Wenn's nach mir gegangen wäre, ich wollt' für das Kind bezahlen! Aber meine

Mutter und die Heidi, ja, die haben mir eben alle in den Ohren gelegen damals. Die waren alle gegen mich!

KÖRNER Wann haben Sie geheiratet?

HELMUT Im Januar siebzig! Und im Mai kam dann der Klaus! So ist das eben im Leben! Gutheit ist Dummheit!

KÖRNER Wie alt waren Sie bei der Heirat?

HELMUT Fünfundzwanzig! Die Hörner hatt' ich mir schon abgestoßen!

KÖRNER Und Ihre Frau, wie alt war die damals?

HELMUT Die Heidi war zwanzig!

KÖRNER Was hat sie gemacht, ich meine im Beruf?

HELMUT Die war bei Horten Verkäuferin! Bis wir heirateten. Danach konnte sie ja nicht mehr arbeiten.

KÖRNER Konnte sie nicht, oder wollte sie nicht?

HELMUT Zuerst konnte sie nicht. Und dann wollte sie nicht. War ja auch nicht direkt nötig. Ich konnte für meine Familie sorgen. So war's ja nicht. Für meine Frau und mein Kind, dafür konnte ich schon sorgen. Alles Unfug, was sie mir jetzt durch den Anwalt schreiben läßt. Ich würde ihr nur fünfhundert Mark gegeben haben. Für den Haushalt und so. Das ist Unsinn. Erst als sie ausgezogen ist, da hab' ich, ich hab' ihr wirklich drei Monate nur fünfhundert Mark geschickt. Weil, ach, ich dachte, daß sie dann vielleicht zurückkommen würde.

KÖRNER Ich denke, sie war Ihnen gleichgültig ...

HELMUT Ach nun ja, mit Liebe und so, da war nicht mehr viel. Hört doch in der Ehe überall auf. Aber ich dachte, sie würde vielleicht zurückkommen. Der Haushalt und das Kind, man ist doch schließlich verheiratet. Und so, wie es jetzt ist, ich bin doch erledigt.

KÖRNER Wir greifen jetzt sehr weit vor. Wie war das denn mit der Heirat?

HELMUT Ich sagte ja, zuerst wollte ich nicht. Aber dann, sie kriegte doch das Kind, und da wollte ich nicht, ach, da dacht' ich, ja, ich wollt' ja sowieso mal heiraten. Und wenn die Heidi jetzt schon mal das Kind von mir kriegte, ja, alt genug war ich ja. Da konnt' ich auch sie heiraten. Da hatte ich mein Geregeltes ...

KÖRNER Was meinen Sie damit? Geregeltes Geschlechtsleben?

HELMUT Das auch. Alles eben. Daß man seine Ordnung hat. Eine Familie und eine Wohnung, daß eben alles so in Ordnung ist.

KÖRNER Sie lebten noch bei Ihren Eltern?

HELMUT Bei meiner Mutter. Meine Eltern sind geschieden.
KÖRNER Und nach der Ehe haben Sie die Wohnung mit Ihrer Frau bezogen.
HELMUT Genau so war's! Ich hab' eine Wohnung gemietet. Nur für die ersten drei Jahre. Dann sind wir hier eingezogen. Ich hatt' ja die Bausparverträge, ach, ich wollt' immer mal ein eigenes Haus haben, aber als ich dann heiratete und das Kind da war, nicht, da dachte ich, für ein Haus wird's nicht reichen. Da hab' ich noch weiter gespart, und dann hab' ich, ja, die Eigentumswohnung eben, die hab' ich gekauft.
KÖRNER Ist sie voll bezahlt?
HELMUT Nein! Da habe ich noch Belastungen. Die Bausparverträge, ja. Da kriegt man ein Zuteilungsdarlehen, das trägt man dann ab. Ich weiß sowieso nicht, wie das werden soll. Meine Frau erhebt ja auch Anspruch auf die Wohnung. Der Rechtsanwalt hat deswegen schon geschrieben, nicht, daß sie die Hälfte will. Aber da wehre ich mich gegen. Ich meine, nicht, ich hab' die Bausparverträge doch gehabt, als wir heirateten. Da hatt' ich doch schon das meiste angespart. Da kann doch die Frau jetzt nicht kommen und mir die Wohnung wegnehmen. Das ist doch kein Recht so was, nicht!
KÖRNER Woran ist die Ehe eigentlich gescheitert?
HELMUT Das weiß ich auch nicht. Die ersten Jahre ging's ganz gut. Da kann ich nicht klagen.
KÖRNER Aber es muß doch Gründe geben, man trennt sich doch nicht ohne Grund, wenn man verheiratet ist und ein Kind hat!
HELMUT Keine Ahnung! Vielleicht lag's daran, daß ich nicht besonders wild aufs Bett war!
KÖRNER Niemals?
HELMUT Am Anfang, nicht, da ist man ja immer scharf drauf. Aber als das Kind erst da war, nicht, das schläft dann fast automatisch ein. Am Anfang, da war ich schon scharf auf meine Frau. Aber als das Kind dann da war ...
KÖRNER Fühlten Sie sich vernachlässigt?
HELMUT Nicht direkt. Gekocht und für den Haushalt gesorgt hat sie. Aber das schläft dann ein. Die Frau hat dann eben mit dem Kind zu tun und kümmert sich nicht mehr so um sich, ja, das hat mich eben nicht mehr so richtig gereizt. Vorher war sie immer so angezogen, ja, scharf eben. Aber als der Junge da war, hörte das auf.
KÖRNER Haben Sie überhaupt nicht mehr mit ihr geschlafen?
HELMUT Natürlich. Aber eben vielleicht nicht oft genug. Man-

che sagen ja, eine Frau braucht es erst richtig, wenn sie älter wird.

KÖRNER Und Ihre Frau hat sich einen anderen Mann gesucht?

HELMUT Ich weiß nicht. Wahrscheinlich. Sie wollte immer noch abends raus in die Stadt. Was unternehmen. Da hatte ich keinen Bock drauf. Wenn ich von der Arbeit kam, war ich fertig. Da ist sie schon mal mit einer Freundin von früher tanzen gegangen. War vielleicht falsch. Aber mir war's eben egal. Wenn sie ihr Vergnügen brauchte, sollte sie es haben.

KÖRNER Und Ihr Vergnügen?

HELMUT Ich hab' da keine großen Ansprüche. Einmal in der Woche Skat und einmal mit den Kollegen kegeln. So auf Tanzereien und so war ich nie wild.

KÖRNER Wie haben Sie eigentlich Ihre Frau kennengelernt?

HELMUT In unserer Kneipe! Da hat sie am Wochenende gekellnert, nicht, und da hat sie sich an mich herangemacht. Es ergab sich eben so. Das erste Mal richtig gehabt hab' ich sie beim Sommerfest in der Kleingartenanlage. Da hatt' ich ganz schön einen geladen, und da ist es eben passiert.

KÖRNER Mit dem Kind?

HELMUT Nein, das war erst später. Aber sie hat mir irgendwie gefallen. Die ging ganz schön ran. Die anderen waren ja immer irgendwie zimperlich. Die Heidi ging mir sofort an die Wäsche. Ich weiß nicht. Irgendwie hat mich das beeindruckt. Ich sah damals ja noch sehr gut aus. Damals hab' ich noch viel Sport getrieben.

KÖRNER Sie sehen heute auch nicht schlecht aus!

HELMUT Mit dem Bierbauch? Wollen Sie mich verarschen? Nein, mit mir ist nicht mehr viel los! Gucken Sie doch meinen Bauch an!

KÖRNER Bier?

HELMUT Das nicht mal so sehr! Man wird irgendwie mutlos, nicht? Man hat doch, ja, man hat eben sozusagen keine Zukunft mehr, nicht? Wenn man nicht weiß, wie es weitergeht, ja, mutlos eben.

KÖRNER Haben Sie Ihre Frau geliebt?

HELMUT Mann, das ist 'ne Frage! Natürlich, ich hab' sie doch geheiratet. Warum heiratet man denn sonst...

KÖRNER Vielleicht, weil ein Kind unterwegs ist!

HELMUT Ja, das hat natürlich eine große Rolle gespielt. Aber das war's nicht allein. Ich wollte ein gemütliches Zuhause, eben mein Eigenes. Mit fünfundzwanzig, nicht, man will doch nicht ewig zu Hause bei Muttern leben. Ich wollt' einen gemütlichen Haushalt, eine Frau eben, nicht, wenn man von der Arbeit kommt, man will doch irgendwie sehen, wofür man lebt.

KÖRNER Wie kam es denn zur Scheidung?

HELMUT Wir sind noch nicht geschieden! Wir haben erst im nächsten Monat Termin!

KÖRNER Wie kam es denn dazu?

HELMUT Durch die Tanzerei! Wenn sie einmal in der Woche weg ging, da hatt' ich nichts gegen. Als es zweimal war, da hab' ich schon die Wut gekriegt. Ja. Und als sie das erste Mal erst am Morgen nach Hause kam, da hab' ich ihr eine gefeuert!

KÖRNER Und wie hat sie reagiert?

HELMUT Ich dürft' mich nicht wundern, hat sie gesagt. Wenn ein Freier impotent ist, dann holt sich eine Frau eben anderswo, was sie braucht! Da hab' ich ihr noch eine getafelt!

KÖRNER Und da ist sie abgehaun?

HELMUT Quatsch! Ich weiß auch nicht, ja, wie soll ich sagen, ich hab' ihr eine geklebt, nicht, und da ist sie schrecklich geil geworden! Mach's doch, hat sie gesagt, wenn du so stark bist, dann mach's mir doch! Ist doch nicht normal, so was! Man scheuert der Alten eine, und sie zieht sich den Rock aus! Ist doch irgendwie krankhaft! – Vielleicht steht der Itacker drauf, den sie jetzt hat. Ich find' so was ist 'ne Sauerei. Ist schon irgendwie ein Hurenstück, meine Alte!

KÖRNER Und das haben Sie nicht eher gemerkt?

HELMUT War ja auch am Anfang nicht so! Die ersten Jahre ging es ganz gut. Da kann ich nicht klagen. Als der Klaus in die Schule kam, nicht, da wurde sie auf einmal anders . . .

KÖRNER Und nach der Nacht, wo Ihre Frau weg blieb, wie ging es da weiter?

HELMUT Von da an war dauernd Krach. Da hat sie mir nicht mal das Frühstück gemacht, bevor ich zur Arbeit ging. Ich brauchte mich nicht zu wundern, eine Frau in den besten Jahren wäre eben sauer, wenn ihr Mann ein Schlappschwanz wäre. Was die mir alles an den Kopf geworfen hat, ich sagte Ihnen ja, ein Hurenstück! Die Wäsche hat sie mir auch nicht gemacht. Das Arbeitszeug, nicht, das bleibt ja bei meinem Beruf nicht aus, nicht, daß da schon mal Blut dran ist, da hat sie sich vor geekelt. Meine Mutter hat ihr mal gesagt, dann dürfte sie eben keinen Fleischer heiraten, wenn sie sich vor so was ekelt. Ich hab' sie doch zur Heirat auch nicht gezwungen. Und das Kind hätt' sie auch wegmachen lassen können. Da gibt's doch Möglichkeiten, nicht, das braucht man einer Frau doch nicht zu erklären. Heut' denk' ich, die hat's irgendwie darauf angelegt, damals. Mit dem Kind meine ich. Die wollt' mich damit angeln, und ich bin drauf reingefallen.

KÖRNER Wie kam es denn dazu, daß sie gegangen ist?

HELMUT Das ist Weihnachten passiert. Da war unsere Ehe schon, wie soll ich sagen, eben kaputt. Da ist sie dreimal in der Woche vorm Heiligen Abend die Nacht über weggeblieben, und dann hat sie gesagt, wie ich mir das eigentlich vorstellte, wieso ich noch keinen Weihnachtsbaum gekauft hätte, das Kind, nicht, ich sollte doch wenigstens für das Kind einen Weihnachtsbaum kaufen. Da hab' ich gesagt, diesmal gibt es keinen Weihnachtsbaum, einen Weihnachtsbaum gibt es nur in einer glücklichen Familie, und wir wären keine glückliche Familie. Da hat sie gesagt, ja, dann würde sie Weihnachten eben mit dem Klaus bei ihrer Mutter feiern. Ich sollt' mir's noch mal überlegen. Ja. Und ich hab's einfach nicht fertiggebracht. Der Klaus, ja, der Junge tat mir leid. Aber mit der Frau unter dem Weihnachtsbaum sitzen und »Stille Nacht, Heilige Nacht« singen, ich hab' das einfach nicht fertiggebracht. Ja. Und als ich am Heiligen Abend mittags nach Hause kam und keinen Weihnachtsbaum dabei hatte, nicht, da hat sie den Klaus genommen und ist zu ihren Eltern.

KÖRNER Und Sie?

HELMUT Ich hab' mir einen gepackt und bin ins Bett gegangen. Am ersten Feiertag bin ich zu meiner Mutter, nicht, und die hat gesagt, das könnt' ich nicht machen. Weihnachten wäre Weihnachten und ich könnt' den Klaus nicht allein feiern lassen. Da hab' ich mich in den Sonntagsanzug geschmissen, hab' für den Jungen ein Geschenk besorgt...

KÖRNER Was? Am ersten Feiertag? Da sind die Läden doch zu!

HELMUT Ich hab' einen Skatkumpel, der hat ein Fahrradgeschäft. Da bin ich hin und hab' ein Rad für den Jungen gekauft. Für meine Frau hatte ich nichts, ja, aber die stand eh mehr auf Geld, nicht, der wollt' ich dreihundert Mark schenken. Da bin ich also mit dem Wagen zur Schwiegeralten, und wie ich an der Tür steh' und geschellt hab', da macht sie auf und hat ein Gesicht, ja, ich sag', was ist denn, wollt ihr mich nicht mehr reinlassen, ich will doch bloß zu meinem Jungen, nicht, ja, und da hab' ich sie zur Seite geschoben und bin rein in die Wohnung, und da saß meine Frau und der Klaus beim Mittagessen und ein Itacker eben.

KÖRNER Was für ein Italiener?

HELMUT Der Itacker! Ich sah auf den ersten Blick, daß das 'n Itacker war, und wie der meinem Blick auswich, ich wußte sofort, daß da was zwischen dem und meiner Frau lief. »So ist das also!« hab' ich gesagt, und meine Frau hat genickt. »Ja, so ist das!« hat sie gesagt! Am liebsten hätt' ich mich auf den Kerl gestürzt, aber ich hab' gedacht, ruhig, Helmut, hab' ich gedacht, mach' dich nicht unglücklich. Ja. Ich hab' das Fahrrad für den Klaus unter den Weihnachtsbaum gestellt und bin gegangen. Zu Hause konnt' ich nicht mehr. Ich hab' allein im Wohnzimmer gesessen, im Radio spielten sie Weihnachtslieder, ja, da bin ich wieder mit dem Wagen, ja, eben nur so über die Autobahn nach Hamburg gefahren.

KÖRNER Hatten Sie da Freunde oder Bekannte?

HELMUT Ach was! Ich hätt' genauso gut nach München fahren können. Das tut mir immer gut, über die Autobahn fahren. Ich weiß nicht, da wird man ganz ruhig ...

KÖRNER Haben Sie einen besonders schnellen Wagen?

HELMUT Einen Manta! Es gibt schnellere!

KÖRNER Und was haben Sie in Hamburg gemacht?

HELMUT Nichts Besonderes! Einmal über die Reeperbahn, dann bin ich wieder nach Hause und hab' mich aufs Ohr gelegt.

KÖRNER Ist Ihre Frau nach Weihnachten wiedergekommen?

HELMUT Nicht direkt! Sie war ein paarmal in der Wohnung und hat Sachen aus dem Schrank geholt, nicht, und dann nach Neujahr kriegte ich den Brief vom Anwalt. Wenn Sie ihn lesen wollen ...

KÖRNER Nein! Was steht denn drin?

HELMUT Ja. Daß unsere Ehe eben zerrüttet wäre und daß sich meine Frau scheiden lassen würde. Das mit Weihnachten hat der Ehe den Rest gegeben. Das wäre die Härte, wegen der sie sich sofort scheiden lassen wollte. Und der Unterhalt eben, den ich zahlen soll.

KÖRNER Wieviel sollen Sie zahlen?

HELMUT Ich weiß selber nicht genau, ich versteh' das nicht genau. Mein Anwalt hat es mir aufgeschrieben ...

KÖRNER Sie haben sich auch einen Rechtsanwalt genommen?

HELMUT Natürlich! Als ich gelesen habe, daß sie mir alles wegnehmen will, sogar die Wohnung, nicht, da bin ich zum Anwalt. Das ist eine Ungerechtigkeit! Mein Anwalt hat mir das erklärt! Aber die Wohnung kriegt sie nicht. Und wenn ich das Haus anstecke, meine Wohnung, die kriegt sie nicht!

KÖRNER Was müssen Sie denn zahlen?

HELMUT Das ist die größte Ungerechtigkeit, die es gibt! Der Rechtsanwalt hat mir geschrieben, daß ich neunhundertachtzig Mark zahlen sollte. Und jede Menge Rechtsanwaltskosten!

KÖRNER Wieviel Rechtsanwaltskosten?

HELMUT Weiß ich noch nicht genau! Da kommen dauernd neue Rechnungen! Von meinem Rechtsanwalt und dem Rechtsanwalt meiner Frau und der Unterhalt und Geld für die Möbel ... Ich weiß überhaupt nicht mehr, wie ich das bezahlen soll. Sollen sie mich doch einsperren! Mein Leben ist sowieso versaut. Ob ich draußen arbeite oder im Knast, ist doch für mich dasselbe ...

KÖRNER Wie sieht das denn genau aus! Was müssen Sie zahlen?

HELMUT Also erst mal für das Kind, nicht, für den Klaus. Das seh' ich ein und für das Kind bezahle ich gerne. Für den Jungen muß ich 235,– DM zahlen, nicht, wegen dem Kindergeld. Das seh' ich ein. Aber für meine Frau 745,– DM, das seh' ich nicht ein. Soll doch der Itacker für sie zahlen ...

KÖRNER Sie müssen also für die Frau und das Kind 980,– DM zahlen. Was verdienen Sie im Monat?

HELMUT Das ist alles so ungerecht! Die machen einen fertig! Hier, wollen Sie meinen Lohnzettel sehen? Ich hab' netto 2066,– DM im Monat! Davon muß ich 168,– DM Krankenkasse zahlen. 90,– DM muß ich Ratenschulden abzahlen und 320,– DM für die Wohnung. Mir bleiben im Monat noch genau 1488,– DM. Wenn ich davon noch 980,– DM für meine Frau und den Jungen zahlen muß, ja, mir bleiben noch 500,– DM im Monat. Davon soll ich den Wagen bezahlen und mein Essen und die Kleidung, es ist ganz einfach unmöglich!

KÖRNER Was machen Sie?

HELMUT Ich hab's natürlich nicht bezahlt! Fünfhundert Mark hab' ich meiner Frau geschickt! Das reicht für den Klaus dicke. Soll sie doch arbeiten gehen, oder der Itacker soll für sie zahlen!

KÖRNER Wie alt ist der Klaus jetzt?

HELMUT Acht Jahre! Der Junge geht zur Schule, und meine Frau lebt doch im Haushalt ihrer Mutter! Da kann die sich doch um das Kind kümmern! Mein Anwalt hat das auch geschrieben, aber da hieß es, meine Frau wäre auf der Suche nach einer eigenen Wohnung. Jetzt will ich das Sorgerecht für den Klaus ...

KÖRNER Sie können doch ein achtjähriges Kind nicht versorgen!

HELMUT Meine Schwester ist bereit, das Kind zu nehmen. Da käme der Klaus in beste Verhältnisse. Der Mann meiner Schwester ist Ingenieur. Aber beim Gericht, mein Rechtsanwalt hat keine Hoffnungen. Den Unterhaltsprozeß haben wir schon verloren, und die Vermögensteilung ...

KÖRNER Wieso haben Sie den Unterhaltsprozeß verloren?

HELMUT Den Unterhalt für die Frau und das Kind. Ich hab' doch nur die fünfhundert Mark bezahlt, nicht, weil ich mehr doch nicht zahlen kann, und da hat meine Frau mich verklagt, und jetzt muß ich sogar 1021,– DM bezahlen. Die berechnen das völlig anders, als es in Wirklichkeit ist. Die gehen von 2100,– DM netto aus, davon muß ich 285,– DM für den Jungen zahlen und vom Rest 2/5 für meine Frau. Meine Miete, daß ich doch den Wagen brauche, um überhaupt zur Arbeit zu fahren, nicht, ich wohne doch in D. und arbeite in U., daß ich den Wagen brauche und Krankenkasse bezahlen muß, nicht, das interessiert die überhaupt nicht. Und jetzt will meine Frau noch Geld für die Eigentumswohnung. Genau die Hälfte der Summe, die ich während unserer Ehe für die Wohnung abgezahlt habe. Fast zwanzigtausend Mark soll ich an sie bezahlen, die Hälfte der Möbel will sie und die Gerichtskosten, das geht doch alles in die Tausende! Für meinen Jungen will ich ja gern zahlen, aber doch nicht für die Frau! Ich hab' mit der Frau doch überhaupt nichts mehr zu tun! Aber das neue Scheidungsrecht ist so. Da können Sie als Mann überhaupt nichts mehr machen! Da heißt es zahlen, zahlen und noch mal zahlen, bis sie schwarz werden!

KÖRNER Es muß doch wenigstens für die Rechtsanwaltskosten das Armenrecht geben!

HELMUT Was? – Doch nicht, wenn einer eine Eigentumswohnung hat! Das gilt doch als Vermögen! Ich wollte schon den Manta verkaufen und auf einen gebrauchten VW umsteigen, aber mein Wagen ist doch fünf Jahre alt! Da krieg' ich doch kaum noch Geld für. Die Haftpflicht und die Steuer und das Benzin für den Wagen, ich muß doch jeden Morgen zur Arbeit und von der Arbeit zur Wohnung, ich muß doch bei meiner Arbeit vernünftig essen! Ich kann doch nicht von fünfhundert Mark den Wagen bezahlen und das Essen und die Kleidung, nicht, ich will doch, ich will doch auch leben. Der Mensch muß sich doch am Abend mal ein Glas Bier leisten können, wenn er den ganzen Tag gearbeitet hat! Ich will ja nicht viel, bloß mal ein Glas Bier am Abend und den Wagen, damit ich nicht mit der Eisenbahn und dem Bus zur Arbeit fahren muß und noch früher aufstehen muß, nicht, die drücken einem doch die Luft zum Atmen ab!

KÖRNER Ihrer Frau wird es doch nicht viel besser gehen!

HELMUT Was? Die kriegt über tausend Mark, und eine Frau kann doch alles viel besser. Einkaufen und die Wäsche machen und so, nicht, die Wäsche macht mir ja wieder meine Mutter, und das Essen, ich mach' mir am Morgen was zum Frühstück und am Abend was, am Mittag eß' ich bei uns im Geschäft, aber man muß doch leben können!

KÖRNER Die Beziehung Ihrer Frau mit dem Italiener, von dem Sie erzählten, kann Ihr Rechtsanwalt da nichts machen?

HELMUT Überhaupt nicht! Wenn sie mit dem Mann in einem Haushalt leben würde, dann vielleicht! Aber die Heidi ist doch nicht blöd! Die hat sich schlau gemacht! Die denkt doch nicht im Traum daran, den Macker zu heiraten. Da wär' sie ja auch schön blöd! So geht's ihr doch prima! Von mir kriegt sie das Geld zum Leben, und von dem Itacker kriegt sie, was sie im Bett braucht, was Besseres kann die sich doch nicht wünschen! Da müßte die doch schön blöd sein, wenn sie daran was ändern würde. Nein, ich kann zahlen, bis ich schwarz werde. Malochen und die Lohntüte abliefern, und wenn ich mal nicht pünktlich löhne, dann schicken sie mir eine Pfändung. So sieht das aus!

KÖRNER Das geht ja nicht ewig so! Der Junge wird ja auch mal älter! Dann kann Ihre Frau wieder arbeiten!

HELMUT Was? – Na, Sie haben vielleicht Vorstellungen! Erstmal kann ich mindestens zahlen, bis er fünfzehn ist. Wenn meine Frau hoch hinaus will und den Klaus auf die Realschule oder ins Gymnasium schickt, kann es noch teurer werden! Und arbeiten, ich kenne doch meine Frau! Im Kaufhaus rumstehen, das hat ihr nie geschmeckt! Wenn die wieder arbeiten könnte, weil der Junge alt genug ist, die sucht sich doch eine praktische Krankheit und ich kann weiterzahlen! Verraten bin ich! Verraten und verkauft!

KÖRNER Und wenn Sie wieder heiraten würden?

HELMUT Wen denn? Wer nimmt denn einen Mann wie mich mit soviel Schulden am Arsch? Die Frau möchte ich sehen, die müßte ja schön blöd sein! Die Rente, wenn mir mal was passiert, nicht, die Rente wird doch auch aufgeteilt. Wenn ich noch mal heiraten würde, nicht, meine zweite Frau, wenn mir mal was passierte, die würde doch nicht mal die volle Rente bekommen. Davon geht doch auch Geld an meine erste Frau!

KÖRNER Da wird einem als Mann ganz anders, wenn man so was hört!
HELMUT Und ob! Ich sag' Ihnen, ich geb' Ihnen einen guten Rat! Heiraten Sie nie! Wenn Sie erstmal verheiratet sind, die Frau hat Sie völlig in der Hand. Die kann mit Ihnen machen, was sie will! Und Sie können froh sein, wenn sie bloß fremdgeht und sich nicht scheiden läßt! Wenn sie sich scheiden läßt, dann haben Sie gar nichts mehr! Dann heißt es nur noch zahlen, zahlen, bis Sie schwarz werden!
KÖRNER War das alte Scheidungsrecht besser? Ich weiß nicht recht ...
HELMUT Es war irgendwie gerechter. Wenn da eine Frau fremdging, da hatte sie die Schuld und der Mann brauchte nicht zu zahlen!
KÖRNER Ich weiß nicht! Wenn Kinder da waren ...
HELMUT Klar war es besser! Für den Mann war es viel besser. Der Mann arbeitet doch! Ich hab' doch alles bezahlt! Die Wohnung, die Möbel, nicht, das ist doch alles von meiner Hände Arbeit ...
KÖRNER Ihre Frau hat in der Zeit das Kind erzogen und den Haushalt geführt!
HELMUT Was heißt denn erzogen? – Kinder werden von allein groß! Und den Haushalt, was hat die Heidi denn schon groß gemacht? Eingekauft und das Essen gekocht! Gut! Wenn sie für alles vier Stunden gebraucht hat, war das viel! Ich hab' doch alles bezahlt! Ihre Kleidung, die Urlaubsreisen, ich bin früh um fünf aufgestanden, wenn wir geschlachtet haben. Nicht meine Frau!
KÖRNER Ich komme einfach nicht darüber weg. War der Umstand, daß Ihre spätere Frau ein Kind von Ihnen erwartete, wirklich der einzige Grund für die Heirat?
HELMUT Der hauptsächliche Grund. Aber ich wollte immer mal heiraten. Da konnt' ich doch die Heidi nehmen, wo das Kind schon mal unterwegs war! Ich hab' doch nicht geahnt, wie die sich entwickelt. So was ahnt doch kein Mensch.
KÖRNER Wie ist Ihre Beziehung zu Ihrem Kind? Wie oft sehen Sie den Klaus?
HELMUT Das ist mir auch schon zum Nachteil ausgelegt worden beim Sorgerecht. Ich muß doch arbeiten, und am Sonntag, ich muß mich doch um die Wohnung kümmern. Meine Mutter kann doch nicht alles machen. Einmal im Monat wird es schon sein. Ich fahr' halt manchmal vorbei und hol' den Jungen ab, nicht.

Aber die hetzen das Kind gegen mich auf, wie soll ich sagen, es ist eben kein besonderer Kontakt mehr da.

KÖRNER Sie sind jetzt fünfunddreißig Jahre alt?

HELMUT Vierunddreißig! Ganz schön im Arsch, was!

KÖRNER Ja. Das kann man sagen! – Wie ist das denn, haben Sie eine neue Freundin?

HELMUT Was? – Nein! Einmal heiraten hat mir gereicht. Wissen Sie, ich seh' meine Lage eben ganz klar. Für mich heißt es nur noch zahlen, zahlen, zahlen. Die Heidi hat einen Dummen gesucht, und der Dumme war ich. Ich hab' schon daran gedacht, nicht mehr zu arbeiten und so, ich meine, nicht mehr fest zu arbeiten und nur noch so Gelegenheitsarbeiten, wo sie nichts pfänden können, nicht. Aber da hat mich der Rechtsanwalt vor gewarnt. Da könnt' ich ins Gefängnis kommen oder ins Arbeitshaus!

KÖRNER Gibt's das noch, Arbeitshaus?

HELMUT Mein Anwalt hat gesagt, ja. Ich glaub's auch nicht. Aber Gefängnis, nicht, das ist schlimm genug. Da können sie einen immer wieder einsperren, bis man einer festen Arbeit nachgeht und sie einen pfänden können. Ich hab' keine Ahnung, wie es weitergehen soll. Ich hab' auch schon überlegt, ob ich ins Ausland gehe, aber da braucht man doch von Zeit zu Zeit einen neuen Reisepaß, nicht, da suchen die einen doch, wenn man zahlen muß, und die verlängern einfach den Paß nicht. Da muß man zurück und kann gleich ins Gefängnis. Eben wegen Unterhaltspflicht.

KÖRNER Und wie stellen Sie sich Ihr Leben weiter vor?

HELMUT Überhaupt nicht! Ich seh' zu, daß ich über den Monat komme. Wenn meine Mutter nicht wäre, ich hätte mich längst umgebracht.

KÖRNER Sie haben eine intensive Beziehung zu Ihrer Mutter!

HELMUT Ja. Das kann man so sagen. Sie macht mir die Wäsche und hin und wieder die Wohnung. Das ist ja auch eine alte Frau, nicht, die kann ja auch nicht mehr so, gesundheitlich. Gelegentlich gibt sie mir sogar fünfzig oder hundert Mark von der Rente. »Kannst du ruhig nehmen, Helmut!« sagt sie. »Brauchst mir nichts vorzumachen. Ich seh' doch, was mit dir los ist!« – Ja. So sieht das aus! Können Sie ruhig drucken, die sollen in Bonn mal sehen, was sie mit den Männern machen. Meine Stimme bekommen die Sozis nicht mehr!

KÖRNER Da waren sich wohl die Parteien ziemlich einig, beim neuen Scheidungsrecht. Jedenfalls was den Unterhalt betrifft...

HELMUT Was? – Dann geh' ich überhaupt nicht mehr wählen. – Nein, ich seh' meine Lage schon ganz klar. Am liebsten würde ich mir den Gashahn aufdrehen, aber ich bin auch dafür zu feige. Nicht, es ist doch so, ich habe eben keine Zukunft mehr. Das ist am schlimmsten. Ich muß zahlen, zahlen, zahlen und sehe nichts dafür. Überhaupt nichts. Wenn meine Mutter mal nicht mehr lebt, nicht, ich glaub', ich dreh' mir den Gashahn auf. Dann können sie zum Friedhof kommen und das Geld für die Heidi holen, damit sie mit dem Itacker ficken kann. Ist doch wahr. Ich bin verraten und verkauft.

# 8. Männersache

»Ich bin verraten und verkauft«, stellt Helmut sachlich fest, und es wird keinen Mann wundern, daß Helmut diese Situation für ungerecht hält. Seine Frau hat ihn verlassen, die gemeinsame Haushaltsführung ist beendet. Helmut hat aus seiner Ehe, die in Kürze eine geschiedene Ehe sein wird, keinerlei wirtschaftliche Vorteile mehr. Er wird lange Zeit für sein Existenzminimum arbeiten müssen. Er wird ein Leben führen, für das die Bezeichnung »Dahinvegetieren« zutreffend erscheint: Von dem Geld, das ihm noch von seinem Einkommen verbleibt, ist nicht einmal die Existenz auf dem Niveau eines Sozialhilfeempfängers möglich. Der Sozialhilfeempfänger ist ja nicht zur Arbeit gezwungen. Für ihn entfallen die mit der Arbeit verbundenen Aufwendungen, er braucht weder Geld für Berufskleidung noch für Verkehrsmittel, niemand braucht blutige Metzgerhemden zu waschen wie Helmut's Mutter, die auf ihre alten Tage erleben kann, wie ihr Sohn immer mehr vor die Hunde gehen wird.

Bei der Niederschrift des Gesprächsprotokolls kamen mir immer wieder Zweifel. Zu unglaubwürdig kamen mir die Zahlen vor, die Helmut bei dem Gespräch genannt hatte, und ich habe ihn nochmals aufgesucht. Er hat mir den Beschluß gem. §§ 620 ff. ZPO gezeigt, nach dem er für Frau und Kind 1021,– DM Unterhalt zu zahlen hat. Auch die Höhe seines Einkommens als angestellter Fleischermeister hatte mir Helmut richtig angegeben. Was er sagte, ist zutreffend. Was Helmut erfährt, ist geltendes Recht.

Nach dem alten Scheidungsrecht hätte die Situation für die Frau und den Mann völlig anders ausgesehen.

Heidi wäre, wenn es überhaupt zur Scheidung gekommen wäre, der schuldige oder doch zumindest der überwiegend schuldige Teil gewesen.

Das hätte für sie bedeutet, daß sie keinen Anspruch auf Unterhalt, Altersversorgung oder Unterstützung für die Berufsweiterbildung gehabt hätte. Auch das Sorgerecht für das Kind hätte sie verloren.

Sie hätte am Ende ihrer Ehe dagestanden wie am Anfang der Ehe, mit leeren Händen und nur älter geworden. Aber vermutlich wäre es nach dem alten Scheidungsrecht überhaupt nicht zur Scheidung gekommen. Heidi hätte ihre sexuellen Bedürfnisse

heimlich oder überhaupt nicht befriedigt. Sie wäre verraten und verkauft gewesen wie jetzt der Mann. »Güte ist Dummheit«, sagt Helmut mehrfach: Kann er nach seinen Erfahrungen anderer Meinung sein?
Ich bin ein Mann, und es trifft mich, wie da ein anderer Mann ins Elend geriet.
Wie war das denn mit dem Zustandekommen der Ehen von Männern meiner Generation? Ich kann mich noch an die Zeit erinnern, als viele meiner Freunde nach und nach heirateten. Wollten sie denn heiraten? Eine Frau wollten sie! Mit der Frau schlafen wollten sie! Mit der Frau zusammenleben wollten sie irgendwann in der Zukunft. Keiner von uns wäre auf den Gedanken gekommen, eine Frau um irgendwelcher wirtschaftlichen Vorteile willen zu wählen und an sich zu binden.
Sind nur Männer romantisch?
Die meisten von uns, einer nach dem anderen, heirateten, und die Heirat war selten eine Handlung aus freiem Willen. Irgendwann setzte bei allen ein immer stärker werdender Druck ein, der sie in die Ehe trieb. Da lagen die Eltern und Großeltern und Tanten unseren Mädchen in den Ohren: »Wann wollt ihr denn heiraten? Du kannst dir doch die besten Jahre nicht von einem Mann nehmen lassen, der es nicht einmal ernst meint! Wann heiratet ihr denn endlich!«
Wir wollten unseren Mädchen weder die besten Jahre nehmen noch wollten wir ihnen überhaupt etwas nehmen. Wenn wir mit unseren Mädchen schlafen wollten, dann, weil wir glaubten, es würde sie glücklich machen wie uns.
Sind nur Männer romantisch?
Einer nach dem anderen gingen sie zum Standesamt und zur Kirche, die Gefährten meiner Jugend, führten sie stolz die Frau, die sie liebten, zum Altar. Wenn aller Druck und alles Zureden nicht geholfen hatte, knüppelte die »voreheliche« Schwangerschaft die Männer zum Standesamt. »Güte ist Dummheit«, stellt Helmut heute fest. Hat er recht?
Ich kann das Mädchen schon verstehen, das lieber für sich, den Ehemann und ein Kind im eigenen Haushalt arbeiten möchte als hinter dem Ladentisch in einem Kaufhaus Strümpfe verkaufen: Waren deshalb die Mädchen in solchen Berufen bestrebt, so schnell wie möglich zu heiraten, während sich Studentinnen meist sehr viel Zeit dafür ließen?
Sind nur Männer romantisch?
Ist die Entscheidung des Mannes zur Ehe die Entscheidung für

eine Frau, für die Frau aber die Entscheidung zur Ehe in erster Linie die Entscheidung gegen die Berufsarbeit?
Sind nur Männer romantisch?
Jeder meiner Schulkameraden wußte, daß er nach der Ehe für seine Frau und seine Kinder arbeiten würde und daß seine Frau für den Haushalt zuständig sein würde. Für diese Rolle hatten Eltern und Schule und Kirche Mädchen und Jungen erzogen. Mann und Frau wußten, was auf sie zukam.
Männer suchten Liebe, Wärme, Geborgenheit und waren bereit, dafür zu arbeiten, wie ihre Frauen im Haushalt arbeiten würden.
Nach der Eheschließung trieb die Realität des Alltags den meisten Männern ihre Romantik sehr schnell aus. Liebe, Wärme, Geborgenheit, was Frauen geben konnten, gaben sie nach der Eheschließung allerdings meist mehr und mehr, oft sogar ausschließlich, nicht dem Manne, sondern ihren Kindern. Und die Männer arbeiteten und arbeiteten: Hatten sie sich auch die romantische Liebe längst abschminken müssen, so funktionierte der Haushalt doch wenigstens noch als Versorgungsinstitut. Frauen kochten und wuschen und putzten für ihre Familie, also auch für den Mann. Jetzt, angesichts des neuen Eherechts, erleben Männer, daß die vollzogene Eheschließung praktisch einem Unterhaltsversprechen für eine Frau und für die Kinder gleichkommt. Daß sie für Frau und Kinder zahlen müssen, ganz gleich, wie sich Frau und Kinder verhalten.
Der nach dem neuen Recht geschiedene Mann behält alle Verpflichtungen des »treusorgenden Familienvaters«, er hat auch das letzte seiner Rechte verloren.
»Wenn eine Operationstechnik so viel Leiden und Elend verursachte wie die Ehe«, sagte mir kürzlich ein Chirurg, der für seine geschiedene Frau monatlich 1800,– DM Unterhalt zahlt, »hätte man diese Operationstechnik längst verboten!«
Die Ehe ist aber keine Operationstechnik, und das neue Scheidungsrecht läßt mit nicht zu überbietender Deutlichkeit erkennen, welche Rechtsfolgen eine Eheschließung für die Frau und den Mann hat.
Männer wie Rolf werden von den Wirkungen eines Rechts betroffen, das zum Zeitpunkt ihrer Eheschließung noch nicht absehbar war, und ihre Situation ist hoffnungslos.
Kann ich als Mann aus seinen Erfahrungen lernen?
»Ich habe mich entschlossen, unsere Beziehung zu beenden«, schrieb mir Carmen in ihrem Abschiedsbrief. »Ich habe festge-

stellt, daß es mir nicht möglich ist, an Deiner Seite meine Persönlichkeit zu entwickeln. Die Gründe dafür liegen auf der Hand...«

Habe ich die Ursachen für diese Trennung vielleicht deshalb vergeblich herauszufinden versucht, weil ich nicht begriff, was Carmen unter Persönlichkeitsentwicklung versteht?

Wollte sie sich zu einer von mir jahrzehntelang versorgten Ehefrau entwickeln, für die ich nach dem neuen Eherecht auch dann noch zu sorgen hätte, wenn sie mit unseren Kindern zum Beispiel nach Afghanistan übersiedeln und mich allein lassen würde?

Für ein neues Bewußtsein des Mannes:

*Wir müssen lernen, daß Heirat und Vaterschaft im Falle einer Ehescheidung für uns erhebliche finanzielle Verpflichtungen, aber keinerlei Rechte nach sich ziehen.*

## 9. Gesprächsprotokoll Hubert O.:

*»Im Prinzip bin ich froh, daß es vorbei ist . . .«*
(Werkzeugmacher Hubert O., 35 Jahre alt)

Das Gespräch fand im Frühsommer 1979 in meiner Wohnung statt. Ich kenne Hubert O. seit etwa 15 Jahren. Damals meldete er sich auf eine Zeitungsanzeige, mit der ich einen Tischler gesucht hatte, der mir einige Möbel anfertigen konnte. Nach der Trennung von seiner Frau suchte er mich auf, um mich davon zu überzeugen, daß man eine Serie aufklärender Zeitungsartikel oder ein Buch über Transzendentale Meditation schreiben müsse, die sich immer häufiger als zerstörend für den Meditierenden und seine Familie erweise. Ich sollte ihm entweder einen Journalisten nennen, dem er sein Material über Meditationsgruppen zugänglich machen könne, oder aber selber ein solches Buch schreiben. Ich gab ihm die Anschrift eines Journalisten, der sich für sein Material möglicherweise interessieren konnte, erzählte ihm vom Projekt des vorliegenden Buches. Hubert schlug mir vor, ihn seine Geschicht auch erzählen zu lassen, er wolle das Buch dann später mal seinen Kindern schenken, wenn sie ihn fragen würden, weshalb es zur Scheidung gekommen sei.

KÖRNER Du willst von deiner Scheidung erzählen. Am besten, du fängst mit deiner Heirat an! Wann hast du eigentlich geheiratet?
HUBERT Vor sechs Jahren! Also 1973. Ich habe mit meiner Frau vorher schon fünf Jahre zusammengelebt, sehr locker und unbefangen, und dann haben wir geheiratet und ein richtig gutes Eheleben geführt. Da haben wir beide dran geglaubt!
KÖRNER Wie alt war deine Frau, als ihr heiratetet?
HUBERT Dreiundzwanzig, vierundzwanzig. Wir wollten heiraten, und wir wollten Kinder haben, wenn man dann schon so lange zusammen wohnt und zusammen lebt, entschließt man sich, zu heiraten. Wir haben dann auch sofort das erste Kind gemacht und bekommen.
KÖRNER Ihr habt also nicht geheiratet, weil das Kind unterwegs war . . .
HUBERT Nein! Es hätte zwar so aussehen können, aber wir hatten uns schon entschlossen. Kurz nachdem wir den Entschluß

zur Heirat gefaßt hatten, haben wir dann festgestellt, daß meine Frau schwanger war. Aber wir haben nicht aufgrund des Kindes geheiratet. Wir wollten heiraten.

KÖRNER Was hat deine Frau beruflich gemacht?

HUBERT Meine Frau war immer schon im Krankenhaus. Erst als Sekretärin, später dann als Verwaltungsangestellte.

KÖRNER Du bist gelernter Tischler?

HUBERT Nein! Ich bin gelernter Werkzeugmacher. Ich bin aber dann immer mehr auf Schreinerarbeiten umgestiegen. Da habe ich keinen Chef, und es macht mir einfach mehr Spaß.

KÖRNER Du bist nirgends angestellt?

HUBERT Nein! Ich mache Ladenausbauten und stelle Möbel her. Bücherregale oder andere Holzarbeiten, wie es sich immer ergibt.

KÖRNER Die Aufträge bekommst du durch Zeitungsanzeigen?

HUBERT Durch Anzeigen oder durch Empfehlung. Das meiste kommt durch Empfehlung. Wenn du gute Arbeit machst, das spricht sich herum.

KÖRNER Deine Ehe ...

HUBERT Aus und vorbei. Du, ich habe es nicht gewollt, und ich habe bis zuletzt gekämpft, man will ja die Familie zusammenhalten, aber jetzt ist alles im Arsch. Irgendwie fing alles damit an, daß wir zu meditieren begannen. Transzendentale Meditation. Wir machten Einführungskurse mit, wir kamen sehr gut damit klar, aber die Meditation ... die Meditation und die Krankheit haben meine Ehe geschafft. Ich wurde plötzlich sehr krank ...

KÖRNER Wann wurdest du krank?

HUBERT Vor fast genau zwei Jahren.

KÖRNER Ihr hattet das Kind ...

HUBERT Wir hatten zwei Kinder! Auch das zweite Kind war ein Wunschkind, ja, unser zweites Kind ist jetzt auch schon drei Jahre alt ... Ja, durch die Krankheit wurde ich teilweise sehr unangenehm, körperlich sehr schlaff, geistig war ich auch nicht ganz dabei ...

KÖRNER Was war das für eine Krankheit?

HUBERT Schilddrüsen! Und Stoffwechselkrankheiten schlagen immer auch auf den Kopf. Ich wurde sehr aggressiv, und ich verlor mein Selbstbewußtsein, ja, das kam alles zusammen. Das dauerte ziemlich lange, ich konnte kaum noch arbeiten. Ich habe nur noch ein bißchen gemacht ...

KÖRNER Wovon habt ihr da gelebt?

HUBERT Hauptsächlich vom Einkommen meiner Frau. Ich habe in der Zeit, ich hab' in den eineinhalb Jahren vielleicht sechstausend Mark verdient. Ziemlich viel Geld, wenn man bedenkt, daß ich kaum noch etwas machen konnte. Dann wurde das mit den Meditationskursen ... ja, das nahm plötzlich überhand ... Schließlich kam meine Frau von einem Meditationskurs zurück und meinte, sie hätte jetzt das kosmische Bewußtsein ...

KÖRNER Was ist das?

HUBERT Das entspricht etwa der Heiligkeit. Sie glaubte, sie wäre jetzt eine Heilige ... sie meinte jetzt, daß sie bei allem absolut richtig handeln würde ...

KÖRNER Schlief die Heilige noch mit ihrem Mann?

HUBERT Ja, das war noch im Ansatz vorhanden. Das ließ dann nach, das fiel dann auch in die Zeit, wo sie ihren Freund kennenlernte ... Er war ein angehender Meditationslehrer ... Kennengelernt hat sie ihn, als ich auf einem anderen Meditationskurs war ... am Anfang war da nichts Ernstes, aber dann, im Meditations-Center, da lernten die beiden sich etwas näher kennen. Ja. Ich wurde wieder gesund und freundlicher, und in dieser Zeit kam es dann zum Bruch. Sie verhielt sich seltsam, ich merkte wohl, daß sie verliebt war, andererseits war ich noch immer nicht wieder richtig stabil, unsicher irgendwo, und dann hat mich das ziemlich stark getroffen. Da kam es dann auch zu einigen Exzessen meinerseits ...

KÖRNER Was für Exzesse?

HUBERT Ich hab' ihr den Arsch versohlt. Das war für mich sehr unangenehm ...

KÖRNER Weshalb hast du deine Frau geschlagen? Wie kommt es zu so was?

HUBERT Das war einfach Verzweiflung. Irgendwo ... ich wollte die Familie zusammenhalten, egal wie. Ich wollte meine Frau, ja, wie ich dachte, irgendwo zur Vernunft bringen. Das war natürlich auf dem Wege nicht möglich. Das war dann, ja, meine Frau meinte eben, sie würde in jeder Hinsicht richtig handeln, und das Verhältnis wurde dann auch sehr beschissen. Sie fing an zu lügen und zu betrügen, überall war nur noch Unehrlichkeit. Wenn manchmal noch irgendwo Vertrautheit da war und ich habe sie darauf aufmerksam gemacht, daß wir uns eben doch noch verstehen, dann wurde diese Vertrautheit am nächsten Tag abgestellt.

KÖRNER Auf welche Weise abgestellt?

HUBERT Sie gab sich dann sofort anders! Zum Beispiel, wenn

wir uns sahen, dann haben wir uns in den Arm genommen, und die alte Vertrautheit war wieder da, das hab' ich ihr einmal gesagt, weil sie immer meinte, da wäre nichts mehr zwischen uns, und von Stund an war das vorbei, da durfte ich sie nicht mehr anfassen. Da wurde in jeder Beziehung total abgeblockt. Mein Verhalten war total falsch. Ich habe immer wieder versucht, die Sache zusammenzukriegen und alles zu reparieren, ich bin sehr eifersüchtig geworden. Die Eifersucht, die Eifersucht hat mich fast zerfressen und meinen Geist noch stärker umnebelt, als das schon war...

KÖRNER Hältst du Eifersucht für etwas Unnatürliches?

HUBERT Unnatürlich weiß ich nicht. Auf jeden Fall sehr zerstörerisch, vor allem, wenn man nicht handeln kann. Ich hätte zu diesem Zeitpunkt einfach gehen sollen. Das wäre vielleicht ganz gut gewesen. Auf jeden Fall habe ich das nicht gemacht, und das Ganze wurde unerträglich. Vor allem, weil meine Frau sehr zielbewußt handelte. Sie stritt ja bis zuletzt noch ab, das Ganze wegen eines anderen Mannes zu machen. Unser Verhältnis sei schon immer kaputt gewesen, hieß es, und da wurden Sachen wieder aufgewärmt, nur alles Negative, Geschichten, die fünf Jahre zurück lagen oder noch älter waren. Ich meine, als Heilige hätte sie das alles sehr positiv sehen müssen, da sieht man angeblich alles positiv, aber sie war nicht in der Lage, bei mir auch nur einen einzigen positiven Zug zu sehen. Das war ein fürchterliches halbes Jahr! Ich war schließlich so weit, daß ich ihrem Freund Mord angedroht habe, du, ich war teilweise drauf und dran, ich wollte den Hammer nehmen und diesen Typ einfach umbringen...

KÖRNER Was ist das für ein Mann?

HUBERT Ich weiß nicht genau. Zuletzt war er Fensterputzer und angehender Meditationslehrer. Vierundzwanzig, vielleicht fünfundzwanzig Jahre alt. Ja. Man versucht ja immer, das wegen der Kinder noch aufrechtzuerhalten. Ich war schon soweit, wenn sie den anderen eben unbedingt brauchte, dann konnte ich nichts daran ändern. Aber es ging einfach nicht, sie wollte nicht mehr. Nach einem halben Jahr kam dann langsam der Ausklang. Da haben wir uns noch mal über alles unterhalten, und ich wollte schon ausziehen, das war schon irgendwie klar, aber als sie dann am nächsten Morgen als erstes fragte: »Wann ziehst du denn jetzt aus?«, das hat mich furchtbar getroffen. Da kam es noch zu einem sehr häßlichen Auftritt. Ich mußte zu ihr ins Krankenhaus, ich habe sie am Arbeitsplatz aufsuchen müssen, ich hatte meine

Wohnungsschlüssel bei einem Kunden liegenlassen und konnte da nicht ran, ja, ich hatte sie im Krankenhaus angerufen und sie gebeten, sie soll die Schlüssel rausbringen, da wäre die ganze Sache harmlos verlaufen, aber da mußte ich reingehen, in das Büro, wo sie saß, und da schlug mir eine solche Eiseskälte entgegen, ich wurde von ihr behandelt, als wenn wir uns noch nie gesehen hätten, als wenn ich ein unangenehmer Fremder wäre, ich habe versucht, auf sie beschwörend einzureden, wenigstens wie einen Bekannten oder Freund sollte sie mich doch behandeln können, aber da schrie sie um Hilfe, weißt du, ich hab' nur mit ihr geredet, und sie schrie um Hilfe, und da hat es bei mir ausgehakt...

KÖRNER Was meinst du damit?

HUBERT Ich hab' ihr eine getafelt, du, ich wollte das wirklich nicht, aber ich traf sie so unglücklich, da war ihr Nasenbein zerschmettert, ja, da habe ich eingesehen, daß das alles untragbar war, und bin ganz schnell ausgezogen. Ich hatte ja ein bißchen Zeit, wegen dem Nasenbein, ja, sie mußte im Krankenhaus bleiben, und da hab' ich durch einen Makler eine Wohnung für mich gesucht und bin ausgezogen. Das Härteste an der ganzen Sache ist die Sache mit den Kindern. Da ist sie von Anfang an nicht kompromißbereit gewesen und will alles nur durch das Gericht entscheiden lassen. Genau wie in der letzten Zeit zwischen uns, sie denkt gar nicht daran, daß sie auch mal was falsch machen könnte.

KÖRNER Wer hat die Scheidungsklage eingereicht?

HUBERT Meine Frau! Unsere Ehe wäre zerrüttet, und die Sache mit dem Nasenbein, das wäre die Härte. Manchmal glaub' ich, die hat das extra provoziert, damit es schnell zur Scheidung kommt...

KÖRNER Und ihr seid inzwischen geschieden?

HUBERT Nein, das gibt Schwierigkeiten mit dem Sorgerecht. Ich hatte das Sorgerecht für die Kinder auch beantragt, wegen der Meditation, die Kinder sollen doch in normalen Verhältnissen aufwachsen, aber in letzter Zeit sieht es so aus, als ob sie sich von der Meditation zurückgezogen hätte mit ihrem Typen, der jetzt in der Wohnung lebt, ja, und da will ich ihr das Sorgerecht lassen, weil sie ja mit den Kindern gut klarkommt und ihnen eine gute Mutter ist. Ich habe ihr angeboten, auch für sie Unterhalt zu zahlen, aber sie will nichts, bloß für die Kinder, aber da passieren Sachen, mit dem Sozialamt, ich hab' ihr Geld dagelassen, und da geht sie zum Sozialamt und gibt an, sie hätte von mir nie einen

Pfennig bekommen, sie geht zum Sozialamt, ohne mich zu fragen, ob ich ihr was gebe, es ist scheußlich. Wenn ich daran denke, wie alles am Anfang war ...

KÖRNER Wo hast du deine Frau kennengelernt?

HUBERT Im Jazzklub! – Vor allem, weißt du, alle hielten unsere Ehe für unzerstörbar. Jetzt sind alle schockiert. »Was denn, ihr?« sagen sie, wenn ich sage, daß wir nicht mehr zusammen sind. »Nein, das ist doch nicht möglich!« Das ging ja auch jahrelang sehr gut. Unsere Kinder ...

KÖRNER Wie alt sind die Kinder jetzt?

HUBERT Drei und fünf Jahre! Wir sind prima mit allem fertig geworden. Wir haben alles halbe-halbe gemacht. Auch mit der Arbeit. Sie hat vormittags halbtags gearbeitet und ich nachmittags halbtags. Hinterher, als es nicht mehr klappte, da warf sie mir vor, ich hätte nie gearbeitet. Ich hab' immer gearbeitet. Nur in der Zeit, wo ich krank war, ich konnte nicht arbeiten, ich hab' es immer wieder versucht und was gemacht, aber ich war danach immer total erledigt. Einmal hab' ich trotz der Krankheit einen Auftrag durchgezogen und hab' drei Wochen ums Verrecken geschuftet, dabei hab' ich mir den Finger angesägt. Ich war total im Eimer. Das hatte gar keinen Sinn. Ich war zu dem Zeitpunkt wirklich auf Null, und sie hat mich, ja, sie hat mich ein ganzes Jahr lang unheimlich unterstützt, und für sie war die Zeit auch unheimlich hart, weil ich eben sehr aggressiv war. Ich hab' mich über jeden Dreck aufgeregt ... Ich denk' dauernd darüber nach, wie das dazu kommen konnte, daß praktisch ... praktisch haben wir doch alles versaut, die Familie und so, das ist doch alles im Eimer. Ich glaub', das lag an der Meditation. Die erzählen den Leuten, erfüllt euch eure Wünsche, und wenn es irgendwie unangenehm ist, dann ist das nicht gut und ihr müßt das ändern ... da werden so viele Aspekte reingebracht ... das ist von der Meditation, das ist alles nicht in bezug auf die Ehe gemeint, aber das wird dann so aufgefaßt, und meine Frau, die Uschi, konnte das doch alles nur so konsequent durchziehen, weil sie eben die passende Theorie dazu hatte. Die hatte gar nicht den Gedanken, daß etwas falsch sein konnte, was sie machte. Die größten Veränderungen sind bei ihr eingetreten, wenn sie von einem Kurs kam. Diese zwei Wochen auf dem Siddhi-Kurs, als sie da wieder zurück war, die Absolventen dieses Kurses nennen sich ja schon Siddha, und Siddha heißt Vollkommener, aber wenn man da dahinter guckt, die werden kaputtgemacht auf diesen Kursen, wenn die zurückkommen, die passen nicht mehr in die Wirklichkeit. Wenn ich die Uschi, also so, wie sie zuletzt war, wenn ich die Uschi mit der Frau vergleiche, die ich geheiratet habe, ich habe so viel Illusionen mit in die Ehe gebracht, das stimmt nachher alles nicht.

KÖRNER War das deine erste richtige Beziehung, ich meine, mit der Uschi?

HUBERT Nein! Aber irgendwie doch! Vorher, das waren meist so kurzfristige Sachen. Nein, Uschi, das war schon meine erste längere Beziehung. Das kann man so sagen. Jetzt, das ist natürlich hart. Das waren zehn Jahre meines Lebens, und was davon bleibt, eigentlich nichts. Das letzte halbe Jahr, das war fürchterlich. Am schlimmsten ist es mit den Kindern, weil die einem richtig ans Herz wachsen. Gott sei Dank kann ich sie jede Woche sehen. Das geht noch. Aber der Auszug, die erste Zeit, das ging noch, weil alles mit viel Aktivität verbunden war. Ich mußte mich um die neue Wohnung für mich kümmern, da holt man sich ganz früh am Morgen die Zeitung und geht Wohnungen angukken, und man steht bei den Maklern auf der Matte; ich war in einem Gefühlszustand, der fast an Wahnsinn grenzte. Aber durch die Aktivitäten ging das. Ich mußte auch arbeiten, ich habe Tag und Nacht Aufträge durchgezogen, weil ich den Schotter brauchte. Zum Glück hatte ich einen Kumpel, der mit mir zusammenarbeitete. Der hat mir sehr viel geholfen. Der hat mich morgens aus dem Bett geholt, wenn ich liegenbleiben wollte. Morgens war es besonders schlimm. Da war mir alles manchmal völlig egal. Drei Wochen nach dem Auszug war ich völlig auf Null. Da wußte ich nicht mehr, was lief. Da bin ich ausgegangen und hab' gesoffen wie ein Schwein, ich wußte mit mir nichts anzufangen. Ich war ziemlich im Arsch. Aber dann, vielleicht auch, mir fiel damals gute Literatur in die Hände...

KÖRNER Was für Bücher?

HUBERT Warte, was war das? – Na, zum Beispiel »Die Lehren der Meister im fernen Osten«, das geht zwar auch in die Richtung wie die Meditation, aber es hat mir geholfen. Ich habe ja sehr starke Haß- und Eifersuchtsgefühle gehabt. Das war eigentlich die wirkliche Hölle. Das hat mich fast zerstört. Das habe ich auch gemerkt. Und dann fielen mir diese Sachen in die Hände, da standen da Sachen drin, daß eben jeder Mensch irgendwo vollkommen ist. Irgendwo in seinem Inneren ist er vollkommen, auch wenn er das noch nicht verwirklicht hat. Da steht drin, daß man den anderen auch so sehen kann. Sich selbst, das ist wichtig, und auch den anderen. Und daß man negative Gefühle und

Gedanken fallenlassen kann. Nicht abwehren, nicht verdrängen, einfach fallenlassen. Der Druck am Anfang, das war bei mir sehr stark, das hat mich fast wahnsinnig gemacht. Aber als ich das begriffen hatte, den Haß und die Eifersucht überwinden, da ging es für mich wieder bergauf. Ich habe den Haß und die Eifersucht abgebaut, da ging es wieder.
KÖRNER Wie macht man das, den Haß abbauen?
HUBERT Ich habe die negativen Gefühle fallenlassen, um wieder positiv von meiner Frau zu denken. Ich hab' mich bemüht, nicht mehr die ganzen Fehler und Schlechtigkeiten zu sehen, wie ich das vorher gesehen hab', sondern sie positiver zu sehen. In dem Maße, wie ich positiver von ihr dachte, ließen auch diese zerstörenden Gefühle nach. Und wenn diese Haßgefühle wiederkamen, dann hab' ich mich eben bemüht, sie einfach zu überwinden. Von da an ging es wieder schnell bergauf. Ich meine, es ist heute ca. vier Monate her, vier oder fünf Monate, dafür bin ich ziemlich weit. Ich bin froh, daß es so, wie es war, beendet ist. Dadurch, daß das letzte halbe Jahr so schlimm war, bin ich natürlich froh, daß ich aus dieser Situation rausgekommen bin. Manchmal denk' ich natürlich noch, was für eine Scheiße, daß wir das nicht retten konnten, aber im Prinzip bin ich froh, daß es vorbei ist. Ich habe wieder angefangen zu leben, das Arbeiten macht mir wieder Spaß, ich habe auch wieder viele Bekannte. Ich meine, weil ich ja schon längere Zeit aufgehört hatte zu meditieren, wir hatten ja, meine Frau und ich, wir hatten nur Freunde und Bekannte, die meditierten. Als ich aufhörte zu meditieren, stand ich vor dem Nichts. Der einzige Mensch, zu dem ich noch Beziehungen hatte, das war der Kumpel, mit dem ich zusammenarbeitete. Sonst hatte ich keinen Menschen mehr. Nach der Trennung von meiner Frau änderte sich das ziemlich schnell. Ich habe jetzt wieder viele Bekannte, Freunde will ich nicht sagen, aber gute Bekannte, und das Leben macht mir an sich wieder Spaß. Ich habe meine Wohnung ...
KÖRNER Was für eine Wohnung?
HUBERT Ein Apartment. Ein großes Zimmer, Küche, Bad und WC. An sich ganz gut.
KÖRNER Was für Vorstellungen hast du von deiner Zukunft?
HUBERT Meinst du mit Frauen? – An sich komme ich mit Frauen wieder gut klar. Ich glaub' auch, daß ich wieder mit einer Frau zusammenkommen werde, aber ich meine, irgendwie müßte das schon eine richtige Partnerschaft sein. Irgendwie bin ich auch vorsichtig. Zum Beispiel, daß ich nicht nur des Bumsens

wegen eine Frau mitnehme oder so, meistens läuft das so, daß ich eine Frau kennenlerne und wir uns gut unterhalten. So das Anmachen, das kann ich nicht und das will ich auch nicht. Wenn man sich normal unterhält, da merkt man sowieso, ob da was werden könnte oder nicht. Da rückt das Bumsen sowieso in den Hintergrund, weil ich das eher als gefährlich ansehe. Außerdem macht es mir nicht viel aus, nicht zu bumsen. In den ersten Wochen war das sehr schlimm. Da war ich dauernd auf der Suche nach einer Frau. Aber das ließ dann ziemlich nach. Ich war natürlich auch sehr verkrampft. Wenn man eine Frau sucht, weil man dringend eine braucht, das klappt dann alles nicht. Man ist viel zu sehr verkrampft. Wenn man dringend eine Frau sucht, das ist, als ob man aussätzig wäre, da gehen wahrscheinlich Vibrationen von einem aus, man macht einfach nichts an. Es ist ja auch umgekehrt so. Wenn eine Frau zu sehr hinter einem her ist, da sucht man sofort Abstand. Augenblicklich habe ich eine gute Beziehung zu Frauen, obwohl da wenig abläuft. Aber da leg' ich es auch nicht drauf an. Ich kann ganz gut ohne Frau leben. Zwischendurch hatte ich sogar schon wieder eine Beziehung von drei Wochen, die leider wieder unterbrochen wurde...

KÖRNER Wodurch?

HUBERT Die Frau mußte beruflich vier Wochen wegfahren, und als sie zurück war, da war nichts mehr. Da lief das irgendwo aus. Ganz leicht und locker. Ich glaube, wenn man so was mal durchgemacht hat, danach ist alles ziemlich anders. Da haut einen so was nicht mehr so leicht um. Diese Beziehung, es war sehr schön in dieser kurzen Zeit, und es hat auch mein Selbstwertgefühl wieder gesteigert. An sich war das sehr gut. Das war auch nicht schlimm, als es wieder aus war. Nur wenn es so lange dauert, sechs Jahre, wie meine Ehe, da komme ich über so was nur schwer hinweg. Ich hab' viel aus meiner Ehe gelernt. Zum Teil, ja, zum Teil ist unsere Beziehung auch daran gescheitert, daß wir nicht offen genug zueinander waren. Vielleicht war ich auch bloß nicht offen genug. Ich weiß es nicht, ich war früher ganz schön zu. Ein bißchen verklemmt, weißt du, dem anderen was vormachen, und wenn man so eine Beziehung erst einmal so anfängt, da kommt man schlecht wieder raus.

KÖRNER Hast du dich bemüht, deiner Frau was vorzuspielen?

HUBERT Natürlich! Ich hab' den dicken Max markiert. Und wenn man sich von Anfang an so gibt, wie man ist, da wird man vielleicht nicht so schnell eine Beziehung bekommen, aber wenn man eine Beziehung hat, weiß der andere sofort, wo er dran ist.

Die Beziehung kann dann gut werden. Anders hält einen der andere für einen ganz anderen Partner, als man ist, weil man irgendwas vortäuscht. Wenn man offen und ehrlich ist, dann findet man nicht so schnell eine Beziehung, aber wenn man jemanden findet, dann hat das mehr Bestand. Ich bin da sehr hoffnungsvoll, obwohl ich es nicht drauf anlege, jetzt um jeden Preis eine neue Beziehung zu finden.

KÖRNER Bist du doch enttäuscht, sozusagen ein gebranntes Kind?

HUBERT Die ganze Geschichte war für mich sehr lehrreich. Ich habe über Beziehungen unheimlich viel gelernt und über mich. Vor allem hab' ich die Hölle in mir kennengelernt. Das ist ziemlich viel wert. Ich hoffe, daß ich in so eine Situation nie mehr kommen werde. Verstehst du, ich hab' in dieser Zeit an Mord gedacht. Ich hatte schon einen schönen Beitel, die Dinger sind sehr scharf, in meine Tasche gesteckt, um den Kerl umzubringen, aber ich hab' ihn dann wieder weggelegt. Ich hab' im letzten Moment gedacht, also so was kannst du nicht machen. Aber ich war kurz davor. Zumindest hab' ich einen Mord ernsthaft in Erwägung gezogen. Mir ging es zu der Zeit sehr schlecht. Eifersucht ist die Hölle. Sie zerfrißt einen total. Die Eifersucht hat mich fast ins Irrenhaus gebracht.

KÖRNER Was hast du empfunden?

HUBERT Nichts als Haß!

KÖRNER Auf deine Frau?

HUBERT Mehr auf den Typen. Der hat sie irgendwie, wie soll ich sagen, ja, der hat sie im Kopf durcheinandergebracht. Der hat sie aufgehetzt. Ich würde nicht regelmäßig arbeiten und nicht für die Familie sorgen; ich konnte doch nicht, ich war doch krank. Aber in der Zeit, ich kam mir wie der letzte Scheißtyp vor. Sonst hätte sie mir den anderen ja nicht vorgezogen. Ich war kurz vor der Klapsmühle. Das Besitzenwollen ist das A und O des Unglücks. Ich meine, an sich fängt ein Verhältnis an, krank zu werden, wenn einer den anderen besitzen will. Wenn das anfängt, ist es gesünder, wenn das Verhältnis zu Ende geht. Wenn einer vom anderen zuviel will, dann ist das nicht mehr so locker. Da will man den anderen besitzen, dann stellt man gewisse Ansprüche an ihn, der andere erfüllt sie nicht, und es gibt Schwierigkeiten. Ideal wäre es natürlich, wenn beide in ihren Ansichten übereinstimmen. Dann kann jeder den anderen so nehmen, wie er ist. Das einzig Vernünftige wäre gewesen, sie einfach zu dem anderen Typen gehenzulassen. Aber ich war zu diesem Zeitpunkt so

angeschlagen, ich war gar nicht in der Lage zu reagieren. Komisch ist bloß, durch diesen Schock bin ich gesund geworden. Meine Schilddrüsenwerte waren noch immer nicht normal, ich mußte noch Pillen nehmen, aber durch den Schock, durch die Trennung bin ich gesund geworden. Kurz nach der Trennung bin ich zum Arzt gegangen, er wollte es gar nicht glauben und hat die Untersuchung noch mal gemacht, aber die Werte waren plötzlich wieder normal. Ich konnte von einem Tag auf den anderen wieder arbeiten, ich war wieder voll leistungsfähig. Vorher war das so schlimm, meine Werte lagen vierfach über den Normalwerten. Ich mußte dauernd ins Krankenhaus. Wenn es gegangen wäre, hätten sie mich operiert. Aber ich war viel zu kaputt für eine Operation. Ich hatte einen Pulsschlag von 160, einen Blutdruck von 200, totale Schilddrüsenüberfunktion. Ja. Vor allem habe ich eins bei der Sache gelernt: man kann nichts erzwingen. Vor allem nicht Liebe.
KÖRNER Meinst du, deine Frau hat dich nie geliebt?
HUBERT Natürlich, am Anfang hat sie mich sehr geliebt. Klar hat sie mich geliebt. Sogar sehr lange. Aber sie meint, mit der Zeit, mit der Zeit ist das eben kaputtgegangen. Sie sagt, als sie mich heiratete, hätte sie mich schon nicht mehr geliebt.
KÖRNER Weshalb hat sie dich dann geheiratet?
HUBERT Weiß ich auch nicht! Danach haben wir ja noch ein Kind gekriegt, und das war auch ein Wunschkind. Ich meine, ein Wunschkind machst du ja nicht, wenn du nicht mehr liebst. Das ist das Gemeinste, sie will mir auch noch die Vergangenheit klauen. Wenn ich sagte, es gab doch auch schöne Stunden in unserer Ehe, dann sagte sie, sie kann sich nicht daran erinnern. Von Anfang an war alles nur Scheiße. Das kam auch dadurch, daß meine Frau dauernd von einer ihrer Freundinnen angerufen wurde. Die hatte einen Typ, der war so, wie ich früher mal war, und meine Frau sollte der Freundin immer einen Kommentar dazu abgeben, was da drüben ablief. Bei dieser Freundin meiner Frau, da ist in demselben halben Jahr die Beziehung kaputtgegangen wie bei mir. Die beiden haben sich gegenseitig hochgeschaukelt. Aber ich weiß nicht einmal, ob ich meiner Frau überhaupt Vorwürfe machen kann. Ich war, diese Krankheit macht einen richtig ekelhaft. Aber trotzdem, was ich nicht verstehe, ist die Gewissenlosigkeit meiner Frau ...
KÖRNER Was meinst du damit?
HUBERT Verantwortung für die Familie. Als alles auseinanderging, da sagte sie, wenn es nicht geht, dann geht es eben nicht, die

Kinder kommen ja wieder in eine Familie, die kriegen ja einen neuen Vater, sozusagen, daß ich als Vater total ersetzbar wäre, austauschbar, das hat mich sehr getroffen. Weil ich zu meinen Kindern ein sehr gutes Verhältnis hatte, auch noch habe. Das war unheimlich gut.

KÖRNER Wie oft siehst du deine Kinder?

HUBERT Jetzt einmal in der Woche! Aber wenn das durch das Gericht endgültig entschieden ist, dann wird es höchstens zweimal im Monat sein. Das ist schlimm, es läßt sich bei meiner Frau nichts mehr ohne Gericht regeln. Ich kann nicht mal mehr mit ihr sprechen.

KÖRNER Hast du es versucht?

HUBERT Ich hab' mal bei ihr im Krankenhaus angerufen. Sie hat gesagt, sie hat keine Zeit, und dann hat sie den Hörer aufgelegt. Ich wollte nur fragen, ob ich die Kinder an diesem Tag sehen könnte. Du, es lohnt sich nicht, ich werde da nicht mehr anrufen. Es fällt mir auch nicht mehr schwer. Es ist ein Witz. Meine Frau sagte, daß sie mich überhaupt nicht haßt, weil sie ja das kosmische Bewußtsein hat, aber alle ihre Handlungen, das ist nur Haß. Aber das gibt sie nicht zu. Sie denkt wahrscheinlich, ja, wenn sie mich haßt, dann kann sie mich auch noch lieben. Deshalb sagt sie, sie haßt mich nicht. Aber die Sachen laufen alle so eiskalt ab, das kann nur Haß sein. Das ist ganz schön komisch, du hältst die Ehe für was Totales, wir haben so viele Beziehungen kaputtgehen sehen, wir kamen immer so gut miteinander klar, daß uns die Leute beneidet haben. So eine Ehe möchten wir auch führen, haben sie immer gesagt, vor allem andere Frauen, du, vor einem Jahr hab' ich nicht im entferntesten gedacht, daß ich jetzt vor den Trümmern meiner Ehe stehen wurde. Ich denke immer wieder darüber nach. Ich war nicht offen genug, ich hab' mich nicht so gegeben, wie ich war. Aber vor allem spielt natürlich die Schilddrüsenkrankheit eine Rolle. Dadurch wurde ich unerträglich. Nicht nur für meine Frau, sondern auch für andere.

KÖRNER Wenn deine Frau krank geworden und unerträglich geworden wäre, wärst du gegangen?

HUBERT Bin ich nicht! Nach dem ersten Kind, da hatte sie eine Macke. Angst vor Autos und vor jedem Fremden, richtig Depressionen. Da hab' ich zu ihr gestanden, weißt du, ich bin nicht mal fremdgegangen. Für mich ist die Ehe nicht nur für die guten Tage...

KÖRNER Weißt du jetzt noch, wie es deiner Frau geht?

HUBERT Ich hab' von Bekannten gehört, daß der andere Typ bei ihr eingezogen ist. Richtig mit Mietvertrag. Die wollen auch heiraten. Als ich das hörte, ging es mir noch mal sehr dreckig. Da hätte ich mich fast umgebracht. Aber es bringt nichts. Heute sage ich eben, daß ich viel gelernt hab'. Liebe, ja, es gibt einmal eine Liebe, die besitzen will, und einmal eine selbstlose Liebe. Mit der selbstlosen Liebe kann man natürlich alles umfassen. Da wird das Bewußtsein nicht eingeschränkt. Wenn man die Liebe auf alles verteilt, dann kann man lieben. Auch den einzelnen Menschen kann man lieben. Aber eben ohne Besitzansprüche.

KÖRNER Eine Liebe also, die nichts zurückhaben will?

HUBERT Irgendwo ja! Aber das heißt nicht, daß man nichts zurückbekommt, wenn man so liebt. Diese Liebe, die nichts will, ist für mich jetzt die beste Art der Liebe. Weil sie viel umfassender ist. Durch den Besitzanspruch wird jede Liebe verunreinigt.

KÖRNER Liebe also nicht als Tauschbeziehung?

HUBERT Ja. Aber wenn man vom anderen nichts erwartet, bekommt man bestimmt was.

KÖRNER Empfindest du diese Art von Liebe jetzt für deine Frau?

HUBERT Ich bemühe mich darum. Aber es ist sehr schwer. Wenn jemand Lügen erzählt, um dir zu schaden, wenn man dich reinreißen will ...

KÖRNER Was für Lügen?

HUBERT Beim Sozialamt. Sie sagt, ich geb' ihr nicht genug Geld!

KÖRNER Was gibst du ihr?

HUBERT Wie ich gerade Geld habe, mal hundert Mark und mal zweihundert Mark, wie ich eben kann, was ich gerade verdienen kann.

KÖRNER Was verdienst du?

HUBERT Das ist unterschiedlich. Wie ich eben so Aufträge habe. Mal viel und mal wenig.

KÖRNER Wie viel oder wie wenig?

HUBERT Weiß ich nicht! Mal tausend Mark oder mal zweitausend, wie es eben so kommt!

KÖRNER Machst du keine Steuererklärung fürs Finanzamt?

HUBERT Nein. Hab' ich noch nie gemacht, ich arbeite so für mich, da hat niemand was mit zu tun. Nur der Kunde und ich. Und mein Kollege. Wenn wir was zusammen machen, dann teilen wir das Geld natürlich.

KÖRNER Meinst du, daß deine Frau von dem Geld zwei Kinder ernähren kann?

HUBERT Ich gebe ihr doch Geld. Und mehr, als ich verdienen kann, ich muß doch auch leben. Mehr, als ich habe, kann ich ihr nicht geben. Es sind auch ihre Kinder.
KÖRNER Vom Gericht hast du noch nichts? Ich meine, ein Unterhaltsurteil?
HUBERT Das läuft alles noch. Vom Sozialamt hab' ich eine Aufforderung. Aber ich kann nur zahlen, was ich kann. Als wir noch zusammen wohnten sagte sie mal, sie würde mich pfänden lassen. Ich meine, also, das geht bei mir gar nicht. Ich hab' mal den Kunden, für den ich was mache, und mal einen anderen, ich werde ihr das Geld freiwillig zahlen, das ich zahlen muß, das ist doch selbstverständlich, aber zwingen kann sie mich nicht.
KÖRNER Hast du einen Anwalt?
HUBERT Nein! Ich kämpfe doch nicht gegen sie! Am Anfang, da habe ich um die Familie gekämpft. Aber jetzt, ich mach' da nichts mehr. Ich will endlich meine innere Ruhe haben, weißt du, ich will nicht kämpfen und hassen, seitdem ich nicht mehr kämpfe und hasse, geht es mir gut. Ich sage mir heute, ich bin durch die Hölle gegangen und wäre fast wahnsinnig geworden, aber heute, so, wie ich jetzt alles sehe, im Prinzip bin ich froh, daß es vorbei ist. Noch mal, also noch mal wird mir das nicht passieren.
KÖRNER Würdest du noch mal heiraten?
HUBERT Das kann ich nicht sagen. Das kommt auf die Frau an. Aber wenn ich mal wieder heiraten würde, ich würde von der Frau nichts mehr erwarten. Ich muß sie so nehmen, wie sie ist, und sie muß mich ebenso nehmen, wie ich bin, also, man darf sich nichts vormachen. Wenn man sich nichts vormacht, da kann man irgendwo, ja, wir waren ja auch lange glücklich, da kann man schon mit dem anderen irgendwo sehr glücklich sein.

# 10. Männersache

»Ich habe mit meiner Frau fünf Jahre zusammengelebt...«, erzählt Hubert, »dann haben wir geheiratet und ein richtig gutes Eheleben geführt. Da haben wir beide dran geglaubt!«
In der Liebe (oder dem, was wir dafür halten) gibt es nur Einzelfälle! – Das war für mich bis zu der Arbeit an diesem Männerbuch sicher. Wenigstens in diesem persönlichsten, privatesten Bereich sollte der Mensch etwas anderes finden oder gestalten können, als ein in Serie aufgelegtes Produkt industrieller Massenfertigung. Ich habe mich offensichtlich geirrt. Es scheint, als ob es standardisierte Ablaufformen von Ehen und eheähnlichen Beziehungen gäbe, die sich bestenfalls durch das soziale Umfeld geringfügig voneinander unterscheiden.
Eine Frau verläßt ihren Mann, wenn es ihre Interessenlage vorteilhaft erscheinen läßt. Immer ist es ein Stoß in ein labil gewordenes System, der die Trennung auslöst. Mal ist es ein anderer, besser verdienender Mann, mal ist es der Kontakt mit Frauengruppen, mal ist es ein Ehebruch des Mannes, der das Faß einer für die Frau unerträglich gewordenen Beziehung zum Überlaufen bringt. Die Männer fallen aus allen Wolken, können nicht begreifen, daß ihre Frau gehen kann. Wir scheinen Frauen für unbegrenzt belastbar zu halten. Sind wir außerstande, wahrzunehmen, was die Frau neben uns denkt und empfindet?
Für Hubert war seine Welt in Ordnung. Er hat nicht überstürzt im Stadium des Verliebtseins geheiratet, sondern er ist mit einer Frau zum Standesamt gegangen, die er kannte und die ihn kannte. Die Zwänge der Arbeitswelt, für die er zugerichtet war, hat er abgeschüttelt. Er arbeitet für keinen Unternehmer, sondern verdient sein Geld für den Lebensunterhalt auf eigenes Risiko und eigene Rechnung. Als die Eheleute das erste Kind in die Welt setzen, ist es kein Produkt eines Kunstfehlers bei der Empfängnisverhütung, sondern ein Wunschkind beider Eheleute. Die Frau gerät nicht in die viele Frauen abstumpfende Maschine der Nur-Hausfrauen-Existenz, bleibt halbtags im Beruf. Mann und Frau lösen sich bei der Sorge um ihr Kind ab, sie wünschen sich ein zweites Kind. Das zweite Kind wird ihnen geboren. Wieder ein Wunschkind. Und wenn sie nicht gestorben sind, lieben sie sich noch heute; das in unserem Bewußtsein aufgebaute Vexierbild von der romantischen Liebe läßt diesen

Schluß erwarten. Es kommt leider anders. Der Mann erkrankt, wird unfähig, Geld zu verdienen. In Kursen für Transzendentale Meditation baut Ursula, vielleicht zum erstenmal in ihrem Leben, ein eigenes, nicht von ihren Eltern vorgeformtes Bewußtsein auf. Zielstrebig löst sie sich vom kranken Ehemann, alle Appelle, »die Familie nicht zu zerstören«, erweisen sich als vergeblich. Die Frau wendet sich einem anderen Mann zu. Hubert verläßt die eheliche Wohnung, findet schnell zu eigener Unabhängigkeit. Schon ein halbes Jahr nach der Trennung erscheint er stabilisiert. Es sieht so aus, als hätte er zu einer anderen Art des Liebens gefunden.

»Diese Liebe, die nichts will«, sagt er, »ist für mich die beste Art der Liebe. Weil sie viel umfassender ist. Durch den Besitzanspruch wird jede Liebe verunreinigt.« Wenige Monate früher, als er noch den Trennungsschmerz durchlitt, wäre er freilich um ein Haar zum Mörder geworden. Das Mordwerkzeug hatte er sich schon ausgesucht. Wenige Wochen vorher brachte er es noch fertig, seiner Frau das Nasenbein zu zertrümmern. Brutal, gewiß: Ist seine Brutalität etwas anderes als der Gipfel seiner Ohnmacht?

In knapp der Hälfte der Familien in der BRD (10 Millionen) gibt es einmal im Monat Streit, lese ich in einem Familienbericht der Bundesregierung. In 5 Millionen Familien endet er mit einer Prügelei.

Wenn Brutalität der Gipfel der Ohnmacht des Mannes ist: Sind wir Männer nur so lange nicht brutal, wie unsere Macht über Frauen mit anderen Methoden aufrechterhalten werden kann? Was bringt denn einen Mann wie Hubert dazu, der Frau, die ihm zwei Wunschkinder gebar, das Nasenbein zu zertrümmern? Was läßt ihn um ein Haar zum Mörder werden?

Dieses Elend, in das Männer geraten!

Wie war das denn? Da hatten wir erfahren, daß uns Frauen nicht um unserer selbst willen lieben. Da haben wir gelernt, daß wir Geld verdienen mußten, um geliebt zu werden. Da treibt den Mann alles zur Ehe, wird aus dem Ehepaar eine Kleinfamilie.

Die Gefährten meiner Schulzeit, die wie ich glühende Liebesbriefe schrieben, die wie ich Blumen aus Gärten stahlen, um sie der Geliebten zu schenken: Einer nach dem anderen lernte, Geld nicht nur für den eigenen Lebensunterhalt zu verdienen. Einer nach dem anderen absolvierte das Verliebt-Verlobt-Verheiratet unserer Kinderspiele. Einer nach dem anderen wurde irgendwann Vater.

Wenn ich nicht heiratete und keine Kinder zeugte, lag es daran, daß ich als sechzehnjähriger Verwaltungslehrling im Sozialamt und im Jugendamt Tag für Tag das Elend erlebte, in das die Kleinfamilie Männer und Frauen bringt? Lag es daran, daß ich schon mit fünfzehn Jahren erlebt hatte, wie man in den Flüchtlingslagern in Westberlin Männer in Männerschlafsälen isolierte und die Mütter mit ihren Kindern schlafen ließ?
Die Gefährten meiner Schulzeit, einer nach dem anderen wurde Vater.
Wünschten sich diese Männer Kinder? Sagten sie bewußt ja zur Vaterrolle? Unterliefen ihnen ihre Kinder, weil für Männer meiner Generation Empfängnisverhütung Präservativ, Knaus-Ogino, Koitus interruptus oder Patentex bedeutete? Wollten die Männer irgendwann Kinder, um ihre Frau an sich und den Haushalt zu binden? Wollten die Frauen Kinder, weil Mutterinstinkt sie das Kind wünschen ließ? Wollten sie sich gebärend als Frau verwirklichen? Wollten sie die Zwänge des Berufslebens mit der ihnen verlockend erscheinenden Rolle der Hausfrau und Mutter vertauschen?
Was auch immer Männer zu Vätern werden ließ, im Normalfall hatten sie jetzt den Lebensunterhalt nicht nur für sich zu erwerben, sondern für Frau und Kinder. Und wenn Männer in ihren Gesprächen mit anderen Männern nicht lügen, wenn die Betrunkenen in den Kneipen keine Horrorstories zusammenfabulieren: einer nach dem anderen erlebte, wie sich die Frau von ihnen abwandte und dem Kind zuwandte. Gewiß, die Frauen ernährten ihren Ernährer und den Ernährer ihrer Kinder. Sie kochten und wuschen und hielten den Haushalt in Ordnung. Wenn Männer »ihr Recht« wollten, dann erfüllten sie ihre »eheliche Pflicht«. Ihre Frauen wollten keinen Streit, und die Verweigerung der »ehelichen Pflicht« (was für ein Wort!) war und ist ja schließlich ein Scheidungsgrund.
Die Gefährten meiner Schulzeit: Kürzlich, bei einem Klassentreffen sah ich, was aus diesen stolzen und fröhlichen Jungen geworden war.
Peter, der beste Sportler unserer Schule: Hatte er Sport studiert und den Ärmelkanal durchschwommen? Hatte er sich die Goldmedaille geholt, von der er zur Schulzeit träumte?
Ein bleicher, vom Bier aufgeschwemmter Versicherungsvertreter war aus ihm geworden, der mir irgendwann das Foto seiner Frau zeigte, die er noch immer liebte.
Christoph, der hatte Architekt werden wollen und eine völlig

neue Art des Wohnens verwirklichen: Eines Kindes wegen hatte er geheiratet. Der Familie wegen hatte er auf das Studium verzichtet. Ein abgearbeiteter Maurerpolier mit müde gewordenen Augen erzählte mir von seiner Scheidung und von Unterhaltsverpflichtungen, die ihm gerade noch das Geld fürs nackte Leben ließen.
Huberts Schlag auf das Nasenbein seiner Frau. Fünf Millionen Männer, die ihre Frauen schlagen. Jede dritte Ehefrau wird von ihrem eigenen Ehemann vergewaltigt. Irgendwann haben diese Männer von den Sternen gesprochen, die sie ihren Geliebten vom Himmel holen wollten. Sterne hat später niemand von ihnen verlangt. Geld war gefragt.
Und sie strengten sich an und legten sich krumm. Einer wie der andere wurden sie zu treusorgenden Familienvätern, die ihre Haut Tag für Tag zum Arbeitsmarkt tragen. Abgearbeitete Männer, gestreßt, kreislaufgeschädigt, erschöpft.
Und dann verweigert sich ihnen die »eigene« Frau, rebelliert sie gegen ihre Rolle, in die sie gezwungen ist, wie er in die seine. Dann nimmt sie irgendwann ihre Kinder und geht. Jetzt kocht und wäscht sie nicht einmal mehr für ihn, jetzt verliert er auch den letzten Rest Wärme und Geborgenheit. Jetzt ist er allein. Jetzt kann er das Geld nicht einmal mehr auf den Küchentisch blättern, er überweist den Unterhalt für Frau und Kinder zweckmäßigerweise durch Dauerauftrag. Im übrigen kann er wie mit sechzehn wieder masturbieren, wenn er noch die Kraft dazu hat. Ein gnädiges Sorgerecht gestattet ihm, die Kinder, deren Vater er ist, von Zeit zu Zeit wenigstens stundenweise zu sehen. Längst hat er gelernt, seine Frau zu hassen, längst wird aus seiner Ohnmacht Gewalt gegen die Frau, weil er sie für die Ursache seines Elends hält. Daß diese Frau das Opfer derselben Zwänge ist wie er, daß diese Frau auch einmal von einem anderen, besseren Leben geträumt hat, übersieht er.
Ursulas Nasenbein zersplittert unter einem Faustschlag, weil Hubert die Rollenzwänge, die ihn ins Elend gebracht haben, nicht einmal erkennt, geschweige denn zerschlagen kann.

Für ein neues Bewußtsein des Mannes:
*Wir müssen lernen, daß uns nicht unsere Frauen ins Elend bringen, sondern daß sie Opfer derselben Rollenzwänge sind wie wir.*

# 11. Gesprächsprotokoll Horst D.:

*»Ich habe mir sehr viel Mühe mit ihr gemacht, und ich hätte sie auch geheiratet ...«*
(Redakteur Horst D., 37 Jahre alt)

Das Gespräch fand Anfang 1979 in der geschmackvoll-funktional eingerichteten Wohnung des Journalisten Horst D. in B. statt. Ein gemeinsamer Bekannter hatte mich auf D. hingewiesen, und nach zwei Vorgesprächen hatte sich D. zu einem Interview bereit erklärt. Der salopp, fast nachlässig gekleidete Journalist wirkte wesentlich jünger, als es sein Alter erwarten lassen mußte.

KÖRNER Und Sie sind tatsächlich siebenunddreißig Jahre alt? Ich hätte Sie auf achtundzwanzig, neunundzwanzig geschätzt!
HORST Das sagt man mir oft! Wahrscheinlich liegt es an meinem Leben. In meinem Beruf brauchte ich nie körperlich zu arbeiten, und eine Familie, die einen Mann vorzeitig verschleißt, hatte ich auch nie!
KÖRNER Glauben Sie, daß die Familie einen Mann verbraucht?
HORST Ach, die Familie direkt natürlich nicht. Aber die Sorgen, die sie mit sich bringt, der Ärger ... Ein Mann, der jung heiratet, da kommen doch Probleme auf ihn zu, Ausgaben, Verpflichtungen, Verantwortung und Kummer, wissen Sie, wenn ein Kind die Masern hat oder Diphtherie, die Sorgen sind es, die einen Menschen alt erscheinen lassen.
KÖRNER Würden Sie sich für einen überzeugten Junggesellen halten?
HORST Was? – Um Gottes willen, wie kommen Sie denn darauf? – Ich habe ständig intensive Beziehungen zu Frauen gehabt. Richtige Beziehungen. Nicht so Mädchen für eine Nacht! Nein, eigentlich war für mich jede Beziehung wie eine Ehe. Nur eben ohne Trauschein. Ich war immer der Auffassung, Menschen sollen miteinander leben, weil sie wollen, nicht weil sie müssen! Nur bei meiner letzten Beziehung, ich glaube, das geht alles nicht auf. Man hat eine Meinung im Kopf und lebt danach, aber dann geht etwas gegen eigene Gefühle, und die ganzen Vorsätze gehen den Bach herunter. Da macht man sich verstandesmäßig klar, daß alles so kommen mußte, wie es kam, und nachts taucht die Frau

in den Träumen auf, die man vergessen will, es ist sehr schwer. Aber man schafft es. Am Anfang verzweifelt man und greift zu allen möglichen Hilfsmitteln, aber dann, ich glaube, der Mensch stabilisiert sich immer wieder.

KÖRNER Was meinen Sie mit Hilfsmitteln?

HORST Irgendwelche Drogen! Jeder hat etwas anderes. Bei mir war es Heroin! Als Iris ausgeflippt ist, heute kommt mir das lächerlich vor, aber ich habe mir tatsächlich den ersten Schuß gesetzt!

KÖRNER Wie lange waren Sie abhängig?

HORST Abhängig? Sie meinen drogensüchtig? – Überhaupt nicht! Der erste Schuß war gleichzeitig der letzte! In meinem Beruf, ich weiß nicht, entweder bin ich dagegen gefeit, weil ich weiß, wohin Sucht führt, oder ich bin zu stabilisiert. Das ganze Drogenproblem, wenn man den jungen Menschen mehr Liebe und soziale Sicherheit geben würde, das ganze Drogenproblem würde über Nacht verschwinden. Aber so was dürfen Sie ja nicht schreiben ...

KÖRNER Sie sind Redakteur und dürfen nicht ...

HORST Redakteur mit dem Sondergebiet Reportage. Wenn so was wie der Tod vom Bartsch passiert, da fahre ich hin und schreibe den Bericht für uns!

KÖRNER Sie arbeiten für eine Tageszeitung!

HORST Für eine der wenigen unabhängigen, die es noch gibt! Aber was heißt unabhängig. Wir müssen auch auf alles mögliche Rücksicht nehmen. Aber ich habe keinen Grund, mich zu beklagen. Mir ist schon klar, daß ich sehr privilegiert lebe. Wenn man die Masse der Bevölkerung sieht ... wie Familien, ganze Familien mit Kindern von zweitausend Mark leben sollen, wirklich, das ist mir unbegreiflich ...

KÖRNER Wieviel Geld haben Sie monatlich zur Verfügung?

HORST Das ist unterschiedlich, ich darf neben der Zeitung in bestimmtem Umfang auch für Illustrierte arbeiten ... ja, so zwischen drei- und fünftausend Mark habe ich monatlich zur Verfügung ... Aber das Geld bedeutet mir nicht viel. Wenn ich morgen wieder mit dem Existenzminimum leben müßte, es wäre zwar schmerzlich, aber besonders darunter leiden, nein, besonders darunter leiden würde ich wohl nicht.

KÖRNER Sie erzählten vorhin von Heroin, weil Iris »ausgeflippt« war. Weshalb verwenden Sie so ein Wort?

HORST Sie meinen das Wort »ausgeflippt«? Wird mir jetzt auch klar. Bei einer anderen Frau hätte ich wahrscheinlich etwas anderes gesagt... ausgeflippt, mein Gott, ja, es paßte eigentlich zu ihr. Gegangen, mein Gott, wenn man sagt, eine Frau wäre gegangen, das hat so etwas Dramatisches, das klingt so endgültig... gegangen... wie soll ich sagen... wir haben uns getrennt... sie schläft mit einem anderen Mann, und ich schlafe mit einer anderen Frau... ich habe seit einem halben Jahr nichts mehr von ihr gehört, aber wenn es jetzt an der Tür läutete und sie käme herein, es würde mich nicht überraschen. Man kann Gefühle nicht ein- und ausschalten wie elektrisches Licht! Wir wissen doch, wie das ist. Kopf und Bauch liegen in ständigem Streit, und wer bei Iris gewinnen wird, das ist noch lange nicht ausgemacht!

KÖRNER Sie meinen, die Beziehung ist trotz der Trennung noch nicht wirklich zu Ende?

HORST Es ist augenblicklich so, daß wir nicht zusammen sind, weil Iris die Beziehung durch einen Willensakt beenden zu können glaubt. Ich halte das nur praktisch auf Dauer nicht für machbar. Da sind viel zu viele Fäden, die uns verbinden, da vollziehen sich doch im engen Miteinander gegenseitige Prägungen, das ist nicht einfach auswechselbar. Bei dieser Liebe war mir von Anfang an klar, daß ich ein großes Risiko einging und Verantwortung übernahm, das kann man beides nicht einfach abstreifen. Ich meine, wenn Iris jetzt ins Schliddern kommt und mit anderen Männern Schwierigkeiten hat, ich würde es ein drittes Mal mit ihr versuchen... Vielleicht ist versuchen das falsche Wort... ich liebe sie... trotz allem, was im Laufe der Zeit passiert ist, ich meine trotz allem, was wir uns gegenseitig angetan haben. Es ist eine Liebe und gleichzeitig eine Art Kampf, so was kann man nicht einfach durch einen Willensakt abschalten. Das lebt im Unterbewußtsein weiter... das transzendiert... Es wird Ihnen wahrscheinlich lächerlich vorkommen, aber ich spüre in jedem Augenblick, ob es Iris gut geht oder schlecht... es überträgt sich sozusagen...

KÖRNER So wie manche Mütter sagen, sie hätten genau gespürt, als ihr Kind an der Ostfront verwundet wurde?

HORST So ähnlich! Ich weiß, es ist wissenschaftlich unhaltbar, aber ich habe an einem Tag so wahnsinnige Angst und Unruhe verspürt, ich wußte, da ist was mit Iris, und ich habe unauffällig über Bekannte Auskünfte eingeholt, tatsächlich, sie hatte einen Autounfall, bei dem ihr Gott sei Dank nicht viel passiert ist.

KÖRNER Sie sprachen von einem großen Risiko und besonderer Verantwortung, die für Sie in dieser Beziehung lagen. Ist es nicht immer so?

HORST Bei Iris war alles gegen die Vernunft, es war alles von Anfang an unmöglich ... die Konflikte, die Probleme ... alles war praktisch schon einprogrammiert. Aber als mir das klar wurde, da war es schon zu spät. Da hing ich bis über beide Ohren in der Sache drin und da abbrechen ... es hätte Iris wahrscheinlich für das ganze Leben zerstört ... die erste richtige Erfahrung für ein junges Mädchen, wenn ich da ausgestiegen wäre, als die Zeit dafür gekommen war, es ging einfach nicht. Wenn einer dabei Schaden erleiden mußte, das war für mich von Anfang an klar, dann wollte ich es sein ...

KÖRNER Sehr edel!

HORST Überhaupt nicht! Ich möchte nicht mit dem Gefühl leben müssen, einen Menschen zerstört zu haben. Wenn er sich selbst zerstört, das ist etwas anderes. Das klingt vielleicht seltsam, aber wenn ein Mann wie ich ... ich mache mir doch nichts vor. Ich habe zehn, zwölf intensive Beziehungen hinter mir gehabt, als ich Iris traf, ich habe Schwangerschaften erlebt und Abtreibungen, und meinetwegen haben sich Frauen von ihren Männern scheiden lassen ... jedesmal habe ich geliebt, und wenn die Liebe zu Ende war, dann hat man sich getrennt und ich habe die nächste Beziehung angefangen ... wenn man so gelebt hat, und man geht auf ein siebzehnjähriges Mädchen zu und merkt auf einmal, daß da noch alles heil ist ... Ich habe so viele Frauen kaputtgehen sehen ... und Iris ... ich wollte ihr das alles ersparen ... ich wollte nicht, daß sie den üblichen Weg geht ... die anderen Frauen ...

KÖRNER Was ist für Sie der übliche Weg, von dem Sie sprechen?

HORST Den Weg in eine Null-Acht-Fünfzehn-Ehe, in der sie sich nach spätestens vier, fünf Jahren langweilen! Dieser Verlust aller Glücksmöglichkeiten ... dieses Einerlei im Haushalt ...

KÖRNER Und wenn gerade das für viele Menschen das Glück ist?

HORST Dann müssen sie sich in Kenntnis von Alternativen und im Wissen um andere Möglichkeiten dafür entscheiden. Was auch immer passiert, das habe ich Iris auf alle Fälle mitgeben können ... dieses Wissen um andere Möglichkeiten ... was dieses Mädchen mit achtzehn Jahren mitbekommen hat, ich habe sie doch überallhin mitgenommen ... Wenn ich eine Reportage über eine Sterbeklinik schrieb, habe ich sie genauso mitgenommen, wie wenn ich eine Rock-Gruppe in der Lüneburger Heide besuchte. Das Mädchen kennt Deutschland von der Küste bis zu den Alpen ... Hunderte von Menschen, Ärzte, Forscher, Künstler ...

KÖRNER Die weite Welt einer bestimmten Zigarettenmarke! – Tragen Sie nicht ein bißchen zu dick auf?

HORST Überhaupt nicht! Andere Mädchen in ihrem Alter kennen drei Diskotheken und vielleicht Mallorca vom Urlaub! Und sie haben keinen Journalisten, der mit ihnen auch noch über alles spricht. Wenn sie jetzt ihren Postbeamten heiratet, wenn sie jetzt dieses Leben wählt... wenn sie das macht, gut, dann wird sie wissen, warum, und es ist kein Wort mehr dazu zu sagen!

KÖRNER Wie kam es eigentlich zu dieser Beziehung?

HORST Eine lange Geschichte! Ist so was wirklich für andere interessant? – Na gut! – Ich war zu dieser Zeit mit einem vierundzwanzigjährigen Mädchen liiert, mit der Gisela. Das hatte sich so ergeben. Ich hatte mich gerade von Christa getrennt und brauchte irgendein Mädchen, da sah ich die Gisela, habe sie zum Essen eingeladen. Sie liebte Pop-Musik, und ich habe sie mit nach Hause genommen, Platten hören, und da war alles gelaufen. Ich habe sie am ersten Abend gleich mit ins Bett genommen. Ich hatte nicht viel mit ihr vor, sie sah nicht besonders gut aus, hatte gerade den Hauptschulabschluß, aber im Bett, da war sie, wirklich, ich habe mit vielen Frauen geschlafen, aber was Gisela im Bett brachte, da war sie eine Rakete. Als ob sie nur im Bett richtig lebte, so was von Aktivität und gleichzeitiger Hingabe...

KÖRNER Wo haben Sie diese Gisela kennengelernt?

HORST Bei uns in der Technik! Die stellen manchmal Aushilfskräfte ein, und da hatte ich sie gesehen, als sie Zeitungen einpackte.

KÖRNER Die Gisela war vierundzwanzig! Und Sie waren damals...?

HORST Zweiunddreißig! Ich habe eigentlich immer jüngere Frauen gehabt. Sie geben einem doch viel mehr. Zärtlichkeit, Liebe, die Mädchen haben noch Gefühl. Wissen Sie, wenn eine Frau erst über fünfundzwanzig ist, spätestens mit fünfundzwanzig kann man die meisten Frauen vergessen. Dann ist alles an ihnen nur noch Berechnung.

KÖRNER Sie sagten, Sie wären mit dieser Gisela liiert gewesen. Wie sah das denn konkret aus?

HORST Die erste Zeit verabredete ich mich mit ihr, wir gingen essen oder ins Kino, und nachher nahm ich sie mit zu mir. Dann kriegte sie Ärger mit ihren Eltern, und sie zog zu Hause aus! Das Mädchen lebte da in Verhältnissen, unbeschreiblich. Fast asozial.

Die Gisela hatte schon immer ausziehen wollen, sie hat sich bloß nicht getraut. Ein Mädchen in diesem Alter, sie wußte ja nicht einmal, wie man sich eine Wohnung sucht. Ich habe mich darum gekümmert, ihr eine billige Zweizimmerwohnung besorgt, und da ist sie eingezogen.

KÖRNER Haben Sie das bezahlt?

HORST Die Miete oder den Umzug? – Nein! Sie hatte sich zweitausend Mark zusammengespart, weil sie immer schon hatte ausziehen wollen, und das reichte für die wichtigsten Möbel. Ein breites Bett und ein Kleiderschrank und eine Sitzgruppe. Die anderen Sachen habe ich ihr nach und nach geschenkt. Fernsehgerät und Stereo-Anlage und solche Sachen, die Gisela und ihre Musik, manchmal glaubte ich, sie lebte nur für diese Musik.

KÖRNER Wir wollten eigentlich über eine andere Beziehung sprechen! Die Iris, sagten Sie, haben Sie nach Gisela kennengelernt ...

HORST Eigentlich zur selben Zeit. Mit der Gisela, ich konnte mit ihr schlafen und ins Kino gehen, und ich konnte sie mit zum Essen nehmen, aber sonst, ich weiß, das hört sich ganz schön mies an, so, wie sie aussah und wie sie redete, ich habe sie nirgends hin mitgenommen. Zu meinen Freunden und zu Terminen, unmöglich. Man wird doch danach beurteilt, was für eine Frau man neben sich hat. Die Gisela war einfach, wie soll ich sagen, es klingt schrecklich und es ist schrecklich, die Gisela war einfach nicht vorzeigbar. Ich habe drei-, viermal in der Woche mit ihr zusammen geschlafen, in ihrer Wohnung oder in meiner, und ich hab' ihr eine vernünftige Arbeit besorgt. Bei einem Bekannten in einer Radiogroßhandlung. Da hat sie sich sogar ganz intelligent angestellt.

KÖRNER Und dann trafen Sie Iris?

HORST Ich sah sie im »Drugstore«, so eine Mischung zwischen Espresso und Kneipe, wo Studenten, Vertreter, Autohändler und Zuhälter verkehren. Ein typisches Aufreißlokal. Da trinke ich mittags manchmal einen Kaffee, und da komme ich rein und sehe einen Bekannten neben einem Mädchen sitzen, ich fand die Frau wahnsinnig gut gewachsen und, ich weiß, Schönheit ist eine Frage des Geschmacks, aber ich fand dieses Mädchen aufregend schön. Nur war alles unfertig. Wie die Iris angezogen war, als ob jemand es darauf angelegt hätte, sie so häßlich und unattraktiv wie möglich erscheinen zu lassen. Später bekam ich heraus, daß es tatsächlich so war. Iris' Mutter, also, wenn ich jemals einen Menschen hassen gelernt habe, dann diese Frau. Die hat ihre ganze Prüderie und Verklemmtheit an ihre Tochter weitergereicht. Was diese Frau an ihrem Kind angerichtet hat ... manchmal glaube ich, ich habe jahrelang nur gegen diese Frau gekämpft. Und die Iris muß die Rechnung bezahlen, weil ich nicht stark genug war oder nicht genug geliebt habe ... wenn ich manchmal daran denke, daß ich selbst schwere Fehler gemacht habe ... dieses Gefühl, völlig versagt zu haben, wo etwas mehr Liebe und Verständnis ausgereicht hätten ...

KÖRNER Jeder von uns macht Fehler, und es hat kaum Sinn, sich nachträglich darüber zu grämen. Wenn man das zu einer Last werden läßt ...

HORST Ich sage Ihnen, ich habe monatelang nicht schlafen können. Immer wieder schreckte ich nachts hoch, weil ich glaubte, die Iris hätte geklingelt, und ich bin zur Tür gerannt, aber da war dann niemand. Diese Fehler. Es fing doch schon mit dem Anfang an. Als Iris im »Drugstore« aufstand, weil sie zur Toilette ging, als sie weg war, fragte ich den Bekannten, wo er denn diese Frau aufgegabelt hätte. »Dieses Mädchen, die Iris? – Ich habe sie im Urlaub kennengelernt, die war mit ihren Eltern auch auf Borkum. Aber laß die Finger da weg, irgendwas stimmt mit dem Mädchen nicht. Wenn du sie nur anfaßt, irgendwo am Arm oder so berührst, sie fängt an zu zittern und wird starr, ich weiß nicht, irgendwo verpfuscht!« – »Dann hast du mit diesem Mädchen überhaupt nichts vor?« fragte ich. Der Bekannte schüttelte den Kopf: »Ist mir viel zu problematisch! So was gibt nur Krampf!« Ja, er merkte natürlich, daß mir das Mädchen gefiel, und als wir den Kaffee ausgetrunken hatten, da ergab es sich, daß die Iris mit der Straßenbahn nach Hause fahren wollte, und ich bot ihr an, sie mit dem Wagen hinzubringen. »Kannst du ruhig machen, Iris«, sagte der Bekannte. »Der Horst ist in Ordnung!« – Ja, und da sind wir in meinen alten Jaguar gestiegen, und sie hat von der Schule erzählt. Sie war gerade in der Unterprima und siebzehn Jahre alt. Nun ja, sie hat von der Schule erzählt und ich von meiner Arbeit. Wir verstanden uns auf Anhieb. Daß ich für eine Zeitung arbeite, hat sie mächtig beeindruckt. Dann bat sie mich, sie aussteigen zu lassen. »Was denn«, sagte ich, »hier auf der Landstraße, auf freiem Feld?« Iris lachte: »Ich wohne dort drüben in der Siedlung, meine Mutter guckt bestimmt aus dem Fenster. Eltern dürfen zwar alles essen, aber sie brauchen nicht alles zu wissen!« Ich lachte, und als ich fragte, ob ich sie wiedersehen könnte, sagte sie, sie wäre am Samstagabend meistens im Manhattan. »Aber nur bis um zehn. Um elf fällt für mich zu

Hause der Hammer!« – Ja, ich habe sie aussteigen lassen, und am Samstag, da ging ich um acht Uhr abends in diese Diskothek, in das Manhattan, und da kam sie sofort zu mir, kaum stand ich an der Bar. Nun ja, wie man ein junges Mädchen beeindruckt, ich hatte das immer schon drauf. Eine Stunde in der Diskothek mit ihr getanzt, dann habe ich sie zum Essen eingeladen, und dann waren wir noch in einem anderen Tanzlokal, dann habe ich sie nach Hause gefahren. Ich habe nicht den geringsten Versuch gemacht, sie zu küssen oder so etwas. Im Gegenteil. Ich habe ihr ganz klar gesagt, daß ich sie sehr mag, aber nicht die geringste Absicht hätte, mit ihr um jeden Preis ins Bett zu kommen. »Das kenne ich, und das kann ich einfacher haben; wenn du denkst, ich will nur mal so mit dir schlafen, dann irrst du dich!« – Wissen Sie, Iris war mißtrauisch, das hat zwei Monate gedauert, bis sie auch nur mit in meine Wohnung kam. Und selbst dann achtete sie sorgfältig darauf, daß sie immer Jeans anhatte. Ihre Mutter muß ihr wahre Schauermärchen von Männern erzählt haben. Nach und nach erzählte sie von ihrer Familie. Der Vater war weit über siebzig, die Mutter knapp über vierzig oder fünfundvierzig, ich weiß nicht mehr genau. Iris erzählte einmal, daß ihre Mutter stolz darauf sei, im Krieg als Blitzmädchen nie mit Soldaten geschlafen zu haben. Wahrscheinlich hat dieses Monster überhaupt nur mit ihrem Mann geschlafen, wenn er ein Kind machen wollte. Der Alte hat ein Leben lang Sport getrieben, der hatte noch mit siebzig eine Kondition. Naja. Und dann hatte Iris noch einen Bruder. Der war Alkoholiker, der war mit fünfundzwanzig schon Säufer. Diese Familie, ich sage Ihnen, ein Grusel-Kabinett...

KÖRNER Und sie fühlten sich als eine Art Siegfried, der die Jungfrau aus den Klauen der Drachen befreien wollte?

HORST Was? – Ja, so kann man es vielleicht sehen. Vielleicht auch anders. Iris war die Frau, auf die ich immer gewartet hatte. Wir gingen tanzen und sprachen miteinander, um zehn brachte ich sie nach Hause, und dann fuhr ich meistens zur Gisela und ging mit ihr ins Bett. Das gab nie Schwierigkeiten. Die Gisela war ja froh, wenn ich überhaupt kam. Ja. Und dann kamen die Osterferien. Iris wollte mit ihren Eltern nach Ibiza, und ich mietete mir einfach in der gleichen Zeit ein Appartement im selben Hotel, in dem sie mit ihren Eltern logierte. Die Eltern fielen aus allen Wolken, als ich an ihrer Tür im Hotel klingelte, um Iris zum Schwimmen abzuholen, da begann eigentlich für Iris der Kampf mit ihren Eltern...

KÖRNER Was meinen Sie mit Kampf? Gab es Streit?

HORST Den hatte es immer schon gegeben. Nein, das Mädchen, also Iris leitete zielstrebig einen Ablösungsprozeß von den Eltern ein. Es muß fürchterliche Auseinandersetzungen gegeben haben. Sie machte ihren Eltern klar, daß sie künftig tun würde, was sie für richtig hielt. Und wenn die Eltern nicht aufhörten, ihr Vorschriften zu machen, würde sie ausziehen. Sie könnte ja immer bei mir wohnen. Das wirkte.

KÖRNER Sie hatten mit den Eltern keinen Kontakt?

HORST Mit diesen Leuten? – Nein! Ich war höflich, wenn ich Iris abholte. Aber es hat mir noch Jahre später jedesmal Qualen verursacht, wenn ich in dem Haus eine Tasse Kaffee trank. Einmal, als Iris Eltern verreist waren, viel später, da habe ich mal darauf bestanden, mit ihr eine Nacht in den Ehebetten ihrer Eltern zu schlafen. Es bestand gar kein Grund dazu, ich hatte ja meine Wohnung, aber ich wollte es einfach ... In diesem Ehesarg einmal das tun, was für die Alten das Schlimmste sein mußte, und sie würden es niemals erfahren ...

KÖRNER Etwas neurotisch, oder wie sehen Sie das?

HORST Ziemlich neurotisch! Diese Beziehung zog mich immer tiefer in die Neurose hinein, wenn das einem anderen passiert wäre, der wäre impotent geworden oder der hätte sich umgebracht; wenn ich nicht so viel Erfahrungen mitgebracht hätte ...

KÖRNER Sie waren also mit Iris auf Ibiza. Sie schliefen inzwischen mit ihr ...

HORST Aber überhaupt nicht! Ich wollte ... also dieses Mädchen ... sie hatte noch keine Erfahrungen mit Männern, und ich dachte mir ... ich kannte mich ja und mein Leben ... ich wollte mit diesem Mädchen erst schlafen, wenn ich mir sicher war, daß ich ein ganzes Leben bei ihr bleiben will. Ein Mädchen kaputtmachen ... ein Mädchen ist so schnell kaputtgemacht, beim erstenmal ist es noch ganz romantische Liebe, und beim zweitenmal ist es das schon weniger, und irgendwann wird die Liebe wie Zähneputzen ... Ich habe offen mit Iris darüber gesprochen. »Du, ich möchte nichts lieber, als mit dir schlafen. Aber wenn es soweit ist, ich möchte es erst dann, wenn du es genauso willst!« Sie nickte und war völlig einverstanden. Das müsse ich wissen, ich sei der Ältere und sie vertraue mir völlig. Heute weiß ich in etwa, was damals gelaufen ist. Der Hure-Madonna-Komplex. Auf der einen Seite war die Gisela, mit der ich im Bett alles mögliche anstellte, und auf der anderen Seite die reine Iris, die ich so lange wie möglich rein und unbefleckt sehen wollte. Das heißt, so nach und nach fing ich an, sie zu ändern. Ich ging mit ihr Kleider einkaufen, Kleider und Schuhe, und ich brachte sie zur Kosmetikerin ... Einmal ging sie mit Sachen, die wir gekauft hatten, zur Schule, und sie bekam Ärger mit der Direktorin. Sie wäre wie eine Nutte angezogen, sagte die Schulleiterin zu Iris. Dabei war das Mädchen noch Jungfrau. Die anderen in der Schulklasse haben Iris natürlich bewundert. Einen vierunddreißigjährigen Freund bei der Zeitung, der sie mit dem Jaguar in die Diskothek fuhr, das hatte keine. Die anderen gingen mit pickligen Jungen zum Tanzen ins Pfarrhaus. Dann fing ich an, Iris immer mehr in mein Leben hineinzuziehen. Sie kam nach der Schule direkt zu mir, wir gingen essen, und sie machte ihre Schularbeiten bei mir in der Wohnung oder in der Redaktion. Ich legte interessante Termine in die Nachmittagsstunden, damit ich sie mitnehmen konnte, und so langsam wurde Iris zu einem Teil von mir.

KÖRNER Und das Mädchen brachte das alles auf einen Nenner, ich meine, die Schule, das Elternhaus, das Leben mit einem vierunddreißigjährigen Mann ...

HORST Sie blühte auf. Wir redeten über alles, über meine Arbeiten, meinen Beruf, Iris lernte das Leben und die Wirklichkeit kennen. Ganz nebenbei baute ich ihre Berührungsangst ab.

KÖRNER Wie denn das?

HORST Petting! Inzwischen schrie alles in mir danach, dieses Mädchen zu besitzen, und ich lag neben ihr und küßte und streichelte sie. In dieser Zeit, wenn ich sie stundenlang geküßt und gestreichelt hatte und sie dann nach Hause gebracht hatte und ich kam zu Gisela, bei Gisela konnte ich mich wieder wie ein erwachsener Mann benehmen.

KÖRNER Und das lief so einfach nebeneinander her ...

HORST Es lief ziemlich problemlos. Gisela nahm Iris nicht ernst, weil sie annahm, daß ich mit Iris nicht schlief, und Iris fand es in Ordnung, daß ich die andere Frau hatte. Ich hatte ihr erklärt, daß ich immer ein ziemlich intensives Sexualleben geführt hatte und darauf einfach nicht verzichten konnte, solange bei uns das letzte ausgespart blieb. Vielleicht wollte ich Iris eifersüchtig machen, sie dazu bringen, mir alles geben zu wollen, damit die andere Frau endlich aus meinem Leben verschwand. Ich wollte Iris nicht verführen: Ich wollte, daß sie sich frei für mich entscheidet. War vollkommener Blödsinn, aber damals, da war kein vernünftiger Gedanke mehr möglich, da waren nur noch die verschiedensten, einander widerstrebenden fixen Ideen in meinem Kopf. Auf der einen Seite schlief ich nicht mit der Iris, auf der anderen Seite machte ich sie theoretisch mit allen möglichen Sexualpraktiken vertraut. Bis hin zu den sogenannten Perversionen. Sie las harte Pornografie, ging in Nachtklubs mit Live-shows. Mit achtzehn hatte Iris das theoretische Wissen einer erfahrenen Hure. Sie zog sich raffiniert an, wie ein Fotomodell, und sie war noch immer Jungfrau. Das änderte sich dann. Mein Gott, wenn ich an diese Nacht denke. Es war ein Schock für mich. Nicht für sie, Iris nahm das alles ganz selbstverständlich, aber für mich war das ein Schock. Es war nach einer Reportage. Sie hatte längst durchgesetzt, daß sie auch über Nacht zu Hause wegbleiben konnte, und ich war wegen eines Termins nach Hamburg gefahren. Abends sind wir dann auf die Reeperbahn gegangen, in Nachtlokale. Ich habe sie mit ins Salambo genommen, und dann, auf einmal dachte ich, was soll das eigentlich, einmal muß dieser unnatürliche Zustand ja aufhören. Nachher im Hotel, ich habe sie lange gestreichelt, und dann öffnete sie ihre Beine und zog mich an sich, und ich drang in sie ein ... dieser Schock ... es passierte ... es passierte gar nichts. Es war so, als hätte ich ihr die Hand gegeben. Ein kurzes Aufstöhnen, und dann, ich habe mich bemüht, sie zum Orgasmus zu bringen, ich habe geschuftet wie ein Schwerarbeiter. Nichts. Absolut nichts. Keinerlei Empfindungen bei ihr, sie lag da wie tot.

KÖRNER Es heißt ja, daß Frauen die Fähigkeit zum Orgasmus meist erst allmählich erwerben ...

HORST Aber gewiß. Ich streichelte sie und nahm sie in die Arme. »Das ist ganz natürlich«, sagte ich ihr, »Mädchen empfinden selten beim ersten Mal so intensiv wie Männer. Das kommt schon alles in Ordnung!« Aber ein bißchen enttäuscht war ich natürlich.

KÖRNER Und Sie fanden sich damit ab?

HORST Überhaupt nicht. Zuerst wollte ich mich von ihr trennen. Einfach Schluß machen. Die Kleine ist frigide, dachte ich, da hast du es mit achtzehn Jahren Erziehung zur Lustfeindlichkeit und Prüderie zu tun. Aber da war meine Liebe für sie, der Gedanke, daß die Eltern recht behalten würden, daß Iris mit dem Wissen leben müßte, daß sie ein Mann nach der ersten Nacht verlassen hätte, nein, ich brachte es einfach nicht fertig. Sie brauchte Zeit, ganz einfach Zeit. Das war für mich alles. Wir trafen uns weiter ständig, ich schlief regelmäßig mit ihr, immer mit demselben Ergebnis. Ich verfiel auf immer ausgefallenere und raffiniertere Sexualpraktiken, ich probierte alles mögliche mit ihr, ich ließ sie Unterwäsche aus Sex-Shops tragen und Schuhe mit wahnsinnig hohen Absätzen, ich wollte in ihr ein Gefühl für den eigenen Körper wecken, verstehen Sie, gegen dieses Elternhaus angehen, alles vergeblich.

KÖRNER Und das ging so einfach über die Bühne?

HORST Überhaupt nicht! Wir kamen immer wieder auf diese Frigidität, das schaukelte sich hoch, das fraß sich nach und nach in unser Zusammenleben wie Gift. Sie wurde eifersüchtig, ich brauchte nur mit einer anderen Frau zu sprechen, da drehte sie durch. Natürlich, sie hatte Angst und wußte, wie sehr mich das mitnahm ... sie war die Frau, die ich mir immer gewünscht hatte, alles war so, wie ich es mir immer erträumt hatte, und dann, dann auf einmal so was. Nach außen, nach außen war alles in Ordnung. Alle Bekannten und Freunde beneideten uns. Bei ihnen gab es dauernd Streit, bei uns war immer eitel Sonnenschein. Tagsüber ging alles sehr gut. Was bei zwei Menschen im Bett abläuft, das entzieht sich ja dem Einblick Dritter ... Und tagsüber, ich habe mich niemals in meinem Leben so gut mit einer Frau verstanden, und ich glaube nicht, daß ich mich jemals wieder so mit einer Frau verstehen werde. Wir waren einfach auf einer Wellenlänge. Natürlich paßte sie sich an, sie wollte wahrscheinlich wenigstens tagsüber die ideale Frau sein. Wenn schon jede gemeinsame Nacht zur Niederlage wurde.

KÖRNER Und Gisela?

HORST Ich trennte mich von ihr, als ich mit Iris die erste Nacht geschlafen hatte. Ich wollte nur diese Iris, diese eine Frau. Für sie, für sie hätte ich alles getan. Sie hatte inzwischen die Schlüssel zu meiner Wohnung, sie ging bei mir ein und aus wie zu Hause. Jetzt wäre der Zeitpunkt für die Verlobung dagewesen oder sogar für eine Heirat. Aber ich konnte mich nicht mit einer Frau verloben, mit der im Bett mit mir überhaupt nichts stimmte. Das hätte sich gerächt. Eine Ehe unter diesen Bedingungen ... Ich habe es oft erwogen und wieder verworfen ... es wäre doch irgendwann zur Katastrophe gekommen. Ich wollte sie nicht unerfahren in eine Ehe bringen, an der sie nachher aus Gewohnheit oder finanziellen Gründen festgehalten hätte ... ich wollte nicht, daß sie irgendwann ein solcher Drache würde wie ihre Mutter, und ich mit dieser Frau verheiratet ...

KÖRNER Und das hielten Sie durch?

HORST Ein Jahr lang habe ich alles mögliche versucht. Ich arbeitete mich in die sexualwissenschaftliche Literatur ein ... wirklich, es wird Ihnen lächerlich vorkommen, ich wurde so, ja, ich wurde zu einer Art Hochleistungshengst. Das war wie ein Zwang, wie eine Aufgabe, vor der zu versagen für mich als Mann versagen hieß. Eine fixe Idee. Ich fand mich einfach mit dieser Frigidität nicht ab. Und Iris machte alles mit, was heißt machte mit, sie ließ sich alles gefallen, verstehen Sie, anale und sadomasochistische Praktiken, wir probierten alles durch. Irgend etwas mußte sie schließlich zum Orgasmus bringen, dachte ich mir. Aber es blieb immer dasselbe. Sie war und blieb frigide, also ein Eisberg, wirklich, ich bildete mir in dieser Zeit ein, ich hätte einen Eisberg zum Orgasmus bringen können.

KÖRNER Wie lange ging das so?

HORST Fast drei Jahre. Sie machte ihr Abitur, und dann ging sie zur Uni. Wir sahen uns weiter jeden Tag. Manchmal schlief ich mit anderen Frauen. Das brauchte ich einfach. Ich wollte nicht impotent werden, wenn man einen Mißerfolg nach dem anderen erleidet, nicht wahr, man wird ja mutlos, ich schlief regelmäßig, ja, so nach eineinhalb Jahren fing ich an, regelmäßig mit anderen Frauen zu schlafen. Iris erzählte ich nichts davon, aber vielleicht hat sie es geahnt oder vermutet. Ich habe früher immer geglaubt, ich hätte Erfahrung und könnte wenigstens annähernd ahnen, was in einer Frau vorgeht. Das ist Unsinn, glauben Sie mir, als Mann wird man nie wissen, was in einer Frau abläuft, und manchmal denke ich, es ist gut so.

KÖRNER Sie schliefen mit anderen Frauen, war das Wut oder ein bequemer Ausweg?

HORST Es war Verzweiflung. Ich habe nachher, glauben Sie mir, ich habe mich oft in fremden Betten umgedreht und nachher still und geräuschlos geweint. Wirklich, ich habe geweint. Und wenn ich mit Iris geschlafen hatte, wenn sie einmal mehr mir zuliebe mit mir geschlafen hatte, ich habe oft das Licht eingeschaltet und sie beobachtet. Wie sie in meinem Bett lag, ruhig atmete, wenn sie sich im Schlaf bewegte ... Diese Verzweiflung, nach einiger Zeit schlägt so was ja in Minderwertigkeitskomplexe um. Ich dachte, das wären Signale ihres Körpers, wären Indizien dafür, daß sie mich nicht liebt. In allem möglichen suchte ich die Ursachen. Im Altersunterschied, in meinem Vorleben. Wenn ich jung und ahnungslos gewesen wäre, wenn es mir nur um mich gegangen wäre, das Glied in sie einführen, damit man zum eigenen Orgasmus kommt, wenn es so gewesen wäre, wäre ja alles in Ordnung gewesen. Wir hätten es beide nicht besser gewußt. Aber so, es war eben nicht in Ordnung, und ich konnte weder mich, noch sie belügen.

KÖRNER Wie kam es dann zur Trennung?

HORST Da trafen mehrere Ursachen zusammen! Zuerst war ein einziger Satz, den eine andere Frau aussprach. Ich machte eine Reportage über Feminismus, da habe ich Iris mitgenommen, und da sagte ihr eine Feministin, sie stehe sichtlich voll unter meinem Einfluß, ob ihr denn klar sei, daß sie so niemals eine eigene Persönlichkeit verwirklichen könne. Iris ist lächelnd darüber hinweggegangen, und wir haben auf der Heimreise beide darüber gelacht, aber irgendwo saß der Stachel. Ich merkte es nachher oft, wenn mich Iris in Gesprächen angriff, wenn sie Ansichten und Vorstellungen durchsetzen wollte, die einfach Unsinn waren. Natürlich haben wir ständig über unsere sexuellen Schwierigkeiten miteinander geredet. Wir waren beide nicht Typen, die so was ausklammern können, und wir hatten sozusagen progressive Vorstellungen von einer Beziehung. Es geht zwischen zwei Menschen nur, solange beide wollen, sagten wir uns immer, und wir würden miteinander schon klarkommen. Dann wurde ich krank, und das gab den Ausschlag.

KÖRNER Was? Eine Krankheit führte zur Trennung?

HORST Ich wurde krank. Eine peinliche Geschichte. Ich konnte kein Wasser lassen und lief zu mehreren Urologen. Sie gaben mir Antibiotika und untersuchten mich, es half alles nichts. Dann ging ich in meiner Verzweiflung zu einem jungen persischen Arzt, erzählte ihm alles, und er fragte mich geradeaus nach sexuellen Problemen. Da war mir alles klar, und ich bekam eine Riesenwut. Gut, dachte ich, du hast es jetzt fast drei Jahre mit Iris versucht. Du hast jede Minute deiner freien Zeit mit ihr geteilt, und du hast das erstemal in deinem Leben eine frigide Frau. Du hast das alles mitgemacht, weil du sie liebst, aber wenn du jetzt auch noch krank ihretwegen wirst, einmal muß Schluß sein. Und da habe ich zum erstenmal eine andere Frau mit zu mir nach Hause genommen. Sonst hatte ich unser Bett, wie soll ich das sagen, sonst hatte ich nie mit einer anderen Frau in dem Bett geschlafen, in dem ich mit Iris schlief. Aber nach dieser Erkrankung ... mir war einfach alles egal.

KÖRNER Und diese andere Frau ...

HORST Eine zweiunddreißig Jahre alte Kollegin. Die hatte genausoviel Männer gehabt, wie ich Frauen, da taumelten wir in einen Orgasmus nach dem anderen, es war phantastisch. Die Sache hatte nur einen Haken. Iris. Ich war mir in jedem Augenblick, auch als ich mit der anderen schlief, ich war mir in jedem Augenblick darüber klar, daß ich Iris liebte. Am Morgen frühstückten wir zusammen, ich fuhr die Kollegin in ihre Redaktion, und als ich nachmittags in die Wohnung kam, war Iris gerade dabei, die Betten frisch zu überziehen. Sie sagte kein Wort, nur wie sie mich ansah, diese Augen, ich werde nie vergessen, wie sie mich ansah. »Jetzt ist es also passiert!« sagte sie leise, ohne jeden Vorwurf, und in diesem Augenblick: »Ich liebe nur dich, und ich werde nie eine andere Frau lieben!« sagte ich ihr, und dann zog ich sie aus und wir gingen zusammen ins Bett. Und diesmal, diesmal hatte sie den ersten Orgasmus ihres Lebens. Sie lag gelöst und entspannt neben mir und sah mich an, in diesem Augenblick, ich wußte zum erstenmal, daß sie als Frau empfinden konnte, für mich waren alle Probleme wie mit einem einzigen Schlag beseitigt.

KÖRNER Dann hätte doch alles in Ordnung sein müssen!

HORST Hätte es müssen. Aber am nächsten Tag, wir gingen essen, und da fragte Iris, ob es mit der anderen Frau zu Ende wäre, und ich Idiot, ich weiß nicht, welcher Teufel mich ritt, ich sagte, es wäre schön gewesen mit der anderen, ich würde nicht gern lügen, aber es sei durchaus nicht sicher, daß ich die andere nicht wiedersehen würde, ich wüßte es einfach noch nicht. Und eine Woche später, ich hatte ausnahmsweise Nachtdienst, da klingelt das Telefon in der Redaktion. Ein Freund ruft an und sagt, also, er wolle mir nicht zu nahe treten und sich schon gar nicht in meine Angelegenheiten mischen, aber Iris säße mit einem anderen Mann im Drugstore und knutsche wild mit ihm herum, na ja, ich habe den Hörer auf die Gabel geworfen und bin durch die Stadt gerast, rein in den Drugstore, und da saß sie tatsächlich und hing am Hals eines Jungen, vierundzwanzig, fünfundzwanzig Jahre alt mochte er sein, und meine Iris, am liebsten hätte ich ihn einfach niedergeschlagen, aber das hätte ja gerade noch gefehlt. Ich bin zu ihr gegangen, habe sie kurz gegrüßt, dann habe ich das Lokal verlassen und bin in meine Wohnung gefahren. Wenn ich vorher mal geglaubt habe, in Panik zu sein, ich wußte ja gar nicht, was Panik war. Diese Verzweiflung, ich hatte so was wie Besitzgefühle, ich rief, tatsächlich, ich rief mitten in der Nacht die Mutter von Iris an und sagte, wenn Iris nach Hause käme, sie solle mich unbedingt anrufen. »Das ist in Ordnung, ich werde das meiner Tochter ausrichten!« sagte die Frau. Dieser Hohn in der Stimme, die Alte wußte genau, was passierte, diese Frau, sie muß mich die ganze Zeit gehaßt haben . . .

Körner Ich verstehe das nicht ganz. Iris lebte doch bei Ihnen in der Wohnung ...

Horst Eigentlich lebte sie nach wie vor im Haushalt ihrer Eltern. Sie hatte dort nach wie vor ihr eigenes Zimmer, sie schlief oft bei mir, aber ihre Sachen hingen nach wie vor zu Hause im Kleiderschrank. Ja. Ich habe bis nachts um vier am Telefon gesessen, dann rief Iris endlich an. »Um Gottes willen, Iris, ich muß dich sofort sprechen!« sagte ich. »Wir müssen sofort darüber reden, das kann doch nicht wahr sein, ich setze mich sofort in den Wagen und hole dich ab!« – »Das ist unmöglich«, sagte Iris. »Meine Mutter läßt mich jetzt nicht mehr weg, und ich will auch nicht weg!« – »Aber das ist doch nicht möglich, nun sag' mir doch, was passiert ist!« sagte ich, und da fing sie am Telefon an zu weinen. »Dieser andere, du, es tut mir furchtbar weh, das zu sagen, ich habe mich richtig verliebt, weißt du, ich habe mich richtiggehend in ihn verliebt!« – In mir brach, wirklich, in mir brach alles zusammen. Ich hing an ihr, ich liebte sie, ich habe für sie alles getan und dann so was, ja, ich sagte ihr, so könnte eine Beziehung wie unsere nicht zu Ende gehen, ich müsse sie unbedingt sprechen, am nächsten Tag, wann auch immer. Also diese Nacht, ich war am nächsten Tage nicht fähig, in die Redaktion zu fahren, und ging zu meinem Arzt. Der gab mir sofort Beta-Blocker. Ich müßte aufpassen, sagte er, mein Herzrhythmus sei gestört, wenn ich nicht aufpaßte, könnte ich einen Herzkollaps erleiden. Gut gesagt. Wie soll man in einer solchen Situation aufpassen? Ich hatte Termine für diesen Tag vereinbart, ich hatte Arbeit in der Redaktion, mir war alles egal. Ich setzte mich in den Wagen und fuhr zu Hubert. Hubert, also wenn ich in dieser Situation keine Freunde gehabt hätte, wenn ein Mann keine Freunde hat, der kann einpacken. Der ist erledigt, wenn ihm so was passiert. Als ich Hubert alles erzählt hatte, sagte er, daß gar nichts verloren sei. Mit diesem Jungen würde ich spielend fertig, ich müßte ihn angreifen und verunsichern. Frauen gingen grundsätzlich zum stärkeren Mann, und mit diesem Jungen müßte ich spielend fertigwerden. »Das sagst du so einfach«, sagte ich, »vielleicht ist er einfach besser als ich, vielleicht ist er besser im Bett und kann ihr mehr bieten als ich«, aber da brach Hubert in Gelächter aus. »Nun laß aber die Kirche im Dorf! Du hast Möglichkeiten, von denen andere nur träumen!« Das brachte mich wieder auf die Beine. Ich fuhr in die Redaktion, rief andere Freunde an. Ich mußte alles über diesen Jungen wissen. An Iris schrieb ich einen langen Brief. Ich schilderte ihr, wie ich unsere

Beziehung sah, und ich schickte ihr Rosen. Tagsüber ging es so einigermaßen, aber als es dunkel wurde, als ich allein in der Wohnung saß und mir vorstellte, Iris läge jetzt wahrscheinlich mit dem anderen im Bett und der könnte ihr geben, was ich ihr nie geben konnte, ich geriet wieder in Panik. Ich fuhr in die Stadt, kaufte mir Heroin und eine Spritze und setzte mir einen Schuß. Es ging mir nicht besser, aber ich fühlte mich, ja, gleichgültiger.

KÖRNER Man kann doch Heroin nicht kaufen wie eine Schachtel Zigaretten!

HORST Aber selbstverständlich kann man das! Ich habe oft über Popkonzerte geschrieben und kenne die Szene, es ist eine Kleinigkeit, in einer Großstadt Heroin zu kaufen, wenn man ein paar Leute kennt. Ja. Und zwei Tage später wußte ich dann so ziemlich das Wichtigste über diesen anderen Mann. Er hieß Peter, war fünfundzwanzig Jahre alt. Angestellter bei einer Versicherung. Und er hatte weit über zehntausend Mark Schulden. Er hatte ein paar Liebschaften hinter sich, lebte noch bei seinen Eltern. Naja. Ein Mann wie Millionen. Damit würde ich spielend fertig. Ich rief Iris an, sagte ihr, was ich wußte, und riet ihr, sich alles zu überlegen. Sie kam damit, daß sie mit mir eine Freundschaft wollte, wir könnten doch gute Freunde bleiben, aber das habe ich abgelehnt. Davor mußte ich mich hüten. Wenn man in so einem Falle auf eine Freundschaft eingeht, dann hat die Frau alles, was ihr ein Mann wie ich geben kann, und sie hält sich einen Schwächling nebenbei, bei dem sie dominieren kann...

KÖRNER Sie bringen hier Begriffe von Herrschaft und Unterwerfung in unser Gespräch...

HORST Ja, ich dachte, das wäre klar. Ich bin davon überzeugt, daß es in jeder Verbindung einen stärkeren und einen schwächeren Partner gibt. Das hat mit Unterdrückung überhaupt nichts zu tun. Einer ist überlegen und der andere unterlegen, und ich kenne im ganzen Freundeskreis keine einzige Verbindung, wo die Frau dominiert und dabei zufrieden ist. In der Natur, im Tierreich, überall dominiert der Mann. Es ist einfach die Biologie... der Mann ist nun einmal der aktivere Teil in einer Beziehung, die sexuelle Rolle...

KÖRNER Das sehen manche Frauen, das sehen Feministinnen ganz anders!

HORST Die Feministinnen sind nämlich Frauen, die keinen Mann fanden, der ihnen echt überlegen war. Für mich sind Feministinnen nicht unweiblich, ganz im Gegenteil. Sie leiden an der Schwäche des Mannes und gehen gegen eingebildete Autorität an. Wo Stärke und Kraft nur vorgetäuscht wird, wenn jemand herrschen will, nur weil er von der Natur einen Penis mitbekommen hat, das funktioniert nicht mehr.

KÖRNER Sie haben in der Beziehung mit Iris immer dominiert?

HORST Ja, das ergab sich ja fast zwangsläufig so. Und es ist ihr gut dabei gegangen, objektiv und subjektiv ...

KÖRNER Doch wohl nicht! Sonst wäre sie nicht zu dem anderen gelaufen!

HORST Sonst wäre sie nicht zurückgekommen! – Ein Vierteljahr hat es gedauert. Ich habe sie einen Monat lang mit Briefen bombardiert und habe mit ihr geredet, einmal ist sie bei einem Gespräch schreiend weggelaufen, als Peter sah, daß wir miteinander sprachen, da ist sie heulend zu ihm hingerannt, der Teufel weiß warum. Ja. Einen Monat habe ich ihr deutlich gemacht, daß ich sie liebe und wiederhaben will, und dann habe ich mich zwei Monate überhaupt nicht gerührt, und da ist sie wiedergekommen. Wie ich vermutet habe, der andere hat sie gelangweilt. Der konnte ihr überhaupt nichts geben. Durchschnitt eben. Der wollte sie heiraten. Und ein Leben in einer Dreizimmerwohnung und als Hausfrau, irgendwann mit Kindern, das ist für Iris nicht mehr drin. Das geht einfach nicht mehr. Da kann sie machen, was sie will. Das Ganze war eine Trotzreaktion. Ja. Sie trennte sich von diesem Peter und schlief wieder mit mir, jetzt ging es im Bett auch besser als vorher, aber jetzt kamen die Schwierigkeiten von der anderen Seite. Dieser Peter. Ich wußte, er war belanglos, aber sie war zu ihm hingelaufen, und sie hatte drei Monate lang mit ihm geschlafen, ich hatte eine Mordswut auf diesen Mann.

KÖRNER Eifersucht?

HORST Eifersucht und einfach Angst. Iris hatte eine wesentliche Erfahrung gemacht. Sie wußte jetzt, daß sie mir weh tun konnte. Und sie war intelligent. Ich mußte damit rechnen, daß sie es immer wieder ausnutzen würde. Sie hätte mich immer mit der Drohung erpressen können, sie ginge zu diesem Peter.

KÖRNER Hätte er das auch mitgemacht?

HORST Sie sieht ausgezeichnet aus, und dieser Junge, so eine Frau findet der sein Leben lang nicht wieder! Ja. Jetzt war sie wieder da. Und ich bekam diesen Gedanken mit der Sicherheit. Ich wollte Sicherheit, daß sie mich nicht wieder verließ. Da habe ich von ihr verlangt, daß sie diesem Peter einen Brief schrieb, in dem sie ihm mitteilen sollte, daß sie mit ihm gespielt habe und ihre Beziehung zu mir durch diese Geschichte keinen Augenblick unterbrochen gewesen wäre.

KÖRNER Ziemlich absurd, nicht wahr?

HORST Hochgradig neurotisch! Ich habe nachher eine Rogers-Therapie mitgemacht; was diese Frau in mir zerstört hat, ich natürlich auch bei ihr, das ist unvorstellbar. Sie hätte in einem anderen Elternhaus aufwachsen müssen, das war alles einprogrammiert. Das mußte schiefgehen, es hätte gar nicht anders kommen können. Der Erfahrungsunterschied ...

KÖRNER Diesen Brief, schrieb Iris diesen Brief?

HORST Natürlich nicht. Sie sagte, das habe nichts mit mir zu tun, das sei eine Verzweiflungsreaktion gewesen, dieser Junge habe es so schon schwer, damit fertigzuwerden, daß sie zu mir zurückgegangen wäre. Zu einem zwölf Jahre älteren Mann. Der muß doch jetzt wahnsinnige Komplexe haben. Ich habe auch gehört, der Junge ist inzwischen zum Säufer geworden. Tut mir irgendwie leid. Ja. Die Iris hat diesen Brief nicht geschrieben und war ganz anders als vorher ...

KÖRNER Was meinen Sie mit anders?

HORST Das Liebliche an ihr, die Anpassungsfähigkeit, es gab eigentlich nur noch Streit. Sie begehrte dauernd auf, ja, sie wollte überall in die Dominanz. Es sollte einfach alles so sein, wie sie es wollte. Ich mochte am Schluß manchmal kaum noch mit ihr reden. Sie suchte krampfhaft nach Fehlern bei mir, ich solle mich anders anziehen und solle, ja, eigentlich war nichts an mir, das sie nicht kritisierte ...

KÖRNER Würden Sie sagen, sie war selbstbewußter geworden?

HORST Überhaupt nicht! Mit selbstbewußten Frauen, die wissen, was sie wollen, kann man auf einen Nenner kommen. Da kann man Spielregeln für ein Zusammenleben finden, das ist kein Problem. Sie war, ja, auf dumme Weise aufsässig. So die Art Kritik, die an allem etwas auszusetzen und keinerlei Alternativen zu bieten hat. Wir haben in dieser Zeit mal über eine Ehe gesprochen, und ich vertrat die Ansicht, daß eine intelligente Frau wenigstens halbtags arbeiten sollte, damit sie nicht im Haushalt angebunden sei. Wissen Sie, was Iris darauf geantwortet hat? – »Was denn, verheiratet sein und arbeiten, das fehlte gerade noch!« – Ja. Es war einfach keine Basis mehr da. Wir haben es versucht, es ging noch ein halbes Jahr, dann ist sie wieder gegangen.

KÖRNER Einfach gegangen, ohne Anlaß?

HORST Natürlich gab es einen Anlaß! Ich hatte in der Zeit, wo wir getrennt waren, ich habe Ihnen von dieser Kollegin erzählt, mit der das anfing, ich meine, diese Frau, wegen der Iris ausflippte, ich hatte mich mit dieser Frau regelmäßig getroffen. Als Iris zurückkam, hatte ich das sofort eingestellt, aber als es dann dauernd Krach gab, ich habe wieder angefangen, mit dieser Frau zu schlafen. Ich wollte nicht dauernd die Opposition im Bett. Und Iris, manchmal glaube ich, sie war frigide wie vorher und hatte nur einige Tricks gelernt, daß man das nicht mehr so merkte. Iris fing oft Streit an, wenn wir gerade aus dem Bett kamen. Ich wäre versaut, sie brauche mehr Zärtlichkeit, einmal sagte sie sogar während ich in ihr war, ich müsse mir die Haare mal wieder waschen. Ja. Ich schlief wieder mit dieser Kollegin, von der ich erzählte, und Iris, ich hatte diese Kollegin auf eine mehrtägige Recherchier-Reise mitgenommen, und als ich zurückkam, hing Iris wieder mit einem anderen Mann zusammen. Diesmal war es ein dreiunddreißigjähriger Postbeamter. Geschieden. Ein noch größerer Versager als dieser Peter. Wenn ich an die Intelligenz der Iris denke, ich gebe diesem Mann bei ihr ein halbes Jahr.

KÖRNER Sie fühlen sich anderen Männern immer überlegen? Ich will Ihnen nicht zu nahe treten, aber Sie kennen den Begriff borniert?

HORST Das habe ich auch manchmal gedacht. Aber da gibt es doch Kriterien. Ein Mann, der meinen Beruf hat, das ist objektiv etwas anderes als ein Postinspektor. Nach den Erfahrungen, die Iris gemacht hat, mit diesen Erfahrungen kann man nicht ein Leben an der Seite eines Postinspektors führen. Es ist unmöglich.

KÖRNER Und wenn sie dort Wärme und Verständnis und Geborgenheit findet? Vielleicht hat sie das bei Ihnen vermißt!

HORST Sie meinen die gleiche muffige Wärme wie in ihrem Elternhaus? Ja, also, wenn sie das sucht, wenn sie das suchen sollte ... Aber dann wäre sie kaum drei Jahre bei mir geblieben und wieder zurückgekommen. Nein. Ich sehe das eher als Trotzreaktion in einem Kampf. Sie weiß sehr genau, daß ich sie liebe. Aber sie will sich durchsetzen. Wenn sie anderswo mehr findet als bei mir, ich habe sie beim zweitenmal nicht darum gebeten, zu mir zurückzukommen. Ich bin mir ziemlich sicher, daß ich sie liebe, aber ich habe viel gelernt ...

KÖRNER Was haben Sie gelernt?

HORST Ich habe viele Fehler gemacht. Und mein Begriff von

Liebe. Ich habe immer geglaubt, aus zwei Menschen müßte eine Einheit werden. Da wollte ich diese Einheit schon nach meinen Vorstellungen. Aber das ist Unsinn. Man muß den anderen so nehmen, wie er ist. Ich habe an Iris viel zu viel herumgebastelt. Dieser ganze Krampf mit ihrer Sexualität. Ob sie sich nicht ganz geben konnte oder nicht ganz geben wollte, ob das ihr Elternhaus war oder Unerfahrenheit, das hätte mich alles nicht so stark beschäftigen dürfen. Ich würde heute sagen, wenn eine Frau frigide ist, das ist ihre Sache...

KÖRNER Sie sagten doch, sie wäre einmal zum Orgasmus gekommen und danach hätte es weniger Probleme gegeben...

HORST Es hat andere Probleme gegeben! Diese Geschichte mit diesem Bübchen, zu dem sie zuerst gelaufen ist ... ist doch seltsam, diese Verhaltensweise! Eine Frau bleibt jahrelang, und nach ihrem ersten Orgasmus rennt sie weg. Das ist doch ein Widerspruch! Vielleicht hat sie Angst bekommen! So, wie sie erzogen war, vielleicht hat sie einfach einen Schock bekommen!

KÖRNER Würden Sie sagen, daß sie das Mädchen manipuliert haben?

HORST Selbstverständlich! Man manipuliert immer, wenn man mit einem Menschen in einer engen Beziehung lebt! Aber ich habe in eine andere Richtung manipuliert, als ihre Eltern. Das hebt sich vielleicht auf. Ich habe mir viel Mühe mit ihr gemacht, und ich hätte sie auch geheiratet, aber so, wie alles gekommen ist, diese Wahllosigkeit in ihren Beziehungen, erst ich, dann dieser Peter und jetzt dieser Postbeamte, manchmal glaube ich, ihr ist egal, mit wem sie schläft.

KÖRNER Haben Sie die Trennung verarbeitet?

HORST Ich weiß nicht. Ich habe sehr viel über Iris nachgedacht. Manchmal tut mir das Mädchen leid. Sie war auf ihre Art schon eine starke Erscheinung in meinem Leben, und ich habe lange gebraucht, um das alles zu verarbeiten. Vielleicht gibt es tatsächlich so etwas wie Schicksal. Vielleicht ist es ihr Schicksal, sich einem Mann nicht rückhaltlos geben zu können, und wie sie auf diese Weise jemals glücklich werden will, ist mir rätselhaft.

KÖRNER Und Ihr Leben, wie leben Sie jetzt?

HORST Meine Güte, wie lebe ich? – Mit Frauen klarzukommen, ja, wie soll ich es ausdrücken, es hat mir nie Schwierigkeiten gemacht, bevor ich Iris traf. In der ersten Zeit danach war es ziemlich schwierig. Man wird mißtrauisch. Aber jetzt, ich kann auf andere Frauen wieder offen und ohne Mißtrauen zugehen. So eine Begegnung wie meine mit Iris, das muß man eben überwinden. Heute sage ich mir, daß dieses Mädchen seelisch verkrüppelt war, als ich es kennenlernte. Vielleicht habe ich das deshalb so lange mitgemacht, weil ich das nicht wahrhaben wollte. Man kann in einem solchen Falle überhaupt nichts ändern. Wenigstens das habe ich dabei gelernt.

# 12. Männersache

»Die erste richtige Erfahrung für ein junges Mädchen«, sagt Horst irgendwann, »wenn ich da ausgestiegen wäre, als die Zeit dafür gekommen war, es ging einfach nicht. Wenn einer dabei Schaden erleiden mußte, das war für mich von Anfang an klar, dann wollte ich es sein ...«.

Jetzt, wo sich Iris von Horst getrennt hat, ist das Ergebnis dieser Beziehung offensichtlich. Wenn überhaupt in Zusammenhang mit einer Beziehung von Schäden die Rede sein kann, haben beide Schäden erlitten. Aber kann hier überhaupt von einer Beziehung zwischen zwei Menschen die Rede sein? Haben da zwei Menschen ja zueinander gesagt? Hatte sich jeder für den anderen entschieden?

Von außen her betrachtet sehen sie wie ein Idealpaar aus, der erfolgreiche, einigermaßen wohlhabende Journalist und das attraktive junge Mädchen, der etwas angejahrte Märchenprinz, der sein Dornröschen findet, es jahrelang wachzuküssen versucht und schließlich frustriert in die Arme einer sexuell erfahrenen Frau und eines Psychotherapeuten flüchtet.

Alle möglichen Erklärungen drängen sich für das Scheitern dieser Beziehung auf. Horst erzählt vom Elternhaus, in dem Iris aufwuchs. Prüde sei man dort gewesen, sexualfeindlich. Wenn es tatsächlich so war und dem promiskuitiv lebenden »Libertiner« nicht nur so erscheinen mußte: Ging Iris mit dem fast zwanzig Jahre älteren Manne eine Beziehung ein, um sich von diesem Elternhaus zu lösen? Verließ ihn Iris, als sie sich innerlich von ihren Eltern gelöst hatte?

War das Scheitern dieser Beziehung durch den Erfahrungsunterschied beider Partner von Anfang an einprogrammiert? Führt die Verbindung des erfahrenen Mannes mit der unerfahrenen Frau zwangsläufig ins Desaster? Betroffen macht mich die Zielstrebigkeit, mit der Horst Iris zielstrebig, wenigstens was ihre äußere Erscheinung betrifft, zu dem formt, was Feministinnen ein Sexualobjekt nennen.

»Und Iris machte alles mit«, erzählt Horst. »Sie ließ sich alles gefallen ... anale und sadomasochistische Praktiken, wir probierten alles durch. Irgend etwas mußte sie schließlich zum Orgasmus bringen, dachte ich mir ...«

Was verlangen Männer eigentlich alles von ihren Körpern und den Körpern ihrer Frauen?
Inwieweit sind denn Entscheidungen für bestimmte Partner überhaupt noch unsere eigenen Entscheidungen?
Mit sechzehn, siebzehn Jahren (ich war noch in der Lehre und verdiente kein Geld) war ich froh, wenn ich überhaupt ein Mädchen fand, das sich mir nach dem Tanzen oder nach dem Kino in einem dunklen Hauseingang oder auf einer abgelegenen Parkbank hingab. Ich war Lehrling bei einer Kommunalverwaltung, es war zu erwarten, daß ich irgendwann einmal Verwaltungsangestellter sein würde. Damals hielt ich es für mein persönliches Schicksal, daß meine Freundinnen meist Arbeitertöchter waren, die nach den damals herrschenden Auffassungen von Schönheit und Häßlichkeit keinesfalls als sonderlich schön galten. Ich hielt sie auch nicht für schön. Irgendwann bestand ich meine Lehrabschlußprüfung, und wie durch ein Wunder konnte ich auch die schönen Arbeitertöchter zum Tanzen und ins Kino ausführen, ich hatte »gute Chancen« bei vielen Mädchen, deren Väter Angestellte waren. Nur an die attraktivsten Angestelltentöchter kam ich kaum heran. Das änderte sich wiederum, als ich Beamter wurde. Ich schrieb einige Bücher, hatte Beziehungen mit studierenden Töchtern leitender Angestellten und Eigentümer mittelgroßer Betriebe, schließlich lernte ich Carmen kennen. Ihr Vater ist leitender Angestellter, besitzt mehrere Mietshäuser und respektable Aktienpakete. Was ist denn da passiert? Bin ich durch ein Wunder in den letzten zweiundzwanzig Jahren um so vieles klüger und schöner geworden?
Und woran liegt es, daß meine Freundinnen, Partnerinnen, Geliebten, woran liegt es nur, daß sie bei aller Verschiedenheit immer eins gemeinsam hatten: Sie entsprachen sämtlich dem herrschenden Schönheitsbegriff, wie ihn die Titelbilder von Illustrierten, das Kino und die Werbung für Sportwagen, Zigaretten und Urlaubsreisen in mein Bewußtsein gehämmert hatten.
Waren meine Beziehungen Beziehungen mit Menschen, die sich für mich entschieden hatten und für die ich mich entschieden hatte?
Hatten Menschen zueinander gefunden oder der durch »äußere Schönheit«, Lebensalter und soziale Schicht bestimmte Marktwert der Frau zum durch Einkommen, soziale Stellung und Besitz bestimmten Marktwert des Mannes?
Hätte sich Horst für Iris entschieden, wäre sie häßlich und zehn Jahre älter gewesen? Hätte sie ihn auch nur eines zweiten Blickes

gewürdigt, wäre er nicht Journalist mit einem Hauch von Jet-Set gewesen, sondern beispielsweise ein fünfunddreißigjähriger Stahlbauschlosser?
Ich habe verschiedenen Frauen diese Frage gestellt, und sie antworteten mir sämtlich, daß man diese Frage so nicht stellen könne. Eine Frau entscheide sich meist für die Gesamtpersönlichkeit eines Mannes. Das leuchtet mir ein. Ich frage mich jetzt nur, weshalb diese Gesamtpersönlichkeit des »Lebensgefährten« allgemein als attraktiv geltender Frauen gewöhnlich mit hohem Einkommen verbunden ist, die Gesamtpersönlichkeit des »Lebensgefährten« allgemein als wenig attraktiv geltender Frauen meist mit einem niedrigen Einkommen.
Horst gehört zu den wenigen Männern, die mir relativ offen von sexuellen Schwierigkeiten erzählten. Für Horst ist die Frigidität der Frau, die von Anfang an die Beziehung belastet, letztlich die Ursache der Trennung. Rolf berichtet am Rande von der Frigidität seiner Frau, die ihn nicht sonderlich störte. Ob die Frigidität der Frau den Mann stört oder nicht: Betroffen machen müßte es jeden Mann, wenn Sexualwissenschaftler davon ausgehen, daß mehr als ein Drittel aller Frauen akut frigide ist. Ganz gleich, ob man die Ergebnisse von Umfragen zum Sexualverhalten für glaubwürdig hält oder nicht, unser Bewußtsein ist seit der Veröffentlichung des Kinsey-Reports ein anderes als vorher.
Mit siebzehn, achtzehn Jahren fragte ich irgendwann einmal unsicher meinen Vater, wie oft ein Mann mit seiner Frau »verkehren« müsse (!). Die Antwort meines Vaters bestand aus einem Hinweis auf eine Norm, die Martin Luther angeblich gesetzt habe: »In der Woche zweimal, im Jahr hundertvier, das schadet weder ihm, noch ihr!«
Ich gab mich damit zufrieden. Was sich so schön reimte, mußte richtig sein.
Dann fiel mir irgendwann die deutsche Ausgabe des Kinsey-Reports in die Hände, und mir gingen die Augen über. Bis dahin hatte ich geglaubt, daß Liebe Mann und Frau Spaß machen sollte, daß sie zu den angenehmen Seiten des Lebens gehörte. Was da an Statistiken, Erregungskurven, Richt- und Grenzwerten aufbereitet war, das nahm mir jede Unbefangenheit. Liebe war Leistung. Ich konnte falsch und richtig handeln, ein Könner sein oder ein Stümper. Es war wie bei einer schwierigen Mathematikarbeit in der Schule. Wenn man alle Aufgaben richtig in der vorgeschriebenen Reihenfolge löste, gab es ein »Sehr gut«. In der Liebe war das »Sehr gut« der Orgasmus der Frau.

Und da strengte ich mich an, wie sich meine Freunde und Arbeitskollegen anstrengten. Wir liebten unsere Mädchen ja, wir wollten sie »befriedigt« sehen. Die männliche Sexualprotzerei begann. Längst hatten wir unser Organ mit dem Zollstock vermessen. Sicherheitshalber legten wir drei oder vier Zentimeter zu, wenn die Rede darauf kam. Ansonsten übertrafen wir Kinseys Frequenzstatistiken sämtlich spielend. »Nur viermal hast du es bei deiner Freundin zum Wochenende gebracht? – Na hör' mal, bei mir sind sechsmal pro Nacht das Minimum!«
Wir wurden älter. Oswalt Kolle leistete seine Herkulesarbeit der sexuellen Volksaufklärung. Jetzt waren Orgasmus und Frigidität und Impotenz Volksgenossen. Überall lagen sie zwischen Mann und Frau in den Ehebetten. Arbeiter wehrten sich in ihren Witzen:
»Hat deine Frau immer Orgasmus?« – »Biste verrückt? Griechischer Gastarbeiter kommt nicht mehr ins Haus!«
Ich kann mir gut vorstellen, wie der Journalist Horst verzweifelt die ganze Klaviatur sexueller Techniken gehandhabt hat, um Iris zum Orgasmus zu bringen. Liegt es an ihrer Unerfahrenheit oder am prüden Elternhaus, daß sie frigide bleibt? Liegt es daran, daß ihr Körper den viele Jahre älteren Mann ablehnt? Liegt es daran, daß hier nicht zwei Menschen zueinander gefunden haben, sondern nur Attribute männlicher Attraktivität zu Attributen weiblicher Attraktivität?
Iris jedenfalls »schafft es nicht«, zum Orgasmus zu finden, und Horst wendet sich einer »erfahreneren Partnerin« zu, die ihn in seiner Potenz bestätigt. Selbstverständlich hat sie ihre Orgasmen. Alles ist wieder in Ordnung. Vorbei die Zeiten, wo frustrierte Männlichkeit hilflos den Weg zum Urologen suchte. Ist jetzt für Horst alles in Ordnung? Hat seine neue Partnerin ihren Orgasmus?
Ich bin ein Mann. Meine Beziehungen waren meist Beziehungen zu sexuell erfahrenen Frauen. Wenn ich mit Frauen sexuell nicht übereinstimmte, habe ich nicht wie Horst gehandelt. Ich habe mich von solchen Frauen alsbald getrennt.
Bin ich ein Sexualathlet? Sind »meine« Frauen Orgasmuswunder?
Ich weiß, daß ich kein Sexualathlet bin. Wenn ich an die Zeit mit Carmen denke, erinnere ich mich daran, daß ich hin und wieder auch mit ihr vögelte, wenn ich müde war und lieber in ihren Armen nur geschlafen hätte. Wenn ich trotzdem mit ihr vögelte

(ich finde das Wort »Geschlechtsverkehr« abscheulich!), so vögelte ich, weil ich vermutete, daß sie es erwartete.
Ich bin ein Mann und weiß nichts vom Orgasmus der Frau: Wie oft mag Carmen mit mir gevögelt haben, obwohl sie auch lieber in meinen Armen einfach geschlafen hätte?
Und wenn sie dann zum Orgasmus fand: Fand sie zum Orgasmus, oder täuschte sie ihren Orgasmus vor, damit sie schlafen konnte und ich schlafen konnte?
Zweifellos hat sich Horst für Iris entschieden, weil sie Jugend und Schönheit attraktiv erscheinen ließen. Zweifellos hat sich Iris für Horst entschieden, weil ihn seine soziale Stellung und sein Einkommen, die seinen Lebensstil bestimmen, attraktiv erscheinen ließen.
Es erscheint mir unmöglich, in einer industriellen Leistungsgesellschaft zu leben und in dieser Gesellschaft die Beziehungen von Mann und Frau losgelöst von Warenwert und Tausch zu gestalten. Wo Warenwerte und Tauschprinzip alle Bereiche des Lebens strukturieren, ist die freie, reine Liebe zwischen Menschen eine Utopie. Trotzdem bleibt die Sehnsucht nach dieser Liebe zwischen Menschen.
Frauen werfen Männern immer wieder vor, daß wir sie wegen »äußerer« Reize begehren und als austauschbare Sexualobjekte gebrauchen. Männer begreifen immer häufiger, daß sie von Frauen wegen des Reizes ihres Einkommens begehrt und als austauschbare Ernährer von Frau und Kind gebraucht werden.
Sind Impotenz und Frigidität der Protest unserer Sinne gegen die Vergewaltigung des Menschen zum Träger von Warenwerten, die Tauschbeziehungen möglich machen?
Ist sexueller Leistungsdruck eine flankierende Maßnahme, die Mann und Frau an der Einsicht hindern soll, daß sie mit ihren nach den Regeln des Warenverkehrs gewählten »Partnern«, von der Tauschbeziehung einmal abgesehen, nichts zu tun haben?
Feministische Frauen versuchen, sich gegen ihre Herabwürdigung zum »Sexualobjekt« durch betont verhüllende, die sexuelle Ausstrahlung des weiblichen Körpers zerstörende Kleidung zu wehren.
Können wir Männer unsere soziale Stellung, unser Einkommen und unseren Besitz auf ähnliche Weise unsichtbar machen, um nicht zum Lieferanten von finanziellen und sozialen Leistungen für Frau und Kind herabgewürdigt zu werden?
Wenn es überhaupt noch möglich ist, durch das Gestrüpp von Tausch- und Warenwerten zum wirklichen Selbst des anderen

Menschen zu finden: Möglicherweise können die Signale unserer Körper uns noch Wege zum anderen weisen und Irrwege verstellen.
Für Horst und Iris jedenfalls hat der Protest des Körpers der Frau die Institutionalisierung des Elends beider wirksam verhindert.

Für ein neues Bewußtsein des Mannes:
*Wir müssen lernen, Sexualität wieder als natürlichen spontanen Ausdruck des Seins und Fühlens von Männern und Frauen zu begreifen. Wir müssen aufhören, den eigenen Körper und den Körper anderer durch Leistungsstreben und Leistungserwartung zu vergewaltigen.*

# 13. Gesprächsprotokoll Peter K.:

*»Sie hatte keine Lust mehr, das Geld für uns zu verdienen, wie ich es vorher jahrelang verdient habe ...«*
(Student Peter K., 29 Jahre alt)

Das Gespräch fand im Frühjahr 1979 in K.s Zimmer statt. Seit seiner Scheidung lebt K. zusammen mit einem Kommilitonen und einer Stenotypistin in einer Dreiraumwohnung in B., einer Universitätsstadt. Von einer farbigen Batik abgesehen, die eine tanzende indische Gottheit zeigte und fast eine ganze Wand des engen Zimmers bedeckte, machte der Raum mit Bücherregal, Schreibtisch, Kleiderschrank und Bett den typischen Eindruck einer Studentenbude.

KÖRNER Zuerst muß ich ja wohl Dankeschön sagen, daß Sie mich doch noch angerufen haben. Ich dachte schon, Sie wollten das Gespräch nicht mehr ...
PETER Wollte ich auch erst nicht. Der Zeitaufwand ... So ein Studium verschlingt Zeit, das hätte ich mir nicht träumen lassen. Sie wissen ja, ich habe früher als Fernsehtechniker gearbeitet. Manchmal zehn, zwölf Stunden. Aber so kaputt wie jetzt war ich nie. Da ist ein Druck an der Uni, manchmal glaube ich, die machen das absichtlich. Die wollen die Jugend wieder in den Griff bekommen. Klappt ja auch. Jeder denkt zuerst an sich. Und dieses Gespräch ... was kann es mir schon bringen ... wenn der Tom nicht mit dem Fahrrad gekommen wäre, na, ist egal. Was soll ich erzählen?
KÖRNER Was war das mit dem Fahrrad?
PETER Der Thomas, also mein Sohn, der wünscht sich ein Fahrrad. Und als ich letzte Woche am Sonntag den Jungen zum Spaziergang abholte, da redete er wieder davon, und meine Frau, also meine geschiedene Frau, die fing an zu sticheln. »Hör doch damit auf, Tom«, sagte sie, »dein Vater hat für so was kein Geld. Der muß studieren, damit er später mal ganz berühmt wird!« Und da dachte ich an Ihren Anruf ... das bleibt doch bei dem vereinbarten Honorar? Normalerweise würde ich ja das Geld nicht annehmen, aber in meiner Situation, mit BAFÖG ... das wäre ein erstklassiges Rad für meinen Jungen!
KÖRNER Natürlich, ich möchte Ihren Zeitaufwand irgendwie

ausgleichen. Aber wenn Sie sich ausgefragt oder ausgestellt vorkommen ... das Geld können Sie doch auch anders verdienen. Ich kenne viele Studenten, die Nachhilfeunterricht erteilen.

PETER Nein, das ist schon in Ordnung. Ich habe lange über Ihren Vorschlag nachgedacht. Jeder hält das, was ihm passiert, für sein ganz privates Schicksal. Ich habe auch erst gedacht, ich hätte meine Ehe zerstört, und alles wäre meine Schuld. Wochenlang habe ich gebummelt oder bei den Vorlesungen kein Wort aufgenommen, weil ich immer nur an meine Frau und den Jungen denken mußte. Aber das ist kein persönliches Schicksal, das geht Zehntausenden so. Es gibt bestimmte Regeln und Erwartungshaltungen, und wer dagegen verstößt, den treffen die Folgen. Das ist ganz einfach. Eine Frau will im Haus sein und sich um den Haushalt kümmern, der Mann hat das Geld für die Familie zu verdienen. Ein Abkommen auf Gegenseitigkeit. Die ganze Ehe, hören Sie mir bloß mit Liebe auf und solchen Sachen. Zwei Menschen gehen eine Art Vertrag miteinander ein, und wenn sich da etwas ändert, dann fühlt sich einer von beiden in seinen Erwartungen betrogen. Wenn er die Möglichkeit hat, sucht er sich anderswo, was er will. Liebe, Persönlichkeit, Lebensgemeinschaft, man soll mir nur nicht damit kommen. Das ist alles austauschbar. Jeder ist austauschbar. Meinetwegen können Sie ruhig meinen Namen und meine Adresse angeben. Mir macht das nichts aus. Ist vielleicht sogar gut, wenn andere das lesen. Da verlieren sie ihre Illusionen. Von wegen miteinander durch dick und dünn gehen ... Gerede, nichts als Gerede!

KÖRNER Ich werde Ihren Namen nicht öffentlich machen, weil es sonst Schwierigkeiten mit Ihrer früheren Frau geben könnte.

PETER Mit Michaela? – Da könnten Sie tatsächlich richtig liegen. Meine Frau ist überangepaßt. Wenn da einer bei der Sparkasse zufällig das Buch in die Hände bekäme und sie darauf ansprechen würde, die Michaela würde sofort zum Anwalt laufen. Auch wenn es die Wahrheit ist, was ich hier sage. Sie würde zum Anwalt gehen ...

KÖRNER Hassen Sie Ihre frühere Frau?

PETER Hassen? Nein, wieso? Rede ich so? – Ja, vielleicht stimmt's doch. Was die Michaela mir angetan hat ... anfangs dachte ich, mein ganzes Leben wäre zerstört. Meine Ehe, meine Familie, ich habe doch nur für meine Familie gelebt. Daß ich weiterkommen wollte, ich habe doch auch das nur für meine Familie getan. Aber dann, als es Schwierigkeiten gab ... als ich plötzlich aufhören sollte und wieder zurück in die Werkstatt, nur damit das Geld stimmt, nein, einmal war ich fast drauf und dran, die Schule an den Nagel zu hängen und wieder arbeiten zu gehen. Aber dann dachte ich, nein, wenn du das jetzt tust, nur um deine Ehe zu retten, dann geht deine Ehe auch kaputt, denn das verzeihst du deiner Frau nie! Die Entwicklung läuft doch rasend schnell, die Technik, die bauen doch jetzt schon Fernsehgeräte, wenn da ein Teil defekt ist, wechselt man die Einheit aus, und das dauert fünf Minuten ... der Beruf hat doch keine Zukunft ... Wer jetzt nicht aufpaßt, der kann doch in zehn Jahren zum Sozialamt gehen ...

KÖRNER Eine Menge gehen heute schon zum Arbeitsamt und irgendwann zum Sozialamt!

PETER Ist doch klar! Das ganze System ist doch darauf angelegt. Auf der einen Seite werden Arbeitsplätze wegrationalisiert, auf der anderen Seite akzeptiert die Industrie lieber die größte Lohnerhöhung, ehe sie über Arbeitszeitverkürzung mit sich reden läßt. Ist ja auch klar. Wenn die Leute mehr zum Nachdenken kämen ... da würden sie sich vielleicht auch fragen, was für einen Sinn das alles hat. Man schuftet und schuftet ... wenn ich daran denke, was ich an Überstunden gemacht habe ... und wofür das alles? Für das Auto und die Möbel und den Urlaub! – Hier, sehen Sie sich mein Zimmer an! Ein Bett und ein Tisch und ein Schrank und ein Stuhl! Glauben Sie, mir fehlt etwas? Zugegeben, am Anfang habe ich viel vermißt. Meine Stereo-Anlage und die Platten ... ich hatte eine Zehntausend-Mark-Anlage mit JBL-Boxen ... das war ein Klang ... diese Lautsprecher ... wenn Sie sich mal eine neue Stereo-Anlage kaufen wollen ... ich kann Ihnen da helfen, ich kriege Prozente ... Naja, war ganz schön, die Anlage, aber heute frage ich mich bei allem, was ich dafür tun muß. Meist ist der Preis zu hoch!

KÖRNER Ihre Ehe ... Sie haben jung geheiratet, nicht wahr?

PETER Mit zwanzig! Die Micha war gerade neunzehn geworden! Aber nicht, daß Sie denken, wir hätten heiraten müssen! Wir wollten das beide! Warum auch nicht? Ich hatte meine ersten Erfahrungen, und die Micha hatte auch schon ihre Tanzstundenfreundschaften hinter sich. Wir haben uns gut verstanden. Heiraten und später mal Kinder wollten wir beide, warum dann nicht heiraten. Ich hatte meinen Beruf, und die Micha hatte ihre Lehre auch fertig. Dauernd bei den Eltern herumhängen und am Abend immer so früh aus der Diskothek nach Hause müssen ...

KÖRNER Gibt es das tatsächlich noch?

PETER Ich weiß nicht, wie es heute ist. Aber wenn ich mit der Micha tanzen ging, um elf stand der Vater mit der Stoppuhr hinter dem Fenster. Da sagt man sich doch irgendwann, was soll das eigentlich, dauernd den Ärger mit den Eltern, wir heiraten einfach! Eigentlich war ich immer ein häuslicher Typ. So dauernd eine andere, das hat mir nie viel gebracht. Geregelte Verhältnisse, verstehen Sie, ich war immer für geregelte Verhältnisse. Vielleicht hat es mich gerade deshalb so mitgenommen, daß alles kaputtgegangen ist. Aber ich konnte doch nicht anders, man kann doch nicht hinter seinen Erfahrungsstand zurück! Manchmal glaube ich, das dürfte es alles nicht geben. Zweiter Bildungsweg und so was. Man bringt Menschen dazu, über alles nachzudenken, dann stehen sie mit ihrem Wissen da und können sehen, wie sie damit fertig werden!

KÖRNER Habe ich schon mal irgendwo gehört. Die Dummen sind am glücklichsten!

PETER Ist natürlich reaktionär! Aber manchmal ertappt man sich bei solchen Gedanken! Meine Scheidung, es ist doch nur passiert, weil ich mich anders entwickelt habe, als Micha das erwartet hat. Nicht direkt im Kopf erwartet, verstehen Sie mich, sondern eher gefühlsmäßig. Das Mädchen kommt aus einer Angestelltenfamilie. Alles picobello in Ordnung. Wie das eben so ist. Michas Mutter hat sofort nach der Heirat zu arbeiten aufgehört, und der Mann hat das Geld verdient, das gehört sich eben so. Die Mutter meiner Frau arbeitet auch heute noch nicht, obwohl Micha seit neun Jahren nicht mehr im Haushalt lebt und die Frau nur ihren Mann zu versorgen hat. Das ist eben so.

KÖRNER Das ist doch meistens der Fall, das ist der Normalfall.

PETER Ich habe ja gar nichts dagegen! Wenn eine Frau lieber im Hause ist und den Haushalt macht, warum nicht! Obwohl, ich kann da mitreden, ich habe fast zwei Jahre bei uns den Haushalt geführt. So schlimm ist das auch nicht! Man geht einkaufen und mit dem Staubsauger durch die Wohnung, man steckt die Wäsche in die Maschine und putzt gelegentlich die Fenster. So schlimm, wie das manche Frauen hinstellen, ist Hausarbeit nicht!

KÖRNER Sie haben das Kochen vergessen!

PETER Das ist auch nicht so schlimm! Mir hat es Spaß gemacht! Bei den Möglichkeiten heute, Tiefkühlgemüse und Tiefkühltruhe, Sie glauben ja gar nicht, wie man sich das einteilen kann. Ich hätte das ohne Schwierigkeiten weitermachen können. Sogar während des Studiums. Einen Haushalt zu führen, das ist kein Problem mehr!

KÖRNER Ich weiß nicht. Es wird auf das Geld ankommen, das zur Verfügung steht. Wenn ich sehe, mit wie wenig Geld manche Familien auskommen müssen! Ich bewundere da die Frauen immer. Mit zwölfhundert Mark eine vierköpfige Familie über die Runden bringen, ich staune jedesmal, wenn ich so was sehe!

PETER Es ist möglich! Jetzt mit dem BAFÖG zu leben, das ist schwerer! Ich zahle hundertfünfzig Mark Mietanteil und esse in der Mensa, aber abends, wenn ich mal ausgehen möchte, ein paar Bier in der Kneipe, natürlich. Aber schon ein Whisky in einer Diskothek ist da nicht mehr drin.

KÖRNER Sie haben sehr früh geheiratet!

PETER Natürlich! Diese Frühehen sind Wahnsinn. Man heiratet in einem Alter, mit zwanzig, da weiß man doch gar nicht, was man eigentlich will. Unsere Eltern, ich weiß, die haben sich bestimmt nichts dabei gedacht. Die haben uns doch in die Ehe getrieben. Daß die Micha oder ich mal hätten zusammen schlafen können, das war doch nicht drin. Weder bei ihren, noch bei meinen Eltern. Ich habe mir mit neunzehn einen Gebrauchtwagen gekauft, nun ja, wie viele junge Leute. Damit man abends auf irgendeinen Parkplatz fahren kann. Irgendwann hat man das satt und will mit seiner Freundin in einem richtigen Bett schlafen. Dann heiratet man eben. Dann hat alles seine Ordnung. Wenn ich an die Hochzeit denke, das muß Michas Vater sehr viel Geld gekostet haben. Ich denke manchmal daran, wie er mich beim Polterabend zur Seite genommen hat: »Wir haben für unser Kind alles getan, was wir konnten«, hat mir Michas Vater gesagt. »Wir hoffen, daß du ihr immer ein guter Mann sein wirst! Und wenn ihr anfangs Probleme mit dem Geld haben solltet, du wirst bei mir immer ein offenes Ohr finden! Ich weiß doch, was das alles kostet, wenn man einen Haushalt aufbaut!« – Sie werden es nicht glauben, aber als bei uns alles auf die Scheidung hinlief, manchmal habe ich mir Michas Eltern vorgestellt, die beiden alten Leute ... wissen Sie, für die ist das doch eine Katastrophe. Ihre Tochter mit einem Kind und geschieden. Die verstehen das doch alles nicht. Für die bin ich ein Gauner, der seine Familie vor die Hunde gehen läßt. Daß ich jahrelang geschuftet habe und Überstunden gemacht habe, daß wir keinen Pfennig Ratenschulden mehr hatten, als ich zum Abendgymnasium ging, davon ist nie die Rede. Das ist alles selbstverständlich.

KÖRNER Ihre Eltern ...

PETER Mein Vater war Bergmann und ist jetzt Frührentner. Der hat vor Kohle gearbeitet, bis ihn der Knappschaftsarzt nicht mehr runterließ. Silikose! Jetzt ist er zweiundfünfzig und führt den Hund spazieren. Wenn Smog-Wetter ist, steht er morgens erst gar nicht auf! Sonniger Herbst, verstehen Sie?

KÖRNER Wenn man Ihnen eine Weile zugehört hat, möchte man hingehen und sich einen Strick kaufen. Ganz schön deprimierend!

PETER Finden Sie? – Ich finde, ich sehe das Leben nur realistisch. Ein Mann hat seine Arbeit zu machen und Geld nach Hause zu bringen, damit seine Kinder groß werden und selber arbeiten können und Geld verdienen und ausgeben. Ob jemand glücklich ist oder nicht, das interessiert doch nicht. Liebe und Treue und Pflichterfüllung, gehen Sie mir doch weg. Sie können alles auf Geldverdienen und Geldausgeben reduzieren. Liebe ... ich bin mir ziemlich sicher, daß mich Micha heute noch liebt, wenn es bei Frauen so etwas überhaupt gibt ... aber daß eine Frau mit einem Mann durch dick und dünn geht ... in Readers Digest vielleicht!

KÖRNER Ich habe Unbehagen bei Verallgemeinerungen ...

PETER Es sind nur meine Erfahrungen! Nach der Hochzeit, alles lief so, wie ich es mir immer erträumt hatte. Wir haben eine relativ billige Dreizimmerwohnung gefunden und uns eingerichtet ... ein richtiges gemütliches Heim. Gewiß, wir haben das Wohnzimmer und die Küche auf Raten gekauft, aber die Micha wollte bestimmte Möbel und die Ratenzahlungen ... Sie wollte ja die ersten Jahre noch arbeiten, da wäre das kein großes Problem gewesen. Die erste Zeit, wirklich, alles war so, wie ich es immer gewollt habe. Und die Micha schmiß den Haushalt ... Man hört ja so manchmal von Anfangsschwierigkeiten, wenn junge Frauen plötzlich einen Haushalt haben, aber die Michaela schaffte das vom ersten Tag an, als ob sie nie etwas anderes gemacht hätte. Nach der Arbeit ging sie einkaufen, und wir saßen zusammen in der Küche und später vor dem Fernsehapparat, oder wir gingen ins Kino oder tanzen ... wirklich, es war eine schöne Zeit. Und dann auf einmal ... es sollte in der Liebe nur den Anfang geben ... verstehen Sie, später wird doch alles ... die Micha ist wirklich eine gute Frau gewesen, aber dann, als das Kind kam ...

KÖRNER Wie lange waren Sie da verheiratet?

PETER Knapp ein Jahr! Es hat mir nichts ausgemacht. Ich wollte auch Kinder. Aber es hätte etwas später kommen können.

Manchmal denke ich, das Kind hat auch Schuld daran, daß unsere Ehe kaputtgegangen ist!

KÖRNER Ich denke Ihr Studium wäre die Ursache...

PETER Ist es auch. Aber wenn das Kind nicht so früh gekommen wäre, ich meine, vielleicht hätte sich Micha dann auch weiterentwickelt. Vielleicht wäre sie auch mit dem Leben nicht zufrieden gewesen, ich meine auf Dauer. Vielleicht hätte sie dann auch etwas anderes machen wollen. Vielleicht hätte sie sich dann auch entwickelt...

KÖRNER Na hören Sie, das ist etwas arrogant! Wie können Sie behaupten, Ihre Frau habe sich nicht entwickelt!

PETER Natürlich! Sie hat sich entwickelt. Sie wurde zusätzlich zur perfekten Hausfrau eine perfekte Mutter. Meine Michaela, wissen Sie, meine Frau hat nie Bücher gelesen. Höchstens mal eine Illustrierte. Aber von dem Augenblick an, wo sie schwanger war, jede Menge Bücher schleppte sie plötzlich ins Haus. Von Schwangerschaftsgymnastik bis zur natürlichen Geburt, Säuglingspflege und Ernährungslehren... meine Frau machte da eine Wissenschaft draus. Von früh bis spät, alles drehte sich nur noch um das Kind. Wenn das Kind erst da ist, hoffentlich ist unser Kind auch gesund, wenn das Kind größer ist, dann brauchen wir aber eine andere Wohnung... Wirklich, ich habe mich auch auf das Kind gefreut. Aber es gab schließlich auch noch anderes im Leben, das wichtig war!

KÖRNER Sie zum Beispiel!

PETER Sie meinen, daß ich mich vernachlässigt gefühlt habe? – Nein, das würde ich nicht sagen. Gewiß, das hat mir vielleicht unbewußt Kummer gemacht. Aber damals, damals habe ich das nicht so gesehen. Das ist eben der Lauf der Welt. Man hat ein Mädchen gern und heiratet, und irgendwann kommt ein Kind. Das geht doch den meisten so. Das funktioniert wie eine Falle. Nicht daß ich etwas dagegen gehabt hätte. Ich sagte ja, ich mag Kinder. Ich habe Kinder gern. Es hätte nur nicht so zeitig zu kommen brauchen. Sie wissen ja, wie das ist. Die Micha konnte nicht mehr arbeiten und die Raten...

KÖRNER Wirtschaftliche Probleme?

PETER Natürlich! Ich war ja jetzt der einzige, der Geld verdiente. Nun, ich habe mit Überstunden so viel wie möglich hereingeholt. Und ihr Vater hat uns sehr geholfen. Wenn es manchmal wirklich nicht mehr weiterging, da hat er Micha immer mal einen Schein zugesteckt. Mit dem Geld, da sind wir schon immer irgendwie klargekommen. Und unsere Ehe lief auch gut. Am Anfang, da ist ein Kind für einen Mann ja ... wie soll ich sagen, langweilig ist nicht das richtige Wort. Man hat als Mann eben keine richtige Beziehung dazu. Aber als Tom dann zu sprechen anfing, als er durch unsere Wohnung tapste, da hätte ich mit niemandem auf der Welt tauschen wollen. Ich habe die meisten Fotos von ihm mitgenommen. Micha wollte die Bilder auch behalten, aber da habe ich nicht nachgegeben. Die Wohnung, die Möbel, die Stereo-Anlage und den Fernseher, das habe ich ihr alles dagelassen. Aber die Fotos von dem Jungen habe ich mitgenommen. Hier das Bild auf dem Arbeitstisch, das ist Tom. Ich hoffe nur, daß der Junge das alles verarbeitet. Die Scheidung und daß ich nicht mehr zu Hause wohne, der hat alles mitbekommen. Wissen Sie, wenn keine Kinder da sind, dann ist eine Scheidung eine einfache Sache. Da geht es nur um zwei Erwachsene, die nicht mehr miteinander klarkommen. Aber wenn ein Kind da ist, hören Sie mir auf!

KÖRNER Manchmal frage ich mich, ob wir nicht heute viel zu viele Erwartungen mit der Ehe verbinden. Sie soll soziale, seelische, sexuelle und materielle Bedürfnisse befriedigen. Das Ganze soll auch noch in einer mehr und mehr hedonistischen Gesellschaft funktionieren, in der eigene Bedürfnisse des einzelnen doch immer mehr Gewicht bekommen ...

PETER Glauben Sie? – Wenn ich mir ansehe, wie manche Arbeiter leben ... von Hedonismus kann man da kaum reden. Die kämpfen doch ums nackte Überleben. Wenn ich mich daran erinnere, wie ich gelebt habe, als ich noch im Beruf war ... Man arbeitet seine Stunden ab, muß sich mit Dingen beschäftigen, die überhaupt nicht interessieren, und am Abend ist man müde. Man lebt für das Wochenende, für die Familie, alles wiederholt sich ... Ich bin jedenfalls froh, daß ich den Absprung noch geschafft habe. Sonst würde ich noch immer Ersatzteile im Werte von drei Mark in defekte Fernsehgeräte einbauen und den Leuten einen Fünfziger dafür abnehmen ...

KÖRNER Was hat diesen Absprung denn ausgelöst?

PETER Im Grunde meine Frau. Die Micha hatte was von Weiterbildung gehört und fing damit an, mir in den Ohren zu liegen. Ich sollte doch auch was machen, damit ich im Beruf weiterkomme, ich könnte mich doch auf meiner Gesellenprüfung nicht ausruhen, es gehe doch um die Zukunft, wir wollten doch auch später mal gut leben. Der Picht ist ihr in die Knochen gefahren!

KÖRNER Wer?

PETER Der Picht! Ein Bildungspolitiker. Der hat dieses Gerede vom Bildungsnotstand aufgebracht. Dem verdanken wir die vielen arbeitslosen Lehrer zum Beispiel. Was wollte ich sagen? – Ja, also, ich sollte mich weiterbilden. Gut, dachte ich, tust ihr halt den Gefallen. Ich bin zur Volkshochschule gegangen, um erst einmal den Realschulabschluß zu machen. Das waren harte eineinhalb Jahre, aber dann hatte ich den Abschluß. Und da habe ich, wie soll ich sagen, ich bin neugierig geworden. Als ich jünger war, da habe ich das nicht geschafft. Ich war schon als Kind auf der Realschule, aber ich mußte zur Hauptschule zurück. Aber die Abendrealschule, das war alles ganz anders geworden. Neue Lehrmethoden, alles war für Erwachsene zugeschnitten, es hat mir Spaß gemacht. Und da bin ich vor drei Jahren zum Abendgymnasium rübergegangen. Hat mir auch Spaß gemacht. Wenn es nach Micha gegangen wäre, hätte ich aufgehört. Am Anfang, als ich noch neben der Schule arbeiten konnte, da war alles in Ordnung. Aber als ich ihr sagte, daß ich zu arbeiten aufhören müsse, weil ich sonst das Pensum nicht schaffen würde, da sah sie plötzlich alles ganz anders.

KÖRNER Hatte sie etwas gegen die Abendschule?

PETER Gegen die Schule eigentlich nicht. Aber ich habe ihr das alles vorgerechnet. Der Tom ging inzwischen zur Schule, und wir hatten kaum noch Schulden. Bisher hatte ich immer gearbeitet und das Geld für uns verdient. Jetzt konnte sie mal eine Zeitlang arbeiten und das Geld für uns verdienen. Ich habe ihr das alles erklärt. Wenn ich erst fertig wäre, dann würde ich viel besser Geld verdienen können als in meinem Beruf. Dann sollte sie wieder aufhören, zur Arbeit zu gehen. Den Haushalt würde ich schon schaffen.

KÖRNER Und das ging nicht?

PETER Anfangs ging es ganz gut. Sie fing wieder an, bei der Sparkasse zu arbeiten, bei der sie früher tätig gewesen war. Die haben sie mit Handkuß wieder genommen. Am Anfang war alles in Ordnung. Sie verdiente nicht schlecht, ich bekam BAFÖG, und wenn es nach mir gegangen wäre, wir könnten heute noch verheiratet sein. Aber sie wollte auf einmal nicht mehr!

KÖRNER Das muß doch eine Ursache gehabt haben!

PETER Eigentlich nicht! Wissen Sie, man merkt ja viel zu spät, was für ein Gewitter sich über einem zusammenbraut. Am Anfang lief alles sehr gut. Meine Frau brachte so um die elfhundert Mark nach Hause, ich bekam BAFÖG, also am Geld hat es bestimmt nicht gelegen. Es fing ganz unmerklich an. »Die anderen verheirateten Frauen dürfen nur halbtags arbeiten«, sagte Micha zum Beispiel ironisch, »ich habe es viel besser! Ich arbeite zwar ganztags, aber dafür habe ich einen Hausmann, der mir die Wäsche in Ordnung bringt und das Essen kocht!« Am Anfang, wissen Sie, ich habe das gar nicht ernst genommen. Ich habe mit ihr zusammen darüber gelacht. Auch als dann die Sache mit dem Pelzmantel passierte, ich habe mich zwar darüber geärgert, und es gab auch Streit, aber daß meine Ehe in Gefahr war, ich habe das gar nicht geahnt.

KÖRNER Was war das mit dem Pelzmantel?

PETER Sie hatte Weihnachtsgeld bekommen, und als sie abends nach Hause kam, da hatte sie den Pelzmantel an. Nichts besonders Teures, keinen Nerz oder so etwas, einen Lammfellmantel. Aber neunhundert Mark hat er auch gekostet. »Wo hast du denn das Geld dafür her?« habe ich gefragt, und sie hat gesagt, daß sie den Mantel vom Weihnachtsgeld gekauft hat. »Ich will doch auch was vom Leben haben«, hat sie gesagt. »Wofür arbeite ich denn schließlich. Weißt du, wenn ich das gewollt hätte, morgens früh aufstehen und arbeiten, dann hätte ich nicht zu heiraten brauchen! Dann hätte ich jetzt kein Kind und könnte mir meine Freunde aussuchen!« Ich habe natürlich geantwortet, und ein Wort ergab das andere. Nun ja. Das war zum ersten Mal in unserer Ehe, daß wir getrennt geschlafen haben. Sie hat ihr Bettzeug aus dem Schlafzimmer getragen und sich auf dem Sofa ein Lager gemacht, ja, und da hat sie dann geschlafen.

KÖRNER Und was haben Sie gemacht?

PETER Was hätte ich denn machen sollen? Ich hatte eine Mordswut, sage ich Ihnen. Ich habe auch jahrelang Weihnachtsgeld bekommen. Ich habe es brav abgegeben. Die Geschenke für den Jungen, die Geschenke für die Schwiegereltern, das Geld ist immer so draufgegangen. Ich bin nicht einmal auf die Idee gekommen, das wäre mein Geld und ich könnte irgend etwas für mich dafür kaufen, etwas, wovon die Familie nichts hat. Wir Männer sind ja auch verrückt. Wir gehen Tag für Tag zur Arbeit und freuen uns, wenn die Frau am Abend ein Lächeln für uns übrig hat. Meistens stöhnen die Frauen ja noch über die entwürdigende Hausarbeit. Ich kann da mitreden. Gar nichts ist entwürdigend. Entwürdigend ist, wenn Sie sich in der Werkstatt vor acht anderen Leuten vom Chef zusammenstauchen lassen müssen, weil Sie einen Fehler gemacht haben oder weil der Chef einfach schlechte Laune hat. Ich habe doch den Haushalt gemacht. Ein Spaziergang ist das, wenn man sich die Arbeit vernünftig einteilt. Meine Frau hat immer Wut gehabt, wenn sie abends abgespannt nach Hause kam. Da hatte ich das Essen fertig, das Kind war versorgt, und sie hat mir damit in den Ohren gelegen, wie anstrengend der Tag für sie gewesen sei. So mit vorwurfsvoller Stimme. Als ob ich den ganzen Tag Däumchen gedreht hätte. Ich habe den Haushalt gemacht und noch für die Schule gearbeitet, und ich war völlig ausgeruht. Die meisten Männer wissen überhaupt nicht, was Hausarbeit bedeutet. Ein Spaziergang ist das heute mit den modernen Küchenmaschinen. Meine Frau hat das einfach nicht begreifen wollen, daß ich das schaffte. Dauernd hat sie gesucht, um mir Fehler nachzuweisen. Aber das fiel ihr schwer. Der Haushalt war immer picobello in Ordnung. Mit dem Jungen hat sie es auch versucht. Das Kind würde verkommen, weil sie arbeiten müsse, hat sie manchmal gesagt. Aber da habe ich sie nur ausgelacht: »Guck dir den Tom doch an«, habe ich geantwortet. »Der Junge sieht gesund und kräftig aus, und seine Zensuren sind auch nicht gerade schlechter geworden, seit ich ihm bei den Hausaufgaben helfe!« Das hat sie rasend gemacht, verstehen sie, die ist manchmal richtig durchgedreht.

KÖRNER Vielleicht war Ihre Frau noch zu jung, als Sie heirateten!

PETER Zu jung! Und ich, war ich vielleicht nicht zu jung? Ich bin doch auch mit allem fertig geworden. Ich habe neben der Arbeit die Realschulreife nachgeholt und das Abendgymnasium besucht, anfangs habe ich das doch auch neben meiner Arbeit gemacht. Zu jung! – Ich will Ihnen mal was sagen, ich habe jetzt auf dem Abendgymnasium andere Frauen kennengelernt, die arbeiten im Beruf und machen die Schule, und eine hat sogar zwei Kinder. Wie die das schafft, ist mir rätselhaft. Die will eben weiterkommen. Die hat den Haushalt satt und will Lehrerin werden. Wieder eine Lehrerin mehr. Wo die Lehrerinnen alle unterkommen sollen, mir ist das schleierhaft!

KÖRNER Was studieren Sie jetzt?

PETER Medizin! – Was Sie gerade sagten, zu jung geheiratet ... Ich weiß nicht. Ich habe viel gelernt. Die Menschen sind unterschiedlich. Die einen wollen was lernen und weiterkommen und sich entwickeln, und die anderen sind träge. Was habe ich alles versucht. Bücher habe ich meiner Frau mitgebracht, und über die Schule wollte ich mich mit ihr unterhalten. Philosophie, wir hatten da am AG einen Dozenten, der hat uns die Augen geöffnet. Man hat doch praktisch gedankenlos gelebt. Über den Sinn des Lebens denkt man als Fernsehtechniker doch nicht groß nach. Natürlich will man mit seiner Frau über so was reden. Aber mit Micha konnte man über nichts reden. Die wollte, daß im Haushalt alles läuft, und mal tanzen gehen und mal ins Kino und hin und wieder ein neues Kleid, mehr wollte sie doch nicht. Damit war sie zufrieden. Sich verändern, sich mit dem Leben entwickeln, aber doch nicht die Bohne. Das hätte wohl ihre Hirnwindungen beschädigt!

KÖRNER Das klingt sehr brutal. Sie wissen genausogut wie ich, wie viele Mädchen noch immer sozialisiert werden. Da wird ein Mädchen zur Hausfrau und Mutter erzogen, und dann soll sie solche Prozesse mitvollziehen. Verlangen Sie da nicht zuviel?

PETER Ich habe sie doch nicht alleingelassen, sondern sie hat mich im Stich gelassen! Hundertmal habe ich ihr alles erklärt. Wie man das einem kleinen Kind erklärt. »Schatz«, habe ich ihr gesagt, »ich mache das doch alles nicht nur für mich, sondern auch für uns. Ich will, daß es uns einmal besser geht. Ich will nicht mit fünfzig noch in die Werkstatt gehen, ich will irgendwann mein eigener Herr sein.« Entweder sie hat das nicht verstanden, oder sie wollte das alles nicht verstehen. Ich sollte mir dann am besten auch eine andere Frau suchen, die später besser repräsentieren könne als sie. Verstehen Sie, tatsächlich, eine Frau, die repräsentieren könne! So was sagt mir meine Frau!

KÖRNER Möglicherweise Ausdruck von Angst! Auf den Gedanken, daß Ihre Frau einfach Angst gehabt haben könnte, Sie zu verlieren, sind Sie nie gekommen?

PETER Angst, mich zu verlieren? – Das ist doch Unsinn! Ich hatte meine Frau und das Kind nie im Stich gelassen! Niemals! Angst, mich zu verlieren? – Angst davor, daß ich zu stark werden könnte, vielleicht! Mit dem kleinen Fernsehtechniker konnte sie ja gut fertig werden! Mit dem Arzt wäre das vielleicht nicht so einfach gewesen! Dann lieber gleich alles auf die Spitze treiben und den Bruch provozieren, solange man noch jung ist! Die Frauen sind doch eiskalte berechnende Biester. Meine Micha hat doch alles darauf angelegt, die Scheidung heraufzubeschwören. Die wollte das doch gar nicht anders!

KÖRNER Reden Sie sich da nicht etwas ein?

PETER Nein! Hundertmal habe ich mir alles durch den Kopf gehenlassen! Ich habe ein Dreivierteljahr um unsere Ehe gekämpft. Es war unmöglich. Micha wollte keine veränderte Situation. Die wollte, daß einfach alles wieder so wird, wie es vorher war. Daß mir das alle Entwicklungsmöglichkeiten beschnitten hätte, das wäre ihr egal gewesen!

KÖRNER Wie kam es denn zum Bruch?
PETER Wie kommt es schon zum Bruch? Das war eine langsam schleichende Entwicklung. Sie wurde einfach anders. Sie war gereizt, nörgelte dauernd an allem herum. Wenn sie morgens aufstand, ich machte ihr das Frühstück und machte den Tom für die Schule fertig, ja, sie wußte genau, daß ich mich danach noch für zwei Stunden hinlegen konnte. Das hielt sie mir vor, als wäre es ein Verbrechen. So gut, wie ich es hätte, würde sie es auch gern haben wollen, sagte sie oft. Und dann verweigerte sie sich. Wenn ich mit ihr, ja, wenn ich mit ihr verkehren wollte, dann war sie zu müde. »Ein Mann kann eben nicht erwarten, daß ihn seine Frau ernährt und gleichzeitig noch die perfekte Geliebte ist«, sagte sie bei solchen Gelegenheiten. Ich hatte das Abendgymnasium und dann die Uni, das war doch alles kein Kinderspiel, noch dazu neben dem Haushalt, den ich führte. Ich kann Ihnen sagen, manchmal bin ich in die Kneipe gegangen, nur um die Vorwürfe meiner Frau nicht zu hören. Ich habe vorher nie getrunken, aber in der letzten Zeit vor der Scheidung, na, ich hatte manchmal ganz schön einen sitzen, wenn ich nach Hause kam. Ich wußte ja, was mich erwartete. Wenn ich genug getrunken hatte, war mir egal, was sie mir vorzuwerfen hatte!
KÖRNER Und Beziehungen außerhalb der Ehe haben da nicht mitgespielt?
PETER Anfangs nicht! Jedenfalls bei mir nicht! Ich habe zwei Nächte bei einer Frau geschlafen, die auch zum AG ging. Aber da war nichts! Ich dachte nur, wenn ich jetzt mal einfach nicht nach Hause komme, wenn ich über Nacht wegbleibe, vielleicht merkt sie dann, daß sie unsere Ehe ruiniert. Aber das war für sie nur ein Grund mehr, mir Vorwürfe zu machen. Jetzt war ich nicht mehr bloß der Mann, der sich von ihrem Geld betrank, jetzt war ich ein Mann, der auch noch fremdging. Drei Nächte später ist sie nicht nach Hause gekommen. Ich dachte zuerst, sie müßte Überstunden machen bei ihrer Bank, und ich habe angerufen, weil ich mir Sorgen machte. Keine Spur! Nein, Ihre Frau ist längst gegangen, sagte mir jemand, der noch da war. Diese Angst, die man dann bekommt! Die ganze Nacht über habe ich kein Auge zugemacht, und als sie am Morgen noch nicht zu Hause war, da habe ich wieder bei der Bank angerufen, und sie meldete sich, als wäre nichts geschehen. »Was ist denn passiert?« fragte ich. »Wo hast du denn in der Nacht gesteckt?« – »Du, ich kann jetzt leider nicht sprechen, wir haben schon Kunden!« – Klatsch, lag der Hörer wieder auf der Gabel. Was man in solchen Momenten empfindet,

man geht durch Stimmungen, verstehen Sie, manchmal war ich kurz davor, den Gashahn aufzudrehen. Ja. Wo sie in dieser Nacht gewesen war, habe ich nie herausbekommen. Von da an kam sie von der Arbeit nach Hause, wenn sie Lust dazu hatte. Ich habe mit ihr zu reden versucht. »Laß uns doch versuchen, neu anzufangen«, habe ich gesagt, »ganz von vorn. Als wäre nie Streit gewesen!« – »Jederzeit!« hat sie geantwortet. »Wenn du wieder ordentlich für die Familie sorgst, wie das alle Männer machen!« Darauf konnte ich nicht eingehen. Nun ja, das ging so ein paar Monate, und als sie dann wieder eine Nacht lang wegblieb, da habe ich meine persönlichen Sachen eingepackt. Ich hatte mit den Leuten hier gesprochen, bei denen ich jetzt wohne, da war alles klar. Ich brauchte nur noch mit meiner Frau zu sprechen. »Paß auf«, habe ich ihr gesagt, »so geht das nicht weiter. Auf diese Weise geht das Kind vor die Hunde und wir beide auch. Ich ziehe aus! Wir können ja mal sehen, vielleicht kriegen wir wieder die Kurve, sonst lassen wir uns am besten scheiden. Ich halte das nicht mehr aus!« Wenn Sie jetzt glauben, meine Frau wäre überrascht gewesen, keine Spur. »Ich glaube auch, das ist das beste!« sagte sie. »Wenn dir dein Studium wichtiger ist als deine Familie, dann kannst du gehen!« – Nun ja, was blieb mir übrig? Ich bin ausgezogen, und dabei ist es letztlich geblieben.

KÖRNER Was denn, so einfach zerbrechen Ehen? So einfach geht das?

PETER Das hört sich jetzt vielleicht so einfach an. Es war fürchterlich. Als es soweit war, daß ich auszog, das war doch nur der vorläufige Schlußpunkt einer Entwicklung. Zerbrochen ist das bei uns stückweise. Ganz kleine Risse, die man zuerst gar nicht bemerkt, bis dann die Katastrophe da ist.

KÖRNER Sie sind in die Wohngemeinschaft gezogen, in der sie jetzt leben?

PETER Ja. Es war die einfachste Lösung. Erst mal das Studium hinter mich bringen. Dann werde ich wieder an ein neues Leben denken. Wie das aussehen soll, keine Ahnung. Aber wer weiß, was bis dahin noch alles passiert. Ich habe gelernt, immer bis zum nächsten Ziel zu denken und zu planen. Jetzt ist mein Ziel, erst mal das Klinikum zu erreichen.

KÖRNER Und das läßt sich so einfach abschminken, eine Ehe, das Kind, das läßt sich so aufgeben?

PETER Was heißt hier aufgeben. Ich habe sehr viel darüber nachgedacht. Es kam bei mir ja nicht plötzlich, ich war ja darauf vorbereitet. Für mich ist das heute alles ganz klar. Die Michaela wollte eine normale Ehe mit einem Mann, der das Geld verdient, und einer Frau, die nur Hausfrau und Mutter ist. Sie hat das alles weder gewollt noch verkraftet. Für sie ist das eine ziemliche Tragödie. Was glauben Sie, was ich mir habe von ihrem Vater anhören müssen. Die alten Leute können das doch alles nicht nachvollziehen. Für die bin ich ein Spinner, der plötzlich durchgedreht ist. Arzt werden wollen! Das ist doch unvorstellbar. Ein Fernsehtechniker ist ein Fernsehtechniker. Basta. Nun ja, jetzt hat die Micha einen Stadtinspektor, der wird sie irgendwann heiraten, und die Welt ist für sie dann wieder in Ordnung.

KÖRNER Ich finde das erschütternd!

PETER Ja? Finden Sie? Vielleicht ist jede Scheidung erschütternd. Bei uns ist doch alles ganz klar. Die Micha hat etwas anderes gewollt, als ich gewollt habe. Vielleicht hat sie gar nicht mich geheiratet, sondern ich war das Mittel für das Ziel, Ehefrau zu sein. Wenn man einen Menschen liebt, nicht wahr, dann versucht man doch, ihn zu verstehen. Da entwickelt man sich doch mit, wenn sich der andere entwickelt. Das war bei uns nicht drin. Ich sage gar nicht, daß einer von uns beiden schuld daran ist, daß alles so kam. Es mußte alles so kommen. Meine Frau wollte nicht während meines Studiums arbeiten. Ich wollte auf das Studium nicht verzichten. Das ist eigentlich alles. Es war schon schwer, aber heute sehe ich das ganz nüchtern. Wenn zwei Eheleute in wesentlichen Interessen nicht mehr übereinstimmen, dann gibt entweder einer von beiden nach und löst sich dem anderen zuliebe von seinen Vorstellungen, oder aber es kommt folgerichtig zur Trennung. Das ganze Gerede von Liebe und bis daß der Tod euch scheidet, ich glaube nicht mehr daran. Solange mit der sogenannten Liebe handfeste Interessen verknüpft sind wie bei der Ehe, also, für mich hat eine Ehe mit Liebe überhaupt nichts mehr zu tun. Ich bin mit viel zu vielen Illusionen in die Ehe gegangen. Jetzt habe ich keine Illusionen mehr.

KÖRNER Mit der Trennung von Ihrer Frau haben Sie sich abgefunden?

PETER Das war doch nur der Schlußpunkt einer Entwicklung. Mit dem Jungen, das ist schwer. Der Tom hat von Anfang an gemerkt, daß es mit Micha und mir nicht mehr lief. Wenn Streit war oder Auseinandersetzungen ... das Kind bekommt das doch alles mit. Einmal kam er abends zu mir und sagte: »Nicht wahr, du läßt uns doch nicht allein!« – Was wollen Sie einem Kind da antworten? Ich habe ihn zu beruhigen versucht und ihm gesagt, daß ich immer sein Vater bliebe und mich um ihn kümmern würde, ganz gleich, was passieren würde. Im Grunde alles leere Worte. Natürlich kann ich den Jungen regelmäßig besuchen, und ich hole ihn auch immer ab. Mal gehen wir in den Zoo oder ins Kino, was einen Jungen in seinem Alter eben so interessiert. Wenn ich ihn dann abends zurück nach Hause bringe, meist sitzt Michas neuer Freund im Wohnzimmer vor dem Fernsehapparat und trinkt sein Bier. Neulich hat er mich sogar aufgefordert, ein Glas mitzutrinken. Was soll man da machen. In der Wohnung hat sich überhaupt nichts verändert. Alle Möbel stehen noch am alten Platz. Irgendwann wird Micha den anderen Mann heiraten, und dann wird für sie wieder alles so sein, wie es war, bevor ich anfing, nur noch zur Schule zu gehen. Nur daß es eben jetzt ein anderer Mann ist. Mit einem Menschen durch dick und dünn gehen, das sind doch alles leere Worte.

KÖRNER Mit der Scheidung, das muß doch nach dem neuen Recht sehr teuer gewesen sein. Wer hat die Scheidung denn schließlich beantragt?

PETER Micha und ich, wir waren uns einig. Mit dem Hausrat, das war klar. Den wollte ich ihr dalassen. Mit dem Versorgungsausgleich, das ist immer noch nicht geregelt. Das hat der Richter abgetrennt. Wenn wir hätten darauf warten müssen, wir wären heute noch nicht geschieden. Über die Unterhaltsregelung, na ja, anfangs habe ich mich darüber geärgert, aber jetzt habe ich mich damit abgefunden. Ich muß für das Kind sorgen. Weil meine Frau wegen des Kindes nicht zu arbeiten brauchte, bleiben Teile ihres Einkommens anrechnungsfrei.

KÖRNER Sie können doch von den paar Mark BAFÖG nicht auch noch ein Kind unterhalten! Arbeitet ihre Frau überhaupt nicht mehr?

PETER Halbtags arbeitet sie wohl noch. Nun ja, der Richter stand auch auf ihrer Seite. Der hat den Unterhalt nach dem Einkommen festgesetzt, das ich als Fernsehtechniker hätte, wenn ich noch im Beruf wäre. Daß ich dieses Einkommen nicht mehr habe, hat man mir bedeutet, sei eine selbstverschuldete Situation, für die meine Frau und das Kind nichts könnten.

KÖRNER Das sieht mir aber sehr nach einem Fehlurteil aus! Sie haben doch nach dem Grundgesetz das Recht auf freie Entfaltung der Persönlichkeit und Sie können doch nur im Rahmen Ihres tatsächlichen Einkommens Unterhalt zahlen ...

PETER Hat mir mein Anwalt auch gesagt. Ich sollte gegen dieses Urteil angehen ... Aber die Scheidung ... ich wollte nicht, daß sich das noch länger hinzieht ... Wo nichts ist, kann der Staat nichts holen. Ich habe mir das genau überlegt. Natürlich werde ich irgendwann mal nachzahlen müssen, was ich jetzt nicht zahlen kann. Spätestens, wenn ich richtig verdiene. Die Michaela wird sowieso schnell wieder heiraten, für sie brauche ich ja auch nichts zu zahlen, weil sie auf Unterhalt verzichtet hat. Und für den Tom zahle ich gern. Ich will nicht, daß es dem Kind an irgend etwas fehlt. Schlimm genug, daß ich jetzt so wenig für ihn tun kann . . .

KÖRNER Und Sie, haben Sie eine andere Frau, haben Sie eine Freundin?

PETER Ich? Na, Sie stellen vielleicht dumme Fragen. Ich will mit dem Studium fertig werden und sofort danach in eine andere Stadt. Freundinnen, nun ja, man schläft schon mal mit einer Frau. Das kann ja auch manchmal sehr schön sein, aber mich noch mal binden, noch mal heiraten, damit das Ganze wieder von vorn anfängt, ich weiß nicht. Ich sehe das alles sehr nüchtern. Wenn ich mal eine Praxis eröffnen kann und mich als Arzt niederlassen, vielleicht ergibt sich dann wieder eine Ehe. Aber das dauert noch Jahre. Und wenn ich wirklich mal wieder heiraten sollte, daß so was auf Dauer hält, ich weiß nicht. Ich glaube nicht mehr daran. Man muß doch aus Erfahrungen lernen.

KÖRNER Resignation?

PETER Was heißt schon Resignation? – Ich habe Illusionen verloren. Die meisten Frauen wollen einen Mann und Kinder und nicht mehr arbeiten gehen. So lange Micha das hatte, lief ja auch alles bei uns. Nur wenn sich dann etwas ändert, wenn sich ein Partner entwickelt, dann wird eine Ehe sofort wacklig. Meine Frau, ich sehe das ganz nüchtern, sie hatte keine Lust mehr, das Geld für uns zu verdienen, wie ich es vorher jahrelang verdient habe. Das ist eigentlich alles. Als ich nicht mehr für sie und das Kind das Geld verdiente, da hatte für sie die Ehe ihren Sinn verloren.

KÖRNER Die Ehe also als Institut zur Aufzucht von Kindern und zur Versorgung der Frau?

PETER Natürlich. Glauben Sie, daß die Ehe für Frauen jemals etwas anderes war?

# 14. Männersache

»Freundinnen, nun ja«, meint Peter am Ende unseres Gespräches. »Man schläft schon einmal mit einer Frau. Das kann ja auch manchmal sehr schön sein.«
Aber ob er sich noch mal binden wird, noch mal heiraten, damit das Ganze wieder von vorn anfängt, das weiß Peter nicht.
Als ich Peters Geschichte aufschrieb, schien mir alles ganz klar.
Da verwirklichte ein Mann alle Forderungen, die Männer der Frauenbewegung leichtfertig unterstellen.
Die Frau will nicht länger an den Haushalt gefesselt sein?
Kein Problem für Peter! Bereitwillig übernimmt er die Hausarbeit, über deren Schwierigkeit er inzwischen aus eigener Erfahrung urteilt:
»Ein Spaziergang ist das, wenn man sich die Arbeit vernünftig einteilt!« Beweist ein Mann hier, daß neben dieser Arbeit im Dreipersonenhaushalt mühelos ein Studium möglich ist? Daß eben nur Männer die Chose schmeißen müssen, und schon läuft alles wie am Schnürchen?
Die Frau will nicht länger vom Manne abhängig sein und eigenes Geld verdienen?
Auch das ist für Peter kein Problem. Bereitwillig verzichtet er darauf, das Geld für die Familie zu verdienen. Soll Michaela doch mal kennenlernen, wie es ist, wenn man sich in der Arbeitswelt »vor acht anderen Leuten vom Chef zusammenstauchen lassen« muß, weil der Chef schlechte Laune hat. Daß sie die Arbeitswelt kennt, vergißt er anscheinend. Nicht im geringsten behindert Peter die »Befreiung« seiner Frau. Im Gegenteil, er zwingt ihr die »Freiheit« auf.
Ist diese Frau jetzt glücklich und zufrieden?
Aber nein! Sie ist wütend, wenn sie abgespannt am Abend nach Hause kommt, will unbedingt in die alte Rolle zurück. Als alle Bemühungen, Peter wieder auf seine alte Rolle festzulegen, scheitern, zerstört sie ihre Ehe, um das alte Modell mit einem anderen Mann erneut zu verwirklichen. Während Peter die Bindungslosigkeit der »Singles« in einer Wohngemeinschaft genießen kann, wird Michaela in absehbarer Zeit wieder heiraten.
Verweigert hier eine Frau die Emanzipation?
Ist Michaela zu dumm, ihre Chancen zu erkennen? Oder ist sie

unfähig, sich von ihrer Rolle zu lösen, von der sie von frühester Kindheit an zugerichtet worden ist?
Oder ist sie zu klug, um die entfremdete, fremdbestimmte Arbeit hinter dem Schalter für vorteilhafter zu halten als die selbstbestimmte, freilich nicht mit Bargeld bezahlte Arbeit im ehelichen Haushalt?
Kann überhaupt von »Befreiung« die Rede sein, wo es sich um einen vom Mann gewünschten bloßen Rollentausch handelt, mit dem der Mann seinen »sozialen Aufstieg« zum Akademiker bewirken will?
Die Geschichte hat uns gelehrt, daß Frauenarbeit immer dann gefördert, ja verlangt wurde, wenn die Arbeitskraft der Frau im Produktionsbetrieb benötigt wurde. Während des Krieges, als die Männer zeitweilig an der Arbeit gehindert waren, rief man Frauen in die Fabriken und Büros. Nach dem Krieg, als die Männer nach und nach aus der Kriegsgefangenschaft zurückkehrten, schickte man sie wie selbstverständlich in die Haushalte zurück.
Hätte Peter auch dann noch bereitwillig die Hausarbeit erledigt, wenn er sein Medizinstudium abgeschlossen gehabt hätte? Hätte er den Haushalt neben dem Klinikum ähnlich leicht bewältigt wie neben seinem Besuch des Abendgymnasiums?
Ist hier überhaupt eine Frau »gegangen«? Hat Michaela Peter verlassen, oder hat sie nur eine Trennung vollzogen, die der Mann langfristig vorbereitet hatte? Hat Peter in Wirklichkeit Michaela durch sein gesamtes Verhalten dazu gezwungen, diese Ehe zu lösen, wenn sie sich von seinem Rollendiktat befreien wollte?
Ich bin ein Mann. Bin ich nur ein Mann?
Eigene Erfahrung, eigenes Verlassenwerden veranlaßte mich, andere Männer, die von Frauen verlassen wurden, ihre Geschichte erzählen zu lassen. Ich wollte erfahren, wie andere Männer das Scheitern ihrer Beziehung erlebten, wie sie es interpretieren und was sie daraus lernten oder nicht lernten.
Ich habe ihre Erfahrungen mit eigenen Erfahrungen verglichen, weil ich herausfinden konnte, was ich daraus lernen kann. Schreiben ist für mich eine Methode, Standpunkte in Frage zu stellen und zu neuen Standpunkten zu finden.
Ich bin davon überzeugt, daß ein verändertes Bewußtsein von Frauen ein verändertes Bewußtsein von Männern erfordert. Für mich ist Liebe als dauerhafte, intensive, möglichst umfassende Beziehung der zentrale Lebensinhalt. Da ich über

keine mir bewußte gleichgeschlechtliche Erfahrung verfüge, ist die Frau für mich schicksalhaft. Wann auch immer ich an Liebe (oder was ich dafür halte) litt, es hatte mit Frauen zu tun und mit mir.

Schon vor der Trennung von Carmen war ich von Frauen verlassen worden, und ich hatte Frauen verlassen. Diese Trennungen haben für mich Schmerz bedeutet, aber dieser Schmerz hielt sich in Grenzen. Da wußte ich, daß es in den Beziehungen nicht mehr stimmte, da zeichneten sich Trennungen lange vorher ab, verließ mich eine Frau wegen eines anderen Mannes oder ich verließ eine Frau wegen einer anderen Frau. Daß eine Frau Knall auf Fall einen Mann verläßt, ohne daß ein anderer Mann im Spiel ist, lag genausowenig im Bereich meiner Erfahrung, wie es im Bereich der Erfahrung vieler anderer Männer liegt.

Der Eindruck, den mir eigene Wahrnehmung verschafft, wird durch die Scheidungsstatistiken in den westlichen Industrieländern bestätigt. Quer durch die Jahrgänge und unabhängig von der Ehedauer: Die Zahl der Frauen, die eine Scheidungsklage einbringen, übersteigt die der auf Scheidung klagenden Männer. Weit weniger als die Hälfte geschiedener Ehen wurde auf Antrag des Mannes geschieden.

Gewiß sagt die Antwort auf die Frage, wer in einem Scheidungsverfahren als Kläger auftritt, wenig über die Ursache der Zerrüttung einer Ehe aus. Häufig werden Frauen auf Scheidung klagen, um Ansprüche auf Unterhalt, Versorgungsausgleich und Vermögen zu sichern. An der Tatsache eines grundsätzlich veränderten Bewußtseins der Frau, das mit ihren neuen sozialen Möglichkeiten zusammenhängt, ändert das nichts.

Wie mag das veränderte Bewußtsein der Frauen beschaffen sein?

Ich bin ein Mann und stand neuem weiblichen Bewußtsein einigermaßen gleichgültig gegenüber. Als mich Carmen verließ, war ich hilflos.

Das Protokoll meines Gesprächs mit Peter läßt mich ahnen, was passiert, wenn eine Frau mit »bewährten« Verhaltensmustern bricht und sich auf den Weg der eigenen Selbstverwirklichung begibt.

Macht mich dieses Gespräch mehr als alle anderen Gespräche betroffen, weil es hier der Mann ist, der mit Teilen seiner alten Rolle bricht, damit beginnt, sich selbst zu verwirklichen?

Macht mich betroffen, daß hier die Frau an der alten Rolle, für die man sie zugerichtet hat, haftet? Daß sie sich weigert oder

unfähig dazu ist, flexibel auf Veränderungsprozesse zu reagieren, die Peters Befreiung von Teilen seiner alten Rolle einleitet?
Ich bin ein Mann, und ich vermag mich leichter mit Männern zu identifizieren als mit Frauen. Deshalb suchte ich das Gespräch mit Männern, ging es mir um ihre Schilderung ihrer Beziehungen, die selbstverständlich aus der Sicht des Mannes erfolgte. Jede Frau, die einen Mann verlassen hat, wird eine völlig andere Geschichte erzählen als ihr Mann.
Wenn dieses Buch die Geschichten von Männern aus männlicher Sicht erzählt, hilft mir Peters Bericht, wenn es darum geht zu verstehen, was in Frauen vorgeht, wenn sie ihre Männer verlassen?
Peter will seine Selbstverwirklichung. Er will die Befreiung von den Zwängen seiner alten Rolle als Mann.
Die Vorteile, die ihm diese alte Rolle brachte, möchte er behalten. Selbstverwirklichung und Befreiung ist das schon, was Peter da tatkräftig begonnen hat: Es ist eine Selbstverwirklichung zu Lasten seiner Ehefrau, die auf die alte Frauenrolle festgelegt bleibt, für die sie sich durch die Ehe mit diesem Mann entschieden hatte.
Natürlich will sie den beruflichen Aufstieg ihres Mannes: Aber doch bitte nicht um den für sie hohen Preis des Verzichts auf die ihr zusagende eigene Rolle als Hausfrau und Mutter.
Gegen die Weiterentwicklung und das innere Wachstum unseres Partners haben wir Männer auch nichts. Nur soll diese Entwicklung nicht auf unsere Rechnung erfolgen.
Beeindruckt hat mich die Konsequenz, mit der Michaela auf die Veränderung reagiert, die Peter in die Ehe trägt.
Sie versucht, sich auf die veränderte Situation einzustellen, erfährt, daß sie diese veränderte Situation unglücklich macht. Sie braucht lange Zeit, bis sie das begreift. Als sie es aber begriffen hat, zerstört sie diese ihren Wünschen und Vorstellungen nicht mehr entsprechende Ehe mit jener Zielstrebigkeit, die ich bei Frauen immer bewundert habe. Oder hat Peter diese Ehe schon zerstört, als er Michaela wieder zur Berufstätigkeit veranlaßte, gegen die sie sich durch ihre Ehe entschieden hatte?
Zweifellos hätte Peter seine Ehe mit Michaela erhalten können, hätte er weiterhin die alte Rollenzuordnung in dieser Ehe akzeptiert. War ihm das möglich, ohne zugleich den Verzicht auf Selbstverwirklichung im Rahmen seiner Möglichkeiten zu akzeptieren?
Natürlich geht er nicht zurück in die Radio- und Fernsehwerk-

statt. Zweifellos hätte Michaela ihre Ehe mit Peter erhalten können, hätte sie die veränderten Vorstellungen ihres Mannes akzeptiert und ihn auch nach seiner neuen Rollendefinition nach besten Kräften gefördert. War ihr das möglich?
Nach besten Kräften zerstört sie diese Ehe, in der sie ihre Rollenerwartungen nicht mehr verwirklichen kann.
Sie leidet daran wie ein Mann, dessen Ehefrau, Geliebte, Partnerin sich für eine Selbstverwirklichung entscheidet, die er nicht mitvollziehen will oder kann.
Und wie viele verlassene Männer setzt Michaela das gescheiterte Modell ihrer Ehe mit einem anderen Partner fort.

Für ein neues Bewußtsein des Mannes:
*Wir müssen lernen, daß es das Ende einer Beziehung bedeutet, wenn sich Mann und Frau über ihre Rollen in dieser Beziehung nicht mehr einig sind, es sei denn, Mann oder Frau verzichtet auf Selbstverwirklichung, Wachstum und persönliche Freiheit.*
*Man nennt diesen Verzicht oft fälschlich Liebe.*

# Nachwort:

## *Für ein neues Bewußtsein des Mannes*

Kann ich als Mann aus den Erfahrungen anderer lernen?
Ich weiß, daß ich von frühester Kindheit an für eine Männerrolle zugerichtet worden bin, wie Frauen für ihre Frauenrolle zugerichtet wurden. Frauen haben begriffen, daß sie diese Rolle ins Unglück bringt. Massenhaft verlassen sie ihre Männer, versuchen sie allein oder mit anderen Männern oder Frauen ihre Vorstellungen von einem selbstbestimmten Leben zu verwirklichen. Die Kündigung des alten Vertrags zwischen den Geschlechtern ist längst in vollem Gange. Wir Männer haben es nur noch nicht begriffen. Wir belächeln das radikale Denken und Agieren extrem feministischer Frauen, hören belustigt militante Lesben mit den Kastrationsscheren klappern. Was haben unsere Frauen damit zu tun?
Scheinbar überhaupt nichts! Wie andere Männer halte ich diese kämpferischen »Emanzen« für eine winzig kleine Randgruppe. Nur wenige Frauen werden unsere männliche Schaulust frustrieren, indem sie sich in Sack und Asche hüllen, nur wenige Frauen werden Wärme und Zärtlichkeit, die sie bei Männern gesucht und nicht immer gefunden haben, jetzt bei Frauen suchen. Zu stark sind die Rollenzwänge des eingeübten sozialen und sexuellen Verhaltens, als daß viele Frauen zu militanten Feministinnen werden könnten.
Wir Männer werden lernen müssen, daß diese kleine subkulturelle Randgruppe nur die Spitze einer Pyramide ist. – Die »brave« Ehefrau und Mutter, die anfängt nachzudenken, still und stiller wird und irgendwann geht, diese Frau ist es, mit der wir es zu tun haben.
Ich habe die Auffassung, daß militante Feministinnen der sich artikulierende Teil einer schweigenden Mehrheit sind, lange für feministische Agitation gehalten. Jede extreme Randgruppe versucht, sich und ihrer Ideologie auf diese Weise Gewicht zu verleihen.
»Die Frauen lassen es eben nicht mehr mit sich machen!« sagte mir meine fast siebzigjährige Mutter kürzlich, als ich ihr von der Entwicklung der Scheidungsstatistik erzählte. Die Genugtuung, die in ihrer Stimme war, machte mich hellhörig.

»Hast du es denn mit dir machen lassen?« fragte ich. Es dauerte eine Weile, bis Mutter antwortete.
»Dein Vater war ein guter Mann, und er hat sich nie über mich beklagen müssen. Ich habe ihn ein Leben lang geliebt. Aber heute sind die Zeiten anders, weißt du! Die Frauen wollen nicht mehr bloß Hausfrau und Mutter sein!«
Hat meine Mutter Unrecht? – Überall sehe ich Frauen, die mit ihrer überkommenen Rolle hadern. Noch bleiben die meisten Frauen bei ihren Männern. Der Leidensdruck muß schon unerträglich werden, bevor eine für die Rolle der Hausfrau und Mutter erzogene Frau die Familie zerstört. Dabei erscheint mir diese Familie, vor deren Trümmern verlassene Männer stehen und deren Zerstörung sie dann der Frau anlasten, wie eine ziemlich abgetakelte einstmals stolze Fregatte, die sich schwer angeschlagen und von der Hälfte der Besatzung verlassen durch die aufgewühlten Gewässer widriger Zeitläufte kämpft.
Welch fein ausbalanciertes, vielfältig funktionierendes Sozialgefüge war doch diese Familie in vergangenen Zeiten, als sie noch Großfamilie war: Die Güterproduktion der Familie ernährte Mann und Frau, Knecht und Magd. Die Sexualität in der Familie sorgte für immer neue Arbeitskräfte, die in der Familie aufwuchsen, erzogen wurden, lernten, was sie lernen sollten. Wenn den Knecht ein Pferd getreten hatte, die Urgroßmutter kannte die Kräuter, die ihm helfen würden, und selbstverständlich wurde auch dem zahnlos gewordenen Oheim irgendwo eine schlecht gepolsterte zugige Nische in diesem Familiengefüge zugewiesen, in der er zum Tode hin vegetieren konnte.
Eine Funktion nach der anderen hat diese Familie inzwischen verloren. Eine Aufgabe nach der anderen ist von der Familie auf Institutionen verlagert worden.
Nicht der Hausherr spricht Recht, sondern ein Gericht. Nicht die Älteren lehren die Kinder, sondern die Schule. Nicht in der Familie wird der Kranke versorgt, sondern im Krankenhaus. Nicht die Familie ernährt den alt gewordenen Mann, sondern die Sozialversicherung. Nicht in der Familie wird produziert, sondern im industriellen Betrieb.
Und weil es überall das Fernsehen gibt, braucht die Großmutter den Kindern auch keine Märchen mehr zu erzählen und wir haben sie ins Altersheim abgeschoben, wo sie in einem sonnigen Zimmer auf den Tod wartet. Eine Funktion nach der anderen verlor die Familie, sie ist von der Großfamilie zur Kern- oder Kleinfamilie heruntergekommen.

Haben wir Grund, den Niedergang der alten Großfamilie zu beklagen?
Er hat auf alle Fälle neue Freiheiten und neue Unfreiheiten geschaffen. Der Mann ist nicht mehr gezwungen, im häuslichen Betrieb für den Lebensunterhalt zu produzieren, er arbeitet gewöhnlich außer Haus.
Die Frau ist nicht mehr gezwungen, ein Kind nach dem anderen zur Welt zu bringen, solange sie gebärfähig ist.
Mit der Einschränkung der Geburtenzahl, der Wandlung der Großfamilie zur Kernfamilie und der Mechanisierung und Automatisierung der Haushaltsarbeit sind die Zwänge, die Ehefrauen an ihre Rolle banden, erheblich gelockert. Frauen sind freier geworden. Immer weniger Zwänge hindern sie daran, den Mann zu verlassen, wenn sie nicht mehr bleiben wollen.
Wir Männer müssen uns von der Vorstellung lösen, wir wären noch die väterlichen Herrscher in einer komplexen Großfamilie.
Wir müssen damit beginnen, unsere Rolle der veränderten Situation entsprechend neu zu definieren, und uns von Vorstellungen lösen, die unserer alten Funktion in der Großfamilie entsprachen.
Es ist höchste Zeit, unsere Identität als Mann neu zu finden. Dabei kann uns das veränderte Bewußtsein von Frauen insoweit helfen, wie es uns die Hinfälligkeit der alten Männerrolle verdeutlicht.
Sind die militanten Feministinnen auch die Vorkämpferinnen meiner Befreiung von alten Rollenzwängen?
Sind die militanten Feministinnen auch die Vorkämpferinnen meiner Befreiung von alten Rollenzwängen: Was für ein Satz im Jargon soziologischer Uneigentlichkeit! Es geht um mich als Mann, es geht um die Befreiung von alten Zwängen, um neues Bewußtsein.
*Hier beginnt die konkrete Utopie meiner neuen männlichen Freiheit! Die Zwänge werden gebeten, vom Bahnsteig zurückzutreten! Der Zug in die Befreiung des Mannes fährt ab!*
Wie sehr habe ich doch immer meine Mutter in meiner Frau gesucht! Wie habe ich darauf gewartet, daß sie mir zu essen gab, mir morgens ein neues Hemd und saubere Unterwäsche herauslegte, wenn sie mich aus dem warmen und gemütlichen Bett herausbefördert hatte, damit ich auch nicht zu spät zur Arbeit kam. »Papi muß Geld verdienen, weißt du! Damit wir was zum Essen haben!« Wie hat es den Mann, wenn er Sorgen hatte, unter

die Röcke der großen Urmutter gezogen! Home sweet home, zurück zu dem Ort, wo wir noch nichts von Sorgen wußten.
*Meine Frau ist nicht meine Mutter. Mami sitzt im Altersheim und träumt bei alten Platten der Rolling Stones von ihrer Jugendzeit.*
Meine Frau ist nicht meine Mutter, wenn ich hungrig bin, werde ich in ein Restaurant gehen oder mir eine Suppe kochen, ein frisches Hemd werde ich mir anziehen, wenn ich Lust dazu habe, das gleiche gilt für die Unterwäsche!
Da werde ich aber schön vergammeln? Schmutzig und stinkend werde ich auf Bergen von Geschirr in der Badewanne sitzen?
*Ich bin ein Mann!*
Wie habe ich meinen Körper zugrunde gerichtet. Wie habe ich ihn in der Arbeitswelt verschlissen, vollgepumpt mit Zigaretten, Alkohol, Kreislauftabletten und Psychopharmaka, weil ich mich längst aufgegeben hatte. Wozu war denn dieser Körper noch gut? Er war eine Maschine, die Geld verdiente für Kühlschränke und Waschmaschinen, Fernsehapparate und immer neue verrostende Autos. Für Anzüge und Kleider, Schühchen und Röckchen, für Kindernahrung und die teure Tiefkühlkost, die Frauen kaufen müssen, weil es entwürdigende Unfreiheit bedeutet, Kartoffeln zu schälen. »Meinst du nicht auch, Schatz, daß wir mal wieder eine neue Wohnzimmergarnitur brauchen? Knautschleder ist doch nicht mehr in!« Da werde ich alter Patriarch wohl ein paar Monate lang Überstunden machen müssen, Kreislaufmittel schlucken und Psychopharmaka, am Morgen Aufputschmittel und am Abend Schlafmittel. Ich werde Bier in mich hineinschütten und an der Brust meines Gastwirts heulen und irgendwann müde und grunzend wie ein Schwein neben meine Frau ins Bett sinken, froh darüber, daß sie von meinem kranken, impotenten Körper längst nichts mehr wissen will. Wie haben sich Männer auf den Hund gebracht, weil sie für die Familie arbeiteten und arbeiteten und immer nur arbeiteten.
*Mein Körper ist mein Körper und keine Geldmaschine. Arbeit ist schön, wenn sie für mich sinnvoll ist.*
Nicht mal im Alptraum werde ich auf die Idee kommen, mich für Frau und Kind jeden Tag ein bißchen mehr zu zerstören, weil mir Frau und Kind einreden, daß sie diesen ganzen Plunder, der die Wohnung unerträglich macht, unbedingt zum Leben brauchen. Einfache Nahrung, einfache Kleidung, eine vernünftige Wohnung, in der ich endlich leben kann. Und in der auch eine Frau leben kann, wenn sie mit mir leben will: mit einem Mann und

nicht mit einer immer mehr verrostenden Güterbeschaffungsmaschine. Ich werde schon Geld verdienen, wenn ich es brauche; für die wirklichen Bedürfnisse wird es auch dann reichen, wenn ich mich nicht zur Unkenntlichkeit zerstöre. Und einen Berg schmutziges Geschirr werde ich nur so lange in der Badewanne lassen, bis er anfängt, mich zu stören!

Da wird sich aber keine Frau finden, die mit mir leben will? Einsam und verlassen werde ich im Kalten sitzen und zum Mond heulen?

Da wäre ich mir aber gar nicht so sicher.

*Ich bin ein Mann!*

Ich habe von meiner Mutter einen gesunden Körper bekommen; wenn ich mich nicht durch Arbeit für euch zerstöre, bin ich stark und vielleicht sogar manchmal schön. Ich weiß, daß ich zärtlich sein kann und klug, und wenn ich eine Frau liebe, auch potent. Am Nachmittag, wenn ich das Geld für die wenigen Dinge verdient habe, die ich außer dir brauche, werden wir irgendwo spazierengehen, und wenn du willst, werde ich dir nachts die Sterne zeigen, keine Sorge, ich werde mich danach nicht erschöpft auf meine Seite rollen und dich mit deinen Gefühlen allein lassen. Ich habe ja wieder einen nicht erschöpften und verbrauchten Körper!

Ich bin ein armer, unsozialer, nutzloser, unmodern gekleideter Versager? – Sorry, wir haben nichts miteinander zu schaffen. Such dir einen anderen Idioten, der sich für dich krummlegt!

*Ich weiß, wer ich bin, und wenn du eine Hure bist, dann such dir einen Freier!*

Keine Frau wird mit mir zusammenleben wollen, weil sich jede Frau Kinder wünscht?

*Wer sagt denn, daß ich mir nicht vielleicht auch Kinder wünsche?*

Es kann das Glück für mich sein, eine geliebte Frau und mich in gemeinsamen Kindern wiederzufinden. Mit meiner Frau zusammen werde ich für unsere Kinder sorgen, wer auf welche Weise für die Kinder sorgt, darüber müssen wir uns verständigen.

*Niemals aber wird es dazu kommen, daß ich eine Frau ernähre, weil sie Kinder geboren hat.*

Das ändert nichts an meiner Sorge für meine Kinder.

*Wenn ich Kinder zeuge, weiß ich, daß ich von Kindern nichts erwarten darf. Wenn ich Kinder zeuge, werde ich diese Kinder ernähren: zur Hälfte ernähren, denn es sind auch die Kinder einer Frau.*

Da werden mich aber die Frauen ganz schön erpressen, ich werde mich für Frau und Kind flachlegen müssen und Familienvater sein, wo ist denn da das neue Bewußtsein?
Keine Sorge, immer häufiger begegnen mir Frauen mit einem neuen Bewußtsein! Diese Frauen haben erkannt, daß sie die alten Rollenzwänge ins Elend bringen wie mich. Für sie bedeutet ein Kind nicht mehr das Dasein der Hausfrau und Mutter, sie wollen den Mann nicht als lebenslänglichen Ernährer für sich und ihre Kinder, sie wollen ihr Leben selbstbestimmt leben, wie ich mein Leben selbstbestimmt leben will.
*Befreite Frauen und befreite Männer haben dieselben Interessen.*
Das sehen Frauen aber ganz anders?
*Ja, das sehen manche Frauen anders!*
*Ich bin aber ein Mann, und ich wäre ein Idiot, wenn ich mir von Frauen vorschreiben lassen wollte, wie ich als Mann zu leben habe!*
(Die Vorstellung mancher Frauen, sie könnten sich von den Zwängen der alten Frauenrolle befreien, die Vorteile dieser alten Frauenrolle aber behalten, ist nicht der Rede und schon gar nicht der Schreibe wert.)
Der von Rollenzwängen befreite Mann wird sein Leben endlich so leben können, wie er will. Er wird seine Arbeit unter dem Gesichtspunkt der Befriedigung suchen, die sinnvolle Tätigkeit für den Mann bedeutet. Selbstverständlich wird der Mann für seinen Lebensunterhalt arbeiten. Diese Arbeit wird aber, weil sein Selbstwertgefühl nicht mehr von sozialer Stellung, Einkommen und Besitz abhängt, nicht mehr sein einziger, alle Energien verzehrender Lebensinhalt sein. Die Beziehungen des von Rollenzwängen befreiten Mannes werden selbstbestimmte Beziehungen sein. Ganz gleich, ob er Frauen liebt oder Männer, seine Liebe wird seinen eigenen Wünschen und Vorstellungen folgen. Sie wird, von Tausch- und Warenwerten frei, nur von seinem Wollen und vom Wollen des anderen abhängen. Wenn der Mann Bindungen eingeht, sind es Bindungen auf der Basis freier Übereinkunft. Der von Rollenzwängen befreite Mann weiß, daß sich menschliche Gefühle ändern können, und er bezieht dieses Wissen in die Gestaltung seiner Beziehungen ein. Wenn er Vater wird, geschieht das nicht ohne seine Einsicht, daß Kinder für den Mann selbst gewählte Verantwortung bedeuten. Er weiß, daß er aus der Vaterschaft keine Rechte herleiten kann und trotzdem aus ihr resultierende Pflichten hat. Er weiß, daß ihn Kinder

ebensowenig lebenslänglich an eine Frau binden wie die Frau an ihn.

Der von Rollenzwängen befreite Mann wird sich seinen eigenen Wünschen und Vorstellungen entsprechend selbstbestimmt verwirklichen. Wenn er sein Leben gemeinsam mit einer Frau lebt, wird diese Frau selbstbestimmt leben wie er. In den Beziehungen wird es starre Rollenzuordnungen nicht geben. In von Rollenzwängen freier Vereinbarung werden Partner ihr gemeinsames Leben entsprechend ihren Vorstellungen und Möglichkeiten gestalten, und wenn sie sich nicht mehr einig sind, werden sie sich nicht ohne Trauer, aber entschlossen voneinander trennen. Sie wissen, daß Leben ein Prozeß ständiger Veränderung ist.